Friedrich Mildenberger

Kleine Predigtlehre

Verlag W. Kohlhammer
Stuttgart Berlin Köln Mainz

CIP-Kurztitelaufnahme der Deutschen Bibliothek

Mildenberger, Friedrich:

Kleine Predigtlehre / Friedrich Mildenberger.
Stuttgart; Berlin; Köln; Mainz: Kohlhammer, 1984.
 ISBN 3-17-008233-7

Inhalt

In perturbatione positus, in sensu irae divi-
nae, nihil remedium nisi bonum verbum, sive
inspiretur per fratrem praesentem, sive inci-
dat per praeteritum auditum: »Nolo mor-
tem« »Vita in voluntate« »Deus viventium«.
Den Spruch mus einer konen, sive per alienum ministerium sive per os spiritus sancti,
ut cor dicat: non irascitur, »deus non mor-
tuorum sed vivorum«.

Martin Luther zu Psalm 51,10

Vorwort

Die hier vorgelegte Kleine Predigtlehre geht zurück auf eine Vorlesung, die im Wintersemester 1982/83 gehalten wurde. Ich habe für den Druck den Redestil nach Möglichkeit beibehalten, und hoffe damit auch dem Leser entgegenzukommen. Die schwierige Materie verlangt ja in jedem Fall höchste Aufmerksamkeit: Wie läßt sich Gott so ansagen, daß er nicht in die Innerlichkeit hinein verschwindet? Denn das hieße ja, seine Realisierung menschlichem Tun, sei es religiös oder ethisch, anzusinnen. Ich habe versucht, die Frage vornehmlich über das Zeitverständnis anzugehen. Das dabei immer wieder zu erörternde Gefüge der Zeiten ist nicht ganz einfach zu verstehen. Das haben mir viele Gespräche zum Thema mit den unterschiedlichsten Partnern gezeigt. Vielleicht kann das vorangestellte Lutherwort dem Leser vorläufig auf die Spur helfen, die es zu verfolgen gilt.

Daß sich der Systematiker mit dem Thema der Homiletik befaßt, braucht nicht eigens gerechtfertigt zu werden: Es geht hier um Fragen, die die Grenzen der verschiedenen theologischen Disziplinen übergreifen. Zudem nötigt der Zustand der Predigt wie die gegenwärtige Diskussion in der Praktischen Theologie dazu, unaufgebbare Aspekte des Predigtproblems nachdrücklich zu vertreten. Wo die Auseinandersetzung mit bestimmten Positionen der Praktischen Theologie explizit geführt worden ist, habe ich das selbstverständlich vermerkt. Dagegen schien es mir nicht angebracht, bei den angeführten Predigtbeispielen Verfasser und Fundort nachzuweisen. Ich habe ja öfters nur Fragmente herangezogen, um an ihnen positive oder auch negative Möglichkeiten zu verdeutlichen. Eine Würdigung der ganzen Predigt war weder beabsichtigt noch in diesem Rahmen möglich. Darum sollten die Prediger ungenannt bleiben. Einen Namen will ich aber nennen, weil ich mehrfach danach gefragt wurde: Die Predigt über 2. Samuel 24 stammt von Gottfried Quell und ist abgedruckt in: Verkündigung des Kommenden, Hg. C. Westermann, 1958.

Erlangen, im Februar 1984   *Friedrich Mildenberger*

§ 1   Über Erfahrungen mit dem Wort

Man soll nicht über die Köpfe der Leute wegreden: Das gehört zu den rhetorischen Gemeinplätzen, die jeder kennt und billigt. Aber gesagt ist leichter als getan. Das wird rasch klar, wenn wir nach den Leuten fragen, über deren Köpfe man nicht wegreden soll. Ich will mit dieser Reflexion andeuten, warum ich gerade mit dem Hinweis auf Erfahrungen beginne und nicht gleich die Grundsatzfragen einer Predigtlehre erörtere. Die Köpfe, zu denen geredet wird, sind ja nicht freischwebende Intelligenzen, Denkapparate, die mehr oder weniger geübt sind darin, eine in Zeichen verschlüsselte Nachricht zu dekodieren. Dann ließe sich die genannte rhetorische Maxime leicht einhalten. Ich müßte bloß darauf achten, daß ich bei der Kodierung meiner Nachricht nur Zeichen gebrauche, deren Bedeutung in den Köpfen meiner Hörer gespeichert ist, und daß ich dabei nur einfache Zeichenkombinationen gebrauche, die leicht zu entschlüsseln sind. Ist das der Fall, dann müßte ich eigentlich verstanden werden – vorausgesetzt, ich hätte es bloß mit Köpfen zu tun.

Aber das ist bei einer Vorlesung genausowenig der Fall, wie dort, wo einer predigt. Die kleine kommunikationstheoretische Reflexion, mit der ich hier beginne, ist deshalb auch schon ein Stück praktischer Predigtlehre, auch wenn sie zuerst der Verständigung des Professors mit seinen Hörern (und des Autors mit seinen Lesern) dienen soll. Es ist gut, wenn wir auf diese Dinge achten. Freilich gehören sie bloß in die Einübung des Handwerklichen, das zwar die Voraussetzung, aber noch lange nicht die Garantie für das Gelingen einer Predigt ist. Nach dieser Regiebemerkung also weiter in der Überlegung zu den Köpfen und den Leuten. Wir haben alle unsere Lebensgeschichte mit dabei, Erfahrungen; und wir haben unsere Erwartungen und Bedürfnisse. Was da so zusammenkommt, bestimmt unsere Wertungen mit: Wir finden etwas gut oder schlecht, brauchbar und nützlich, oder schlimm und abscheulich. Und in der Regel hat es einer gern, wenn er mit solchen Wertungen nicht allein ist. Vor allem wenn ich jemand sympathisch finde, von ihm anerkannt werden will, möchte ich auch, daß er gut findet oder schlimm, was ich gut oder schlimm finde.

Die hier angedeuteten Einstellungen bestimmen Hören und Verstehen mit. Und weil diese Einstellungen durch Erfahrungen geprägt sind, die einer gemacht hat, kommen wir am leichtesten zur Verständigung über solche Einstellungen, wo wir uns über unsere Erfahrungen verständigen. Darum also dieser erste Paragraph als der Versuch, einige Erfahrungen mit der Sache, die uns nun beschäftigen soll, anzusprechen. Das soll uns die Verständigung über diese Sache erleichtern. Ich setze dabei jetzt einmal voraus, daß diese Sache die Predigt ist, wie wir sie kennen: die Kanzelrede, die einen biblischen Text auslegt. Das sind nun schon zwei Größen: die Kanzelrede als Auslegung, und der ausgelegte Text. Beide Größen lassen sich als »Wort« bezeichnen. Vielleicht hat der eine oder andere sogar schon stillschweigend ergänzt »Wort Gottes«: »Über Erfahrungen mit dem Wort Gottes.« Doch da bin ich lieber vorsichtig, möchte nicht gerne so direkt zugreifen, und der Kanzelrede oder dem Bibeltext oder beidem ohne weiteres die Bezeichnung »Wort Gottes« zuerkennen.

1. Die Bibel

Nicht die dogmatischen Bestimmungen zur Schriftlehre sollen hier erörtert werden. Die setze ich voraus, insbesondere das, was die Altprotestanten als die auctoritas causativa bezeichnet haben: Die Schrift beglaubigt sich selbst. Der Satz richtet sich gegen die These, die Wertschätzung der Bibel beruhe auf Tradition. Es sei die Kirche, die die Geltung der Bibel beglaubigt, dem Gläubigen die Bibel in diesem bestimmten Umfang in die Hand gibt. Also brauche die Bibel die Beglaubigung durch die Kirche, wenn sie selbst als glaubwürdig anerkannt werden soll, nach dem bekannten Wort Augustins: »Ego vero evangelio non crederem, nisi me catholicae ecclesiae commoveret auctoritas« (Ich aber hätte dem Evangelium nicht geglaubt, wenn mich dazu nicht die Autorität der katholischen Kirche bewegt hätte. C. ep. Manich. 5, 6; CSEL 25, 197). Man achte sehr genau auf das, was da gesagt wird: Hier ist der Gruppenkonsens, der die Geltung der Bibel behauptet, Ursache dafür, daß das Bibelwort als Wahrheit akzeptiert wird. Kennzeichnend dafür ist die pauschale Behauptung: Die Bibel ist Gottes Wort. Das kann dann noch durch eine Inspirationslehre näher begründet werden. Aber die ist nicht das entscheidende Merkmal von wahr und falsch im dogmatischen Sinn. Dieses Merkmal ist vielmehr die Vorordnung der kirchlichen Autorität vor das Verstehen der Bibel (das ist auch für eine fundamentalistische Haltung kennzeichnend).

Auctoritas causativa dagegen besagt: Die Bibel beglaubigt sich selbst, indem sie sich als Werkzeug des Hl. Geistes bewährt. Das Schriftwort findet Glauben, es tröstet, es belehrt, es erleuchtet. Man spricht hier dann im Anschluß an Calvin (Institutio I, VII) vom testimonium spiritus sancti internum, vgl. Röm 8, 16: »Der Geist selbst gibt Zeugnis unserm Geist, daß wir Gottes Kinder sind«. Durch die Schrift entsteht der Heilsglaube. Darin ist ihre Autorität begründet. Das dogmatische Problem, das sich hier ergibt, will ich doch wenigstens nennen: Weil die Schrift so als die Anrede Gottes wirksam ist, hat man versucht, aus dieser Wirksamkeit eine Theorie über die Schrift als Erkenntnisprinzip des Glaubens und dann der Dogmatik zu entwickeln. Damit ist es zu einer fatalen Doppelung gekommen. Ein Schriftglaube, der Inspiration und Irrtumslosigkeit der Schrift annimmt, ist aus dem Heilsglauben ausgegliedert und ihm als eigene Größe vorausgesetzt worden. Und man hat dann den Glauben an die Schrift zur Voraussetzung des Heilsglaubens gemacht, und landete so wieder bei der katholischen Anschauung, gegen die man sich doch in der altprotestantischen Dogmatik gerade absetzen wollte: Der kirchliche Glaube fordert den Schriftglauben als Voraussetzung des Heilsglaubens.

Hier geht meine Überlegung freilich in eine andere Richtung: Nicht das dogmatische Problem soll erfaßt werden, sondern das praktisch-kirchliche Problem. Auch hier geht es um das Verstehen des Schriftwortes, und zwar nun nicht im Sinne einer historischen Exegese; auf die Bedeutung einer solchen Exegese komme ich noch zu sprechen. Es geht vielmehr um das Verstehen, in dem das Schriftwort als Werkzeug des Hl. Geistes dient. Der Geist wirkt im Wort und durch das Wort. Das ist ein guter lutherischer Grundsatz. Aber der darf nicht heißen, daß der Geist im Buchstaben eingesperrt ist, im Buch festgemacht ist. Vielmehr ist der Geist im verstandenen Schriftwort. Damit bin ich nun unmittelbar bei dem Thema, das uns beschäftigt: Erfahrungen mit dem Wort. Wie steht es mit der Selbstbeglaubigung dieses Wortes? Davon kann doch wohl noch nicht die Rede sein, wenn ich selbst ein Schriftwort als wahr ansehe. Damit würde das

Verstehen in die Innerlichkeit des gläubigen Subjektes hineingezogen. Aus einem verbum externum würde das Wort zu einem verbum internum. So richtig und notwendig das einerseits ist, so wenig hilfreich ist hier die bloße Behauptung, sei die auch mit einem starken Affekt verbunden: hier habe ich gehört und verstanden. Vielmehr muß dieses verbum internum nun erst recht wieder zum verbum externum werden, wenn die Behauptung stimmt, daß es sich hier um das durch Gott den Hl. Geist selbst beglaubigte Gotteswort handelt. M. a. W.: Dieses verstandene Schriftwort wird gesagt, gehört und aufgenommen. In der Gemeinsamkeit des Verstehens bewährt sich die Wirksamkeit des Geistes.

Ein Beispiel: Es bleibt mir unvergeßlich, wie der Vater eines Jungen, den ich ein paar Monate vorher konfirmiert hatte, zu mir kam, um die Beerdigung anzumelden. Der Bub war beim Baden im Neckar ertrunken und abgetrieben worden, und man hatte ihn erst nach 8 Tagen etwa 30 km flußabwärts gefunden. Ich kannte auch den Vater gut, und wußte, wie sehr ihn der Tod des Kindes schmerzte. Ich saß gerade über dem Prediger Salomo, hatte eine Andacht zum Erntebeginn vorzubereiten. Wir wechselten ein paar Worte über die Umstände, wie man die Leiche gefunden hatte. Und nach einer Pause des Schweigens habe ich dann ein paar Verse aus dem Prediger vorgelesen. »Da wandte ich mich dahin, daß ich mein Herz verzweifeln ließ an allem, um das ich mich mühte unter der Sonne. Denn es muß ein Mensch, der seine Arbeit mit Weisheit, Verstand und Geschicklichkeit getan hat, es einem andern zum Erbteil überlassen, der sich nicht darum gemüht hat. Das ist auch eitel und ein großes Unglück. Denn was kriegt der Mensch von aller seiner Mühe und dem Streben seines Herzens, womit er sich abmüht unter der Sonne? Alle seine Tage sind voller Schmerzen, und voll Kummer ist sein Mühen, daß auch sein Herz des Nachts nicht Ruhe findet. Das ist auch eitel« (2, 20–23). Die Worte haben uns getröstet, im Blick auf den Toten und in unserer Ratlosigkeit angesichts dessen, was da zu bewältigen war. Sicher ist der ganze Prediger, und sind diese Verse ein sehr merkwürdiges »Wort Gottes«. Aber ich stehe nicht an, zu sagen: das war damals Wort Gottes, in dem sich der Hl. Geist wirksam erwiesen hat. Ich setze freilich gleich dazu: Diese Qualität eines solchen Wortes läßt sich nicht konservieren. Zu dieser Erfahrung gehören ja nicht nur die Worte aus dem Prediger. Es gehört dazu der junge Mensch, den ich auch sehr gerne gehabt habe, mit seinem jähen Tod. Der Vater gehört dazu mit seinem Schmerz, und das Verstehen, das gegenseitige Verstehen in dem Bibelwort, das die Situation erhellt hat.

Ein Gegenbeispiel: Die Auseinandersetzung um die Frage, wie der Friede bewahrt und wie er sicherer gemacht werden könne, wird auch mit Schriftstellen geführt. Ich habe bei einer diesem Thema gewidmeten Akademietagung in Tutzing referiert. Die Zusammensetzung der Teilnehmer wie der Redner war »ausgewogen«, wie sich das gehört für eine evangelische Akademie. Ich habe sehr direkt mit Bibelworten argumentiert, dabei auch Offbg. 20, 7 ff. angeführt: »Und wenn die tausend Jahre vollendet sind, wird der Satan los werden aus seinem Gefängnis und wird ausgehen, zu verführen die Völker an den vier Enden der Erde, den Gog und Magog, um sie zu versammeln zum Streit; deren Zahl ist wie der Sand am Meer. Und sie zogen herauf auf die Breite der Erde und umringten das Heerlager der Heiligen und die geliebte Stadt. Und es fiel Feuer vom Himmel und verzehrte sie.« Ich habe dazu zweierlei gesagt: Wir Christen wüßten sehr genau, wo wir eigentlich hingehörten, nämlich in das Heerlager der Heiligen. Und ich sähe doch die Christenheit mitmarschieren im waffenstarrenden Aufgebot der Völker. Einer der Teilnehmer, dem ich auf seine Bitte hin mein Referat zugesandt habe, schrieb mir darauf, es sei doch so, daß die Bemühung um den Frieden ein ständiger dynami-

scher Prozeß sei. »Er muß das Ziel verfolgen, alle Partner davon zu überzeugen, daß
der Krieg abgeschafft werden muß, und daß auch eine Fortsetzung der Rüstungen sie
nicht in die Lage versetzt, ein risikoloses Kriegsabenteuer zu beginnen. Kann man
solches Streben nach einem Gleichgewicht der Kräfte als der Voraussetzung einer
Abrüstung diffamieren als ein ›Mitmarschieren im waffenstarrenden Aufgebot der
Völker, die sich verführen lassen durch den Satan‹?« Hier ist es offensichtlich nicht zu
einem Einverständnis gekommen. Mein Gesprächspartner war nicht bereit, meine
Anwendung des Schriftworts auf die Situation nachzuvollziehen. Und zwar vermutlich
deshalb, weil wir uns hier in grundlegenden Wertungen unterscheiden (vgl. die
eingangs erwähnten kommunikationstheoretischen Überlegungen). Darum konnte er
nicht verstehen, was ich sagen wollte: daß die Scheidung, die der Text anspricht, die
Scheidung zwischen dem waffenstarrenden Aufgebot der Völker und den Heiligen
bzw. der geliebten Stadt Gottes ist. Denn für ihn ist die geläufige Unterscheidung
zwischen dem den Frieden bedrohenden kommunistischen Lager und uns auf Siche-
rung des Friedens bedachten Westlern maßgeblich. Darum kann er die Wertung, die
meine Anwendung des Textes bestimmt, nicht nachvollziehen; gut und schlimm sind
schon längst verteilt, und deshalb muß er in meiner Auslegung des Textes eine
Diffamierung dessen sehen, was er für gut hält: Das ist die den Frieden sichernde
Rüstung des Westens; diese verdient ja das negative Vorzeichen nicht, das im Text vor
jeder Rüstung steht. (NB: Die hier genannte Auseinandersetzung ist ein Schulbeispiel
dafür, mit welchen Schwierigkeiten eine politische Predigt zu rechnen hat, die strittige
Fragen aufgreift.)

Im Vergleich der beiden Beispiele, die ich als Erfahrungen mit der Bibel genannt habe,
muß nun weitergefragt werden. Ich sagte zum ersten Beispiel: Da waren die Worte aus
dem Prediger Gottes Wort. Es war der Text da und sein Verstehen. Und zwar dieses
Verstehen als die Bestimmung einer aktuellen Situation, des Schmerzes angesichts des
toten Jungen und der Frage, was dieser Tod eigentlich für einen Sinn gehabt habe. Wir
waren uns einig in diesem Verstehen. Auch beim zweiten Beispiel ist ein Text da, seine
Anwendung auf die Situation. Beides verschmilzt da; der Text deutet die Situation, die
Situation läßt den Text verstehen. Soll ich nun sagen: Hier war Gottes Wort nicht, weil
es nicht zum Einverständnis gekommen ist, sondern weil ich offensichtlich über den
Kopf meines Gesprächspartners weggeredet habe? Ein Urteil lasse ich hier lieber
anstehen, zumal ein solches Urteil ja immer hinterher kommt. Ich habe mit dem, was
ich da in Tutzing gesagt habe, auch viel Zustimmung gefunden, und gerade dieses
Schriftwort aus Offbg. 20 hat manchen Hörer sehr betroffen gemacht. Und gehört
nicht die Strittigkeit mit zum Wort hinzu? Mir jedenfalls geht dieses Bild aus der
Johannesoffenbarung nach und will mich daran erinnern, welche Zeit es ist.

Ein drittes Beispiel: Die dualistische Anthropologie will mir je länger desto weniger
einleuchten. Der Mensch ist doch nicht ein Zusammengesetztes aus Seele und Leib, aus
Geist und Materie – res extensa und res cogitans, um die Ausdrücke von Descartes
(1596–1650) zu nennen, die für das moderne Menschsein kennzeichnend geworden
sind. Der Mensch ist leibhaftes Leben, verbunden mit allem Lebendigen. Und wo er
dieses Lebendige bedroht, da bedroht er sich selbst. Darum wird mir von den Vätern
der württembergische Theosoph Friedrich Christoph Oetinger (1702–1782) immer
wichtiger. Ich habe ihn noch nicht gründlich studiert. Aber eines seiner Worte begleitet
mich seit langem: »Geist ist nicht ohne bewegende Kraft, Geist ist nicht ohne leibliches
Wesen. Leibliche Unzerstörlichkeit ist das Ende der Werke Gottes. Sie ist im Geist
Gottes wesentlich und in Christo körperlich und gehet leiblich und geistlich aus in alle

11

Gläubigen und durchdringt und ergänzt endlich die ganze Kreatur, welche wieder nach ihrem ersten Ursprung seufzet, welches Sehnen nicht umsonst sein kann; denn es ist die Ewigkeit, die das Wort in den Menschen gelegt (Pred. 3, 11) und in Jedes, was lebt und Odem hat. Fleisch ist nichts Geringes in Heiliger Schrift. Fleisch hat etwas Zerstörliches und etwas Unzerstörliches in sich. Das Zerstörliche fällt weg, das Unzerstörliche bleibt und wird erhöht.« (Aus dem Murrhardter Predigtbuch, zit. nach Ernst Staehelin, Die Verkündigung des Reiches Gottes in der Kirche Jesu Christi, VI, 1963, 18.) Mich hält da gerade die Kombination der Texte aus Röm 8, 22 und Pred 3, 11 fest: »Denn wir wissen, daß alle Kreatur sehnet sich mit uns und ängstet sich noch immerdar«; so Paulus. Und der Prediger: »Er hat alles schön gemacht zu seiner Zeit; auch hat er die Ewigkeit in ihr Herz gelegt; nur daß der Mensch nicht ergründen kann das Werk, das Gott tut, weder Anfang noch Ende.« Es ist schwer zu begreifen, was da gemeint sein soll: »gǎm 'ät-ha ᶜolam natān bᵉlibbam.« Darum wird hier die Konjektur vorgeschlagen: »ᶜamal« – die Mühsal, von der im folgenden dann die Rede ist (3, 13). Aber gerade der Zusammenhang, in den Oetinger dieses Wort stellt, macht es doch hell und verständlich: als Hinweis darauf, daß die Trennung von Gottes Leben und dem sterblichen Menschsein nur vorläufig ist. Dabei hält Oetinger aber die Solidarität des Menschen mit der Kreatur fest, die der Prediger selbst betont: »Denn es geht dem Menschen wie dem Vieh: wie dies stirbt, so stirbt auch er, und sie haben alle einen Odem (rûᵃḥ), und der Mensch hat nichts voraus vor dem Vieh; denn es ist alles eitel« (3, 19). Da hält mich das Schriftwort, wie es Oetinger anwendet, fest beim leibhaftigen Leben und läßt mich nicht in einen Geister- oder Seelenhimmel fliehen. Die Hoffnung auf das Leben hat Farbe – nicht nur das Licht des Gedankens mit seinem Gegensatz, dem Schwarz, der Finsternis des Nichtigen; sie ist lebendig, grün wie die Pflanzen und rot wie das Blut. Auch das ist Wort Gottes, das mich begleitet, ausgelegtes und angewandtes Schriftwort.

Drei Beispiele sind zuwenig und zuviel. Zuwenig, um den Reichtum des Bibelwortes auch nur anzudeuten. Zuviel, wo es gilt, den Gedankengang festzuhalten, den ich nun wieder aufnehmen muß: Das Schriftwort darf nicht im Buch bleiben. Es will gelesen werden, bedacht und verstanden werden – und bleibt gerade so nicht allein, sondern drängt auf Anspruch und Zuspruch. Darum gehört das Schriftwort mit dem Leben zusammen. Wo es ins Leben hineinkommt, da leuchtet es. Ob man aus diesem Leuchten dann wieder eine theologische Theorie machen soll, wie die Altprotestanten mit ihrer Lehre von der auctoritas causativa und den anderen Affektionen der hl. Schrift, das ist eine sekundäre Frage. Wem ein Bibelwort einmal geleuchtet hat, der wird nicht müde, zu lesen und zu studieren und sich zu bemühen, und dabei auf ein neues Licht aus dem alten Wort zu warten.

2. Die Kanzelrede

Die Predigt ist Gegenstand unserer theologischen Bemühungen, d.h. die Kanzelrede, die einen biblischen Text auslegt. Und damit ich bei meinen Ausführungen zur Predigt möglichst wenig über die Köpfe wegrede, soll zunächst von einigen Erfahrungen die Rede sein, damit wir uns besser verstehen; gerade auch in unserem Werten besser verstehen, in dem, was wir gut finden oder schlimm, wichtig oder belanglos. Ich habe zunächst Erfahrungen mit der Bibel genannt. Das muß heißen: Erfahrungen mit Schriftworten. Solche Erfahrungen sind der Grund, warum ich von der Bibel das erwarte, was mich als Theologen und Prediger zum Reden ermächtigt. Ich brauche das hier nicht weiter auszuführen. Diese Ermächtigung muß noch eigens zum Thema unserer Überlegungen werden.

Wenn ich nun nach Erfahrungen mit der Predigt, mit der Kanzelrede, frage, müßte eigentlich auch von solchem Leuchten die Rede sein, wie ich es als Erfahrung mit den Schriftworten geschildert habe. Die Predigt soll ja das Schriftwort so anwenden, daß sie damit das Einverständnis der versammelten Gemeinde findet. Ich habe schon viele Predigten gehalten, und habe auch schon viele Predigten gehört – gute und schlechte. Aber ich geriete in einige Verlegenheit, müßte ich nun aus meiner Erfahrung als Prediger und Predigthörer drei Beispiele hervorsuchen, die an das anschließen, was ich zu den Erfahrungen mit der Bibel gesagt habe. Vielleicht mache ich deshalb bloß aus der Not eine Tugend, wenn ich hier zunächst auf Beispiele verzichte. Wir werden uns sowieso noch gelegentlich mit Predigtbeispielen zu befassen haben. Ich nenne nur die Erfahrung, die ich immer wieder mache: daß Predigten so völlig belanglos sind. Da geriet ich beispielsweise am 10. Sonntag nach Trinitatis, dem Israel-Sonntag, in eine Predigt über Röm 9 und 10. Es war von der Erwählung Israels die Rede und von unserer Erwählung, von der Schuld der Christenheit an Israel und von Gottes Treue diesem Israel gegenüber. Das war Mitte August, und die Nachrichten brachten jeden Tag Meldungen und Bilder vom Libanon-Krieg und der Einschließung West-Beiruts durch die Armee Israels. Mit keinem Wort hat die Predigt dieses Geschehen erwähnt. Ich weiß selbst auch nicht, was im Zusammenhang dieses Textes zu jenem Geschehen zu sagen wäre. Aber vielleicht genügte das schon, einzugestehen, daß wir dazu nichts zu sagen wissen. Verschweigen aber dürfte die Predigt dieses aktuelle, mit dem Namen Israels verbundene Geschehen gewiß nicht. Weil sie das getan hat, darum blieb sie unwirklich. Der Prediger hat nicht gesagt, was jetzt an der Zeit ist. Darum ist er dem Text wie der Gemeinde nicht gerecht geworden.

Zu lange will ich mich freilich bei diesem Thema nicht aufhalten, gerade weil es so unerfreulich ist. Doch muß ich wenigstens darauf hinweisen, daß die Behauptung, die Predigt sei belanglos geworden, zu den Gemeinplätzen der neueren Homiletik gehört. Werner Jetter hat das spitz formuliert:

»1 Das Neue der neueren Theorien zur Predigt liegt darin, daß sie den Widerstand gegen die Predigt und ihren Zustand bedenken.

2 Die älteren Theorien der Predigt bedienten sich theologischer Gründe: Sie wollten allen, die predigen sollten, ein gutes Gewissen verschaffen.

2.1 Die neueren Theorien der Predigt bedienen sich lieber empirischer Listen: Sie möchten auch denen, die nicht mehr predigen wollen, ein gutes Gewissen besorgen« (Homiletische Akupunktur, 1976, 18 f.).

Bei dieser Erscheinung der neueren homiletischen Theorien muß ich noch etwas verweilen. Nicht um die Klage über die schwindende Bedeutung der Predigt noch weiter auszuführen. Darüber haben die Prediger vermutlich zu allen Zeiten genauso geklagt, wie die Alten über die mangelnde Ehrfurcht der Jugend vor dem Herkömmlichen. Wichtiger scheinen mir die Begründungen.

Dazu führe ich Ernst Lange an (»Zur Theorie und Praxis der Predigtarbeit«, 1968, Abdruck in »Predigen als Beruf«, 1976, 9–51). Lange sieht einen Zusammenhang des unerfreulichen Zustands der Predigt mit der dialektischen Theologie, für die die gottesdienstliche Rede am Sonntagvormittag der Inbegriff von »Verkündigung« gewesen sei. »Und sie eignet sich für diesen Verkündigungsbegriff gerade, *weil* sie so ungeheuer problematisch ist, so monologisch, so autoritär von oben nach unten, so unkritisierbar, so scheinbar unabhängig von der konkreten Situation, so ungeheuer verletzlich, gefährdet, jedem Mißbrauch ausgesetzt« (12). An der Predigt lasse sich die Unmöglichkeit des Menschen, von Gott zu reden, besonders klar darstellen. »Und weil der, dem diese unmögliche Aufgabe zugemutet wird, ja nun alsbald entlastet werden muß, wird er auf den Bibeltext verwiesen, den er nur noch möglichst getreu, möglichst ohne jede Rücksicht auf das Verständigungsproblem, dessen Lösung er getrost dem Heiligen Geist überlassen darf, auszulegen hat, weil im Bibeltext ›irgendwie‹ das Problem ›Gotteswort im Menschenwort‹ immer schon gelöst sein soll« (13). Ich vermerke hier nur ganz knapp, daß es sich bei dieser Darstellung um eine Karikatur handelt, die weder der Predigttheorie noch erst recht der Predigtpraxis der dialektischen Theologie gerecht wird. Aber es gehört mit zur Legitimationsstruktur neuerer theologischer Entwürfe, nicht nur in der Praktischen Theologie, daß man die eigene These als die notwendige Antithese oder besser noch als die Überwindung der dialektischen Theologie anbietet. Wichtig scheint mir nun aber doch die Frage, die bei Lange an diese verzerrte Darstellung der dialektischen Predigttheorie anschließt: »Ist die Behauptung vom Bedeutungsschwund der Sonntagspredigt nicht viel mehr an diesem Predig*tanspruch* als an der kirchlichen Wirklichkeit orientiert? Die Kritik dieses Anspruches, sowohl im Hinblick auf seine theologische Problematik als auch auf die kirchliche Wirklichkeit, ist in der Tat notwendig und überfällig« (ebd.). Den Hinweis auf die theologische Problematik der dialektischen Predigttheorie klammere ich aus. Hier werden wir noch einiges zu klären haben. Richtig aber ist sicher, daß die Kanzelrede im sonntäglichen Gottesdienst nur eine unter vielen Formen ist, in denen es um »Kommunikation« des Evangeliums geht. Meine Beispiele von Erfahrungen mit der Bibel haben andere Kommunikationsformen angeführt, ein Seelsorgegespräch, einen Akademievortrag, das Lesen eines gedruckten Textes.

Predigt, die Kanzelrede im sonntäglichen Gottesdienst, ist eine von den unterschiedlichen Formen, in denen in der Kirche das Evangelium mitgeteilt wird. Das will ich Ernst Lange gerne abnehmen und bin mit ihm durchaus der Meinung, daß es sinnvoll ist, hier dann zu unterscheiden: Und zwar zwischen der Predigt als praedicatio verbi divini, als dem Ursprung der Kirche, als ihrem Wesen und ihrer Verheißung einerseits, und dem konkreten homiletischen Akt, der wöchentlichen Predigtaufgabe und ihrer Lösung andererseits (19). Freilich ist es gefährlich, aus dieser Distinktion dann eine Trennung zu machen, wie das bei Lange geschieht. Denn damit kommt es, gewollt oder ungewollt, zu einer gegenseitigen Entlastung, die weder der Praktischen noch der Systematischen Theologie gut tun kann. Lange behauptet nämlich, die Predigt als praedicatio verbi divini sei Gegenstand systematisch-theologischer Erwägung, und der Predigtbegriff, der dabei zustande komme, sei als solcher für die Praktische Theologie, die Homiletik, untauglich. »Denn er entsteht, wie er auch aussieht, angesichts der Frage nach der *Verheißung*, die die Kirche mit ihrem Predigtauftrag hat, ohne ihn sich – das steckt schon im Begriff der Verheißung – selbst erfüllen zu können. Die Praktische Theologie aber, als das Nachdenken über die Vollzüge der gegenwärtigen Kirche und ihre verantwortliche Wahrnehmung, fragt nach dem *Auftrag*, der diese Verheißung hat, und nach seiner verantwortlichen Erfüllung. Und indem sie so fragt, muß sie methodisch weitgehend von der Verheißung des Auftrags abstrahieren, jedenfalls kann ihr die Verheißung niemals als Antwort auf die Frage nach dem verantwortlichen Vollzug von Predigt dienen« (ebd.). Das heißt, daß der Predigtakt und sein Zustandekommen unter bewußter Absehung vom Hl. Geist bedacht werden soll. Und umgekehrt darf dann die Systematische Theologie über die Predigt ihre Theorie entwickeln, ohne daß sie auf das wirkliche Predigtgeschehen, am Sonntagmorgen oder sonst, Rücksicht zu nehmen hat. Das kann nicht gut gehen. Der Geist gehört zum Leben, und dieses Leben läßt sich nicht denken abgesehen vom Geist. Sollte es stimmen, daß die Predigttheorie der dialektischen Theologie doketische Züge hatte, so gerät man hier ganz gewiß umgekehrt ins ebionitische Extrem. So läßt sich mit den alten Ketzernamen sagen. Wer die vermeiden will, kann auch so formulieren: Ist dort das Wort Gottes nicht ganz bis zum Menschen gekommen, so kommt hier der Mensch nicht ganz bis zum Wort Gottes. Und wenn Lange nun den Doketismus der Systematischen Theologie zuweist und den Ebionitismus der Praktischen Theologie, so muß das Nachdenken erst recht mißraten. Weil ich als Predigthörer unter der Verfälschung der Predigt leide, mache ich mir Gedanken, woran das liegt. Und weil ich als systematischer Theologe meine Vermutungen habe, warum viele gutgemeinten Anläufe theologisch scheitern, darum will ich jetzt Predigtlehre treiben. Auch für mich selbst!

Vielleicht ist für das, was ich hier vorgebracht habe, die Überschrift: »Erfahrungen mit der Kanzelrede« nicht ganz passend. Denn es geht da eher um Erfahrungen mit der Theologie der Kanzelrede, der systematischen und der praktischen Theorie über die Predigt. Doch halte ich gerade diese Überlegungen für unumgänglich, wenn wir uns über das Projekt dieser Homiletik verständigen wollen. Ich jedenfalls erwarte von der Theorie über die Predigt, sei die nun systematisch- oder praktisch-theologisch begründet, nicht so viel wie von einem sorgfältigen Hören auf die Bibel. Darum will ich zwar auch die Fragen der Theorie erörtern, so gut ich das verstehe. Aber das Hauptgewicht soll auf einer Auslegung des biblischen Evangeliums liegen. Dabei setze ich voraus, daß diese Auslegung zugleich Anwendung ist, wie ich das in den Beispielen zur Bibel angedeutet habe. Ich verhalte mich da also, auf die Entwicklung der homiletischen Theorie gesehen, eher antizyklisch. Aber das Neueste ist noch nicht immer das Beste und Richtige. Das gilt allenfalls von technischem Gerät. Aber es ist sicher nicht gut, wenn wir unsere Erfahrungen mit technischem Gerät nun gleich auf die Wahrheit übertragen, die uns als Theologen beschäftigt.

Zwischenbemerkung:
Fragestellungen der Predigtlehre

Homiletik oder Predigtlehre hat eine Reihe von Fragen zu beantworten, die sich aus ihrem Gegenstand, der Predigt, ergeben. Einmal muß bestimmt werden, was Predigt eigentlich ist. Das ist dann eine theologische Beschreibung, nicht bloß der Hinweis auf das bekannte Phänomen der Kanzelrede. Weiter ist die Frage nach dem Gegenstand der Predigt zu stellen: Was ist zu predigen? Dann muß auch auf die Form der Predigt geachtet werden: Wie ist zu predigen? Man kann schließlich, wenn das nicht schon mit der Frage beantwortet wurde, was die Predigt eigentlich sei, auch noch nach dem Prediger und seinen Hörern fragen. Üblicherweise finden sich in homiletischen Lehrbüchern diese Bestimmungen.

Ich nenne zwei Gliederungen:
A. Alexander Schweizer (1808–1888, ein Schüler Schleiermachers), Homiletik, 1848. Er ordnet zunächst die Predigt über den Begriff des Kultus in das Ganze der Praktischen Theologie ein. Seine Gliederung ist dann dreiteilig: 1. Prinzipielle Homile-

tik: Sie hat den Begriff des Homiletischen zu entwickeln aus dem Begriff des Kultus, sodann aus dem Unterschied zum Liturgischen, endlich aus dem Verhältnis zum Rhetorischen.

2. Materielle Homiletik: Es ist der homiletische Stoff überhaupt, seine Verteilung für den kultischen Zyklus und seine Bestimmtheit für den einzelnen Akt aufzuzeigen.

3. Formelle Homiletik, die den Aufbau und Vortrag der Predigt behandelt.

B. Wolfgang Trillhaas (1903), Evangelische Predigtlehre ⁴1955, gliedert so: Die Predigt als Dienst am Worte Gottes (Prinzipielle Homiletik). Predigt und Text (Materiale Homiletik). Predigt als Rede (Formale Homiletik). Predigt und Gemeinde (Pastorale Homiletik).

Die Grundeinteilung der sonst recht unterschiedlichen und auch in der theologischen Position weit auseinanderliegenden Homiletiken beantwortet also eben diese Fragen: Was die Predigt ist, was ihr Inhalt, wie ihre Form zu bestimmen ist. Während Trillhaas dann noch einen vierten Teil anfügt: Wem gepredigt wird, hat Schweizer diese Frage schon in der prinzipiellen Homiletik behandelt, braucht sie nicht eigens noch einmal aufzuwerfen.

Sicher ist eine derartige Gliederung noch nicht besonders aufschlußreich. Aber sie kann doch wenigstens einen groben Anhalt für das geben, was wir miteinander durchzunehmen haben. Dabei muß ich nun freilich auf eine Schwierigkeit aufmerksam machen: So sehr auf den ersten Blick die genannte Dreiteilung einleuchtet, so schwierig ist es dann doch, sie faktisch durchzuhalten. Denn die Frage danach, was die Predigt ist, prinzipielle Homiletik also, muß ja diese Frage so beantworten, daß sie sagt: Das ist ein bestimmter Inhalt in einer bestimmten Form. M. a. W.: Es kann sich allenfalls darum handeln, denselben Gegenstand in unterschiedlichen Aspekten vorzuführen. Das Nacheinander der drei Aspekte ist aber zugleich ein Miteinander, und erst nach und nach kann sich uns das komplexe Phänomen Predigt deutlicher zeigen.

I. Die Predigt als Zeitansage

Prinzipielle Homiletik

Das Thema gibt die Antwort auf die Frage vor: Was ist die Predigt? Diese Antwort ist noch sehr unbestimmt. Sie ist vielleicht auch mißverständlich, wenn einer jetzt an die Rufnummer 0119 denkt und an das, was man da zu hören kriegt: »Beim nächsten Ton ist es 12 Uhr 20 Minuten und 30 Sekunden.« Zeit ist mehr als dieser kontinuierliche Ablauf, den wir mit unseren Chronometern messen. Zeit ist die Gelegenheit und also das, was unser Leben bestimmt im Gelingen wie im Mißlingen. Was an der Zeit ist, geschieht und läßt sich tun; Unzeitiges wird nicht zum guten Ende gebracht. Ich will dabei freilich nicht gerne mit der häufig gebrauchten Unterscheidung von Chronos und Kairos arbeiten. Sie erweckt den Anschein, wie wenn Zeit nur eben dies beides wäre: Entweder meßbare Dauer oder die gute Gelegenheit. Das wäre viel zu primitiv gedacht. Hier muß zunächst der Hinweis genügen, daß Zeit voller Dunkel ist und voll Macht.

§ 2   Die Zeit der Predigt

Das scheint zunächst eine ganz banale Sache zu sein: Die Predigt hat ihre Zeit am Sonntagvormittag, wenn nicht einmal außer der Reihe gepredigt wird, aus den unterschiedlichsten Anlässen. Und da ist dann ½10 Uhr die übliche Zeit, und es ist schwer, diese Zeit zu verrücken, weil sie eben so alt eingeführt ist. Man kann dann noch genauer sagen: Bei der normalen Gestalt des Gottesdienstes liegt die Zeit für die Predigt, die 20 Minuten, die sie üblicherweise dauert, zwischen 9.55 und 10.15 Uhr. So wäre das auch ganz richtig, wenn wir nur auf den homiletischen Akt sehen – ich erinnere an die von Ernst Lange angeführte Distinktion. Aber dieser homiletische Akt ist doch der praedicatio verbi divini distinktiv zugeordnet. Eine solche distinktive Zuordnung heißt: hier ist zwar zu unterscheiden; aber man darf nicht scheiden. Es gibt nicht die praedicatio verbi divini ohne irgendeine Form von homiletischem Akt. Und umgekehrt kann der homiletische Akt nicht das sein, was er sein will, wenn er nicht unlösbar der praedicatio verbi divini zugeordnet bleibt. Er wird sonst, theologisch gesehen, zum bloßen Gerede, so schön und erbaulich und klug und menschlich gewinnend er auch sein mag. Aber eine Predigt ist das nicht. Das heißt also: Die Frage der Zeit der Predigt ist die Frage danach, wann der homiletische Akt und die praedicatio verbi divini beieinander sind, gleichzeitig sind. Es ist klar: Da hilft die Zeitbestimmung 9.55–10.15 Uhr nicht weiter. Vielmehr sind Bestimmungen notwendig, die mehr sagen als die bloße Uhrzeit. Ich will mich diesen Bestimmungen auf einem scheinbaren Umweg nähern. Ich hoffe aber, daß dieser scheinbare Umweg der kürzeste Weg hin zur Sache ist.

1. Die Zeit des Sakramentes

Natürlich ließe sich auch hier der Termin nennen, zu dem üblicherweise das Abendmahl gefeiert wird: nicht so häufig und nicht so regelmäßig wie die gottesdienstliche

Predigt; doch damit halten wir uns jetzt nicht auf. Ich will vielmehr zunächst einige Reflexionen zur Festzeit vorlegen, die es erleichtern können, zu verstehen, was »Zeit des Sakramentes« heißt. Nehmen wir dazu das israelitisch-jüdische Passa-Fest als Beispiel, das mit dem Abendmahl von dessen Einsetzung her verbunden ist. Der Passa-Text Ex 12 setzt den Tag für dieses Fest fest und bestimmt ihn als Gedenktag – »Dieser Tag soll euch sein leᶻzikkarōn« (v. 14). Das erinnert uns an die liturgisch gebräuchliche Gestalt des Abendmahlsberichtes: »Solches tut zu meinem Gedächtnis.« Wenn der Passa-Tag kommt, dann tritt das ganze Volk in die Zeit dieses Festes ein. Es gibt nicht die Alternative, ob man das Fest feiern will oder nicht. Wer zum Gottesvolk gehört, der feiert. Und wer durch irgendwelche Umstände an der Feier verhindert ist, für den gibt es den Nachtermin (vgl. Num. 9, 6ff.). »Wer aber rein ist und wer nicht auf einer Reise ist und unterläßt es, das Passa zu halten, der soll ausgerottet werden aus seinem Volk« (Num. 9, 13). Diese Zeit des Festes, in die eintritt, wer zum Gottesvolk gehört, bringt aber zugleich mit sich, was gefeiert wird: Gottes heilsame Zuwendung zu seinem Volk. Ich führe aus der jüdischen Passaordnung an: »Nicht nur unsere Väter hat der Heilige, gepriesen sei er, erlöst, sondern auch uns mit ihnen. Darum sind wir verpflichtet, zu danken, zu loben, zu preisen, zu rühmen, zu verherrlichen, zu benedeien, Hochachtung und Verehrung zu erweisen ihm, der unseren Vätern und uns allen diese Wunder getan. Er hat uns aus der Knechtschaft zur Freiheit, aus dem Kummer zur Freude, aus der Trauer zu Festtagen, aus der Finsternis zu hellem Licht und aus der Dienstbarkeit zur Unabhängigkeit geführt. So wollen wir ihm Halleluja singen!« (nach Georg Fohrer, Glaube und Leben im Judentum, UTB 885, 1979, 100). Die Zeit des Festes, in die man eintritt, ist also zugleich offen für die heilsame Zuwendung Gottes, die gefeiert wird. Festzeit, die gefeiert wird, läßt in das Heil ein.

Die Zeit des Sakramentes läßt sich in Analogie zu dieser Festzeit verstehen, worauf ja schon hinweist, daß Passa und Abendmahl »zum Gedächtnis« gefeiert werden. Allerdings fehlt dem Sakrament jene feste Zeit, die kommt – jedes Jahr wieder. Auch die Feier Sonntag für Sonntag ist ja nicht, oder noch nicht, üblich. Vielmehr wird die Sakramentsfeier nach örtlichen Traditionen und Gepflogenheiten festgesetzt. Das Sakrament wird also je nach Nachfrage angeboten. Doch nicht nur vom Angebot her besteht im Gegensatz zu dem jährlich wiederkehrenden Passa-Fest ein Moment der Willkür. Erst recht muß die Teilnahme an der Sakramentsfeier durch eine Entscheidung realisiert werden. Diese Entscheidung gewinnt damit ein besonderes Gewicht. Faktisch ist hier nicht die Feier vorgegeben, in die einer selbstverständlich eintrat, wenn die Zeit dazu da ist. Vorgegeben ist allenfalls das amtskirchliche Angebot als die Möglichkeit, die ich dann für mich selbst realisiere. Nicht wie beim Passa ist die in regelmäßigem Rhythmus eintretende Festzeit die bestimmende Wirklichkeit: ist das Fest da, dann muß es selbstverständlich auch gefeiert werden; und wer sich der Feier versagt, schließt sich vom Heil aus. Vielmehr ist hier die Kontinuität meiner subjektiven Zeit vorgegeben, meines Lebens und Erlebens, in die dann aufgrund meines Entschlusses, zum Abendmahl zu gehen, ein religiöses Ritual einbezogen wird. Ich brauche das jetzt – sozusagen aus Gründen meiner seelischen und spiritualen Hygiene.

Um noch einmal auf die ganz unterschiedliche Erlebensperspektive hinzuweisen: Dort im jüdischen Festzyklus kommt die Zeit der Feier von außen auf den Menschen zu, unausweichlich, und er tritt in diese Feier ein, in der ihm Gottes heilsame Zuwendung begegnet, für ihn im »Gedächtnis« Gegenwart wird. Hier dagegen entscheide ich mich dafür, auf das Angebot der Feier einzugehen und sie damit erst für mich zu verwirklichen.

Um die Problematik dieser Übung ganz deutlich herauszustellen, will ich einmal annehmen, daß die Sakramentsfeier angeboten wird. Aber da ist niemand, der auf dieses Angebot eingeht. Wenn niemand zum Sakrament kommen will, dann muß die Feier ausfallen. Ich erinnere daran: Im »Gedächtnis«, in der das Stiftungsgeschehen wiederholenden Feier ist dieses Stiftungsgeschehen gegenwärtig, und damit ist die Zeit der Feier offen für die gefeierte Zuwendung Gottes. Wenn nun die angebotene Sakramentsfeier ausfällt, weil dafür gerade niemand Zeit hat, dann heißt das doch: Die Versöhnung der Sünder mit Gott fällt aus, weil dafür gerade niemand Zeit hat. Hier scheint etwas nicht zu stimmen, wenn diese merkwürdige Konsequenz möglich ist. Die gängige Vorstellung, daß die religiöse Entscheidung die heilsame Zuwendung Gottes im Ritus erst realisiere, muß dann doch wohl korrigiert werden.

Obwohl hier nicht eine Lehre vom christlichen Gottesdienst oder die praktisch-theologische Behandlung des Sakramentes beabsichtigt ist, muß ich beim Thema noch etwas verweilen. Die Überlegung hat gezeigt, wie die Sakramentsfeier pervertiert wird, wenn man die Zeit des Sakramentes durch das Zusammentreffen von Angebot und Bedarf konstituiert sein läßt. Daß man auch anders von Angebot und Bedarf reden kann, mag die Erinnerung an Röm 10, 10–17 wenigstens andeuten: »Denn so man von Herzen glaubt, so wird man gerecht, und so man mit dem Munde bekennt, so wird man selig. Denn die Schrift spricht: Wer an ihn glaubt, wird nicht zuschanden werden. Es ist hier kein Unterschied zwischen Juden und Griechen; es ist über sie allzumal der eine Herr, reich für alle, die ihn anrufen. Denn wer den Namen des Herrn wird anrufen, soll gerettet werden. Wie sollen sie aber den anrufen, an den sie nicht glauben? Wie sollen sie aber an den glauben, von dem sie nichts gehört haben? Wie sollen sie aber hören ohne Prediger? Wie sollen sie aber predigen, wenn sie nicht gesandt werden? Wie denn geschrieben steht: Wie lieblich sind die Füße derer, die gute Botschaft verkündigen! Aber sie sind nicht alle der guten Botschaft gehorsam. Denn Jesaja spricht: Herr, wer glaubt unserm Predigen? So kommt der Glaube aus der Predigt, das Predigen aber durch das Wort Gottes.« Ich lege nicht lange aus: Da ist Nachfrage – nach Glauben. Gott will den Glauben, will angerufen werden. Er möchte ja nicht allein bleiben, will vielmehr seinen Reichtum mitteilen. Weil er nach dem Glauben fragt, darum bietet er die Predigt an. Ich komme darauf gleich noch ausführlicher zu sprechen.

Wird die Zeit des Sakramentes dagegen von der Praxis pastoraler Erfahrung mit dem Verhalten der Gemeindeglieder her bestimmt, dann sieht Angebot und Nachfrage anders aus. Man will da auf Bedürfnisse eingehen, und weckt damit auch Bedürfnisse. Das Angebot soll möglichst variabel gehalten werden, damit eine unterschiedliche Nachfrage geweckt und befriedigt werden kann: Sakramentsfeier wie üblich »im Anschluß an diesen Gottesdienst«, für die traditionelle Nachfrage. Sakramentsfeier im Hauptgottesdienst, nach Agende 1, wenigstens einmal im Monat; daran gewöhnt sich der regelmäßige Gottesdienstbesucher rasch. Dann selbstverständlich die eigene Sakramentsfeier für die Jugend, und ab und zu, nicht nur auf Kirchentagen, ein Feierabendmahl. Ich will das alles jetzt nicht einfach abwerten. Wir sollten zur Kenntnis nehmen: So ist das; und es gibt hier viel Mühe, dafür zu sorgen, daß das Abendmahl eben nicht ausfällt, sondern daß es gefeiert wird.

Doch die Frage, die hier dann gestellt werden muß, ist die, ob damit nicht die eigentliche Zeit des Sakramentes verlorengeht. Mindestens in der theologischen Reflexion scheint sie mir nicht mehr eingeholt zu werden: Das Sakrament wird zum Gedächtnis gefeiert; vgl. das bei Brot und Kelch wiederholte »solches tut zu meinem Gedächtnis« (1 Ko 11, 24.25). D.h. die Zeit des Sakramentes ist offen für das

Heilsgeschehen, Gottes Zuwendung zur Welt in Jesus Christus. Wer in die Zeit des Sakramentes hineingezogen wird, dem tritt darin das Heilsgeschehen entgegen. Wo man dagegen mit dem Angebot des Sakramentes sich auf die Nachfrage einstellt, die wieder bestimmt ist durch das subjektive Bedürfnis, da besteht mindestens die Gefahr, daß über aller begrüßenswerten Offenheit für die Menschen die Öffnung zum Heilsgeschehen hin nicht mehr bedacht wird. Die aber muß doch gerade zum Ausdruck kommen, wenn die Zeit des Sakramentes nicht versäumt werden soll.

2. Zeit für die Predigt als die Zeit des Hörers

Was als Problem der Sakramentsfeier genannt worden ist, das gilt erst recht für die Predigt. »Erst recht« sage ich deshalb, weil die Predigt nicht in gleicher Weise wie das Sakrament am Heilsgeschehen festgemacht ist. Die Feier des Sakramentes hat doch immer an hervorgehobener Stelle die Einsetzungsworte. Darum ist hier die Offenheit auf das Gedächtnis der heilsamen Zuwendung Gottes in Christus mindestens mit diesen Worten gegenwärtig. Und man bemerkt eher, daß etwas nicht in Ordnung ist, wenn dann das subjektive Bedürfnis und seine Befriedigung zu einem, womöglich gar zu dem wichtigsten Moment in der Konstitution des Sakraments wird. Die Predigt hat es da schwerer. Wenn hier gefragt wird, wie sich das mit der Zeit für die Predigt verhalte, dann kommt es nur zu leicht zu der Zuspitzung dieser Frage: Wer hat eigentlich noch Zeit für die Predigt, wer nimmt sich Zeit für die Predigt?
Daß das allenfalls die zweite Frage sein kann, ist hoffentlich aus der Analogie zur Zeit des Sakramentes deutlich geworden. Doch ich bleibe ruhig zunächst ein wenig bei dieser Frage. Sie ist eine wichtige Frage zuerst einmal für den Prediger. Er muß sich ja die Zeit nehmen, eine Predigt vorzubereiten, und nimmt sich dazu hoffentlich auch genügend Zeit, damit eine ordentliche Predigt zustande kommt. Aber diese Arbeit soll sich dann auch lohnen. Die Leute sollen kommen, und sich ihrerseits Zeit nehmen, diese Predigt zu hören. Es kommt doch mancher in die Kirche, weil da ein bestimmter Prediger predigt. Entweder, weil man weiß, daß er seine Sache gut macht. Oder weil man diesem Prediger einen Gefallen tun will. Vor allem als Vikar habe ich es seinerzeit immer wieder erlebt, daß ein Gemeindeglied – ich hatte damals die Aufgabe, alle über Siebzigjährigen zum Geburtstag zu besuchen – fragte: Wann predigen Sie denn, Herr Vikar? Und wenn ich dann sagte: den nächsten, oder den übernächsten Sonntag, dann kam als Reaktion: Da komme ich dann in die Kirche! Man erwidert also den Besuch des Pfarrers mit einem gelegentlichen Gegenbesuch in der Predigt, weil man ja weiß, was sich gehört.
Auf jeden Fall müssen die Hörer zur Predigt kommen, damit diese überhaupt zustande kommt. Wird nun die Zeit für die Predigt als die Zeit bestimmt, die sich die Predigthörer für die Predigt nehmen, dann hat das seine Konsequenzen für Theorie und Praxis der Predigt. Die Theorie muß dann dem Hörer möglichst weit entgegenkommen. Er soll ja für die Zeit, die er sich nimmt, eine Gegenleistung erhalten, die ihn zufriedenstellt; dann wird er sich wieder Zeit nehmen, und es muß mit der Predigt aufwärtsgehen. Denn die Zufriedenheit wird sich herumsprechen, und die Veranstaltung »Predigt« gewinnt an Gewicht. Um dem Hörer entgegenzukommen, macht ihn die Theorie zu einem eigenen Thema, fragt nach seiner Situation, seinen Bedürfnissen, seinen Erwartungen. Das muß in der Homiletik sicher auch geschehen; aber es muß im

richtigen Zusammenhang geschehen. Sonst wird die Theorie falsch. Setzt die Predigt-theorie bei dem genannten, theologisch gesehen sekundären, Zeitverständnis ein, dann wird sie die Predigtarbeit als eine Art »Synthese« verstehen: Auf der einen Seite ist der »Hörer«, und zwar möglichst differenziert erfaßt. Und auf der anderen Seite ist der »Text«, die Botschaft, das Evangelium, die Glaubenstradition – wie immer man sagt. Und nun soll beides in der Predigt zusammenkommen: Der homiletische Theoretiker zeigt diese Synthese in ihren großen Zusammenhängen, und der homiletische Praktiker hat sie für den einzelnen homiletischen Akt zu vollziehen. Ich führe Wolfgang Steck an (Das homiletische Verfahren. Zur modernen Predigttheorie, AzPTh 13, 1974), der in seinem Referat zur gegenwärtigen Predigttheorie gerade diese Synthese betont. »Die gegenwärtige Homiletik entfaltet den Prozeß der Predigtmeditation, den ›Weg vom Text zur Predigt‹, in dem theoretischen Rahmen, den die Hermeneutik entfaltet hat. Die synthetische Struktur der Predigtarbeit kommt in den Formeln von Wort und Situation oder Verkündigung und Situation zum Ausdruck . . .« (33f.). »In dem nicht nur methodischen, sondern prinzipiellen Interesse am Hörer wird die Synthese von Evangelium, Prediger und Hörer, die seit Schleiermacher den Horizont der Predigt-theorie bestimmt und die in der liberalen Predigttheorie nachdrücklich zur Geltung gebracht wurde, wieder zum Strukturprinzip der Homiletik« (41). Und Steck charakte-risiert das von ihm besonders hervorgehobene Konzept der »Predigtstudien« so: »Der Weg vom Text zur Predigt ist damit als Dialog, als kritische Vermittlung von Text und Situation entfaltet« (47).

Dieses synthetische Verfahren will also mit dem Text oder mit dem Evangelium zum Hörer kommen, hinein in dessen Zeit. Aber da ist in der Theorie der Predigt von vornherein ausgeblendet, was ich mit meinen Überlegungen zur »Zeit des Sakramen-tes« angesprochen habe: Daß hier eine vom Heilshandeln Gottes her bestimmte Zeit ist, in die der Mensch eintreten kann. Dieser Sachverhalt ist häufig überdeckt durch die Erfahrung, daß die angebotene Feier je nachdem mehr oder weniger Zuspruch findet, und darum dieses kirchliche Angebot möglichst variabel gehalten werden muß, um unterschiedlicher Nachfrage gerecht zu werden. Entsprechend ist hier in der Predigt-theorie übersehen, daß die Predigt in eine vorgegebene Zeit einläßt, es sei denn, sie wird grundlegend verändert, so grundlegend, daß sie dann nicht mehr als Christuspredigt kenntlich ist. Die Zeit, die sich der Hörer für die Predigt nimmt und nehmen muß, wird dann zum Fixpunkt, auf den hin auch das Evangelium oder der Text bewegt werden soll. Doch das geht nicht an: Ehe das Evangelium dorthin gebracht ist, rollt es dem Prediger weg wie der Marmorblock dem Sisyphos. Im Unterschied zu diesem aber zieht dann der Prediger, dennoch beim Hörer angelangt, eine hübsche Glasmurmel aus der Tasche und erwartet, daß der »Ah!« sagt.

In der Praxis der Predigt führt ein solches Verständnis der Predigt zu unterschiedlichen Folgerungen. Entweder versucht der Prediger, die Zeit des Hörers für seine Predigt so zu gewinnen, daß er ihn mit allerlei Einfällen fesselt. Man kann sich auch im Team um solche Einfälle bemühen – dann wird gewöhnlich ein Familiengottesdienst daraus. (Noch einmal, damit ich ja nicht mißverstanden werde: Die Bemühung um den Hörer ist unumgänglich und hat ihr Recht. Aber wenn sie theologisch falsch angesetzt ist, verkehrt sie die Predigt zur Unpredigt.) Oder aber der Prediger hat selbst nicht die Zeit, sich so in der Vorbereitung abzumühen. Weil ihm der Hörer dann seine Zeit für die Predigt kaum freiwillig hergibt, wird sie ihm durch Drohungen abgenommen: Der Gottesdienstbesuch wird als Christenpflicht, womöglich als die oberste und wichtigste Christenpflicht deklariert, und die Predigt beschäftigt sich damit, das einzuschärfen.

Mancher läßt sich davon beeindrucken, vor allem, wenn ihm eine solche Predigtpraxis zugleich das Gefühl vermittelt, er sei ein besserer Mensch oder Christ als die, die nicht kommen.

3. Zeit für die Predigt als Zeit Gottes

Es geht hier nicht um die schöpfungstheologische Behauptung, daß alle Zeit von Gott ist. Darauf muß ich in diesem Kapitel auch noch zu sprechen kommen. Es geht vielmehr um die Zeit, die Gott als die Ermöglichung des Heiles gewährt. Man könnte sagen: Die Zeit, die sich der Hörer für die Predigt nimmt, sei dieser Zeit distinktiv zugeordnet. Man muß dann aber theologisch und doch wohl auch homiletisch die richtige Folge beachten: Daß ich mir die Zeit nehmen kann, die Predigt zu hören, das ist die Folge davon, daß Gott Zeit für die Predigt gibt, und durch diese Predigt in die Zeit seines Heiles einläßt. Um zunächst den Schlußteil aus der Areopagrede des Apostels Paulus anzuführen: »Denn in ihm leben, weben und sind wir; wie auch etliche Dichter bei euch gesagt haben: Wir sind seines Geschlechts. So wir denn göttlichen Geschlechts sind, sollen wir nicht meinen, die Gottheit sei gleich den goldenen, silbernen und steinernen Bildern, durch menschliche Kunst und Gedanken gemacht. Die Zeit der Unwissenheit zwar hat Gott übersehen; nun aber gebietet er den Menschen, daß alle an allen Enden Buße tun. Denn er hat einen Tag gesetzt, an welchem er richten will den Erdkreis mit Gerechtigkeit durch einen Mann, den er dazu bestimmt hat, und hat jedermann den Glauben angeboten, indem er ihn auferweckt hat von den Toten« (Act. 17, 28–31). Da ist nun sehr direkt von der Zeit für die Predigt die Rede. Sie hat ihren Anfang und ihr Ende. Ihr Anfang ist damit gegeben, daß die Zeit der Unwissenheit vorbei ist, weil nun die Aufforderung zur Umkehr die Menschen erreicht. Ihr Ende ist das Gericht, das Gott durch den Auferweckten halten will. Und darum hat diese Predigt auch ihre göttliche Beglaubigung: eben die Auferweckung. Gott fragt nach dem Glauben, indem er hier die Umkehrforderung durch die Auferweckung beglaubigt (v. 31b). Die Redewendung πίστιν παρέχειν bezeichnet solche Beglaubigung, die sich zunächst auf die Gerichtsankündigung bezieht, aber die ganze Predigt betrifft. Johann Albrecht Bengel (1687–1752) bemerkt zu dieser Wendung der Areopagrede des Paulus: »Itaque poenitentiam et fidem hic quoque Paulus praedicat: cumque fides Atheniensibus plane ignota sit, elegantissime ad eam duntaxat alludit phrasi illa« (deshalb predigt Paulus auch hier Buße und Glauben: weil aber der Glaube für die Athener etwas ganz Unbekanntes ist, spielt er wenigstens höchst elegant mit dieser Redewendung auf ihn an).

Was hier angedeutet ist, braucht nicht breit entfaltet zu werden. Ich erinnere an das, was ich schon zu Röm 10 gesagt habe, kann dazu dann noch beispielsweise auf 2 Ko 5, 17–21 verweisen, eine Kernstelle für die theologische Begründung der Predigt: »Darum ist jemand in Christo, so ist er eine neue Kreatur; das Alte ist vergangen, siehe es ist alles neu geworden. Aber das alles von Gott, der uns mit ihm selber versöhnt hat durch Christus und uns das Amt gegeben, das die Versöhnung predigt. Denn Gott war in Christus und versöhnte die Welt mit ihm selber und rechnete ihnen ihre Sünden nicht zu, und hat unter uns aufgerichtet das Wort von der Versöhnung. So sind wir nun Botschafter an Christi Statt, denn Gott vermahnt durch uns. So bitten wir nun an Christi Statt: Lasset euch versöhnen mit Gott! Denn er hat den, der von keiner Sünde wußte, für uns zur Sünde gemacht, auf daß wir in ihm würden die Gerechtigkeit, die vor Gott gilt.« Auch hier ist deutlich: Die Zeit für die Predigt ist nicht die Zeit, die der Mensch hat, und sich für die Predigt nimmt. Sondern die Zeit für die Predigt ist Zeit von Gott her: Gott sucht die Menschen. Er fragt nach dem Glauben, nach der Versöhnung. Deshalb gibt es die Predigt. Diese Predigt ist als Zeit von Gott durch das Christusereignis bestimmt, von dem sie herkommt und auf das sie verweist. Sie ist zwar nicht selbst identisch mit diesem Ereignis. Aber von dort her empfängt sie ihre Autorität. Was das genauer heißt, muß eigens entfaltet werden. Hier soll der Hinweis auf den Zusammenhang dieser von Gott her gewährten Zeit der Predigt mit dem Christusereignis genügen.

Es braucht hier allerdings eine genauere Bestimmung: Was als Zeit für die Predigt genannt worden ist, das kann nicht einfach mit dem homiletischen Akt im sonntäglichen Gottesdienst identifiziert werden. Das liegt nicht nur daran, daß das »Wort von der Versöhnung« in höchst unterschiedlicher Weise zu den Menschen kommen kann; die Predigt am Sonntagmorgen ist nur eine von diesen Möglichkeiten, und wir sollten sie deshalb nicht überbewerten. Es liegt vor allem daran, daß hier eine klare inhaltliche Bestimmung vorliegt: Gottes Frage nach unserem Glauben, Gottes Angebot der Versöhnung muß zur Sprache kommen; nur dann kann der homiletische Akt im sonntäglichen Gottesdienst von dieser Zeit Gottes für die Predigt her verstanden werden. Was das heißt, ist in der materialen wie der formalen Homiletik noch breit zu entfalten. Hier weise ich nur darauf hin, daß diese inhaltliche Bindung nicht schon damit garantiert ist, daß bestimmte Stichworte auftauchen, Jesus Christus, Glaube, Versöhnung, Heil. Und daß diese inhaltliche Bindung durchaus bestehen kann, auch wenn die soteriologischen Stichworte in einer Predigt nicht vorkommen.

Auf jeden Fall hat diese hier angedeutete Bestimmung der Zeit für die Predigt ihre Konsequenzen für die homiletische Theorie und für die Praxis der Predigt, genauso wie die eben angesprochene kurzschlüssige Hörerorientierung der Homiletik. Das nun gewiß nicht so, daß dabei die Hörer der Predigt vergessen würden. Aber sie werden in einer anderen Weise wichtig und ernst genommen als dort, wo man sich um die Hörer bemüht, weil anscheinend ohne die Zeit der Hörer die Predigt bedeutungslos wird. Hier muß ja als Predigtaufgabe bestimmt werden, den Hörer in Gottes Zeit für die Predigt einzulassen. Im Bild: Die Predigt klingelt nicht an der Tür des Hörers, um ihm etwas zu verkaufen, von dem sie annimmt, daß er es brauchen kann; mindestens muß ihm ja klarzumachen sein, daß er die Predigt braucht. Hier öffnet die Predigt selbst die Tür und bittet den Hörer, einzutreten. Die Tür muß offen sein, und die Einladung klar, und der Raum soll gezeigt werden, in den der Hörer eintritt: die Zeit, die Gott für ihn hat. Die Predigt ist im ersten Fall ständig in der Gefahr, in Imperativen zu reden, nicht nur dem einen, daß der Hörer fleißig zur Predigt kommen soll, weil sich das für einen Christen gehört, sondern auch so, daß sie ihm Ratschläge gibt, wie er sein Leben verändern und ein besserer und glücklicher Mensch werden kann. Sie wird im zweiten Fall sehr viel stärker beschreibende Predigt sein, die auf das zeigt, was da ist, das, was Gott getan hat und was er tut und tun wird.

4. Gottes Zeit für uns – unsere Zeit für Gott

Es geht hier um theologische Bestimmungen der Predigt. Aber diese theologischen Bestimmungen haben ihre Auswirkung auf die Theorie und Praxis der Predigt. Erfahrungen als Prediger wie als Predigthörer nötigen mich zu der theologischen Reflexion, die sich fragt, woran es liegt, daß die Predigt so oft nicht paßt. Ich habe behauptet: die einseitige Orientierung an dem Predigthörer, dessen Zeit der homiletische Akt für sich gewinnen möchte, bringe ein synthetisches Verständnis der Predigt mit sich. Die Predigt bringt dem Hörer das Evangelium nahe; und muß dabei selbstverständlich darauf achten, daß dieses Evangelium einem Bedürfnis des Hörers entgegenkommt; daß er begreift: Ich brauche dieses Evangelium. Man kann dann auch gleich die ganze Theologie als eine solche Synthese verstehen, und hat damit das eigene Vorgehen scheinbar dadurch gerechtfertigt, daß es doch alle so machen. So meint Dietrich Stollberg: »Der natürliche Mensch hat ja ein Interesse an sich selbst und seiner Umwelt, und christliche Predigt darf ihn ermutigen, dieses Interesse als Gabe Gottes einzusetzen und wahrzunehmen, was da ist. Denn das, was da ist, ist Schauplatz der Liebe des Schöpfers, der seine wenngleich noch so ›gefallene‹ Schöpfung rehabilitiert hat und liebt. Daraus ergibt sich auch die konkrete Gestalt der *theologischen Wissenschaft*, die ja in jeder ihrer Disziplinen christliches Credo und ›säkulare‹ Weltwahrnehmung gemäß irgendeiner Spezialdisziplin zusammenbringen muß (Kirchengeschichte und historische Methodologie, Exegese und Philologie, Systematik und Philosophie, Praktische Theologie und Pädagogik, Psychologie etc.) . . . Gottes Gnade selbst bleibt (empirisch oder im Rahmen der Geschöpflichkeit allen Seins betrachtet) außerhalb. Erst durch Menschen, die mit ihr rechnen und sie bezeugen, wird sie menschlich, greifbar, begreifbar, mitteilbar und somit im Vollzug der Verkündigung methodisierbar« (Predigt praktisch, 1979, 50 f). Es wäre ungerecht, den Praktischen Theologen hier zu genau beim Wort zu nehmen, etwa zu fragen, was er sich eigentlich gedacht habe, wenn er da empirisch betrachtet von der Geschöpflichkeit allen Seins rede. Ob er dabei nicht Gott vergessen habe und also auch vergessen habe, daß von geschöpflichem Sein nur dann sinnvoll geredet werden kann, wenn dieses geschöpfliche Sein bestimmt ist durch das Sein des Schöpfers. Aber diese merkwürdige Blindheit für die theologischen Voraussetzungen hat ja ihre Konsequenzen: Gottes Gnade bleibt außerhalb, und wird dann doch durch Menschen abgeholt, wird durch Menschen mitteilbar – und dann sogar »im Vollzug der Verkündigung methodisierbar«.

Um es deutlich zu sagen: Der Praktische Theologe immunisiert sich mit derartigen Äußerungen gegen jede kritische Funktion, sei es der Schriftauslegung oder Dogmatik, indem er behauptet: Nur wenn wir etwas tun, geschieht überhaupt etwas. Denn Gott selbst ist ja außerhalb, unwirklich, transzendent und bleibt das auch, solange wir ihn nicht, und dann auch noch methodisch-wissenschaftlich, realisieren. Und was da real wird, ist eben jene Synthese von Botschaft und Situation, von Credo und säkularer Weltwahrnehmung, wie Stollberg sagt. Was er dabei vergessen hat, ist dies, daß das Credo selbst schon Weltwahrnehmung ist, daß also schon längst beisammen ist, was der Praktische Theologe, oder was die theologische Wissenschaft angeblich erst zusammenbringen muß. Ich kann es auch so sagen: Vergessen ist hier, was jede theologische Arbeit voraussetzen muß, Gottes wirksame Gegenwart. In der selbstverständlichen Bemühung um die richtige Theologie und das richtige Reden in der Predigt ist der notwendige Kontext und Zusammenhang dieses Redens vergessen worden: das Geist-

24

geschehen, das sich als Wort und Glaube, als Bekenntnis und Gemeinschaft der Kirche kontinuierlich vollzieht. Als dieses Geistgeschehen ist die Kirche selbst Glaubensinhalt, ein Stück des Credo. Ich erinnere dazu an den siebten Artikel der CA: »Es wird auch gelehrt, daß alle Zeit musse ein heilige christliche Kirche sein und bleiben, welche ist die Versammlung aller Glaubigen, bei welchen das Evangelium rein geprdigt und die heiligen Sakrament lauts des Evangelii gereicht werden.« Oder, präziser noch in der lateinischen Fassung: »Item docent, quod una sancta ecclesia perpetuo mansura sit« (BSLK 61). Die Theologie setzt dieses Geistgeschehen voraus, sie bringt es gewiß nicht erst hervor.

Dieses Geistgeschehen ist nun sicher einerseits dem feststellenden und deutenden Zugriff entzogen: »Der Wind bläst, wo er will, und du hörst sein Sausen wohl; aber du weißt nicht, woher er kommt und wohin er fährt. So ist ein jeglicher, der aus dem Geist geboren ist« (Joh. 3, 8). Dem sucht die CA damit gerecht zu werden, daß sie sich im achten Artikel gegen eine einfache Identifikation der versammelten christlichen Gemeinde mit der Kirche als der congregatio sanctorum et vere credentium wehrt. Doch soll das nicht dagegen mißtrauisch machen, daß diese Versammlung wirklich der Ort des Geistgeschehens ist. Wort und Sakrament sind nicht wegen der Gläubigkeit und Heiligkeit der Spender wirksam, die sich nicht nachprüfen läßt, sondern wegen der Einsetzung und dem Auftrag Christi: Die Frage nach der Kirche als Geistgeschehen ist deshalb an den Vollzug des ministerium ecclesiasticum gewiesen, das Evangelium. So versucht Melanchthon in der Apologie die ungreifbare und die kenntliche Seite des Geistgeschehens zusammenzunehmen. »At ecclesia non est tantum societas externarum rerum ac rituum sicut aliae politiae, sed principaliter est societas fidei et spiritus sancti in cordibus, quae tamen habet externas notas, ut agnosci possit, videlicet puram evangelii doctrinam et administrationem sacramentorum consentaneam evangelio Christi« (»Die Kirche ist ja doch nicht nur eine Gemeinschaft äußerer Sachen und Riten wie andere Gemeinwesen, sondern in erster Linie ist sie Gemeinschaft des Glaubens und des Heiligen Geistes in den Herzen, die aber doch äußere Zeichen hat, damit sie erkannt werden kann, nämlich die reine Predigt des Evangeliums und die mit dem Evangelium Christi übereinstimmende Sakramentsverwaltung« AC VII, 5, BSLK 234). Auf diesen kenntlichen Zusammenhang der notae ecclesiae mit dem Geistgeschehen Kirche ist die Frage nach der Zeit der Predigt gewiesen.

Das bedeutet zunächst in Abgrenzung gegen alle Versuche, von einem synthetischen Predigtmodell her zu denken: Das Evangelium geht jedem homiletischen Akt voraus. Menschliche Zeit ist im Glauben eingelassen in Gottes Zeit für uns. Sicher ist das jetzt wieder der Hinweis auf die nicht feststellbare Wirklichkeit des Geistgeschehens. Aber zugleich ist es doch der Verweis auf das, was da ist: Die Gemeinde, die jedem homiletischen Akt vorgegeben ist und diesen homiletischen Akt ermöglicht. Die Predigt ist ja kein Neuanfang. Sie tritt ein in den vorgegebenen Zusammenhang des kontinuierlichen Geistgeschehens, wie es sich in den notae ecclesiae manifestiert. Nur weil die Leute kommen, kann es den homiletischen Akt geben. Und daß die Leute kommen, vielleicht sogar trotz vieler Enttäuschungen, das hat seinen Grund in der Erfahrung und Erwartung, daß durch das Evangelium Einlaß in die Zeit Gottes gewährt wird. Sicher läßt sich viel Kritisches sagen über diese Gottesdienstgemeinde. Und es gibt ja auch höchst unterschiedliche Erfahrungen in dieser Gemeinde und mit dieser Gemeinde. Aber darüber kann nicht außer acht bleiben: Nur weil die Gemeinde da ist, kommt die Predigt zustande, der einzelne homiletische Akt. Und das gerade unter der paulinischen Voraussetzung: »So kommt der Glaube aus der Predigt, das

Predigen aber durch das Wort Christi« (Röm 10, 17). Die einzelne Predigt muß nicht erst Gemeinde schaffen, sondern diese Gemeinde ist da. Das bedeutet sicher nicht, daß damit der homiletische Akt überflüssig würde. Im Gegenteil: Er tritt ein in die Kontinuität der Kirche und führt diese Kontinuität fort. Aber er kann das deshalb tun, weil Gott uns in seine Zeit eingelassen hat, weil Gottes Zeit für uns und unsere Zeit für Gott in der Kontinuität des Geistgeschehens ineinanderliegt, das wir als die christliche Kirche glauben.

Das heißt aber auch, daß für die einzelne Predigt immer schon ein Verstehen des Evangeliums vorgegeben ist. Wieder kann man hier sicher auch anfangen zu jammern, wie man jammern kann, wenn man auf die faktisch sich versammelnde Gemeinde blickt: Was ist das für ein kümmerliches, einseitiges, veraltetes, oberflächliches Verstehen. Daran kann ich mich als Prediger, als verantwortlicher Theologe, doch nicht orientieren! Dagegen muß ich mich wehren, damit ich nicht diesem antiquierten und unzeitigen Verstehen ausgeliefert bin! Ich komme auf die hier angedeutete Problematik explizit und mehr noch implizit ausführlich zu sprechen. Zunächst aber ist doch zuzugeben: Nur darum kann sich die einzelne Predigt darauf einlassen, dieses Evangelium zu sagen, vielleicht neu und anders, als die Gemeinde das gewöhnt ist, weil ihr ein Verstehen des Evangeliums vorgegeben ist. Dieses Verstehen, das die einzelne Predigt hält, ihr einen Ort zuweist, sie vielleicht auch zurechtrückt, ist nicht nur als eine Tradition da, womöglich als Tradition lokalen Charakters, als Hörgewohnheit und Erwartung der versammelten Gemeinde. Es ist da in der festen Gestalt des Gottesdienstes, die die Predigt umgibt, von Eingangslied und Sündenbekenntnis am Anfang bis hin zu Vaterunser und Segen am Schluß, und ist erst recht dann da, wenn in diesem Gottesdienst das Abendmahl gefeiert wird. Auch hier ist die Verbindung der Zeiten da, in diesem Verstehen. Und die Predigt, die durch diese Verbindung erst ermöglicht wird, hat den Zusammenhang, in dem sie steht, darum auch bewußt wahrzunehmen und zu berücksichtigen. Wie sich das in der Praxis der Predigtvorbereitung darstellt, habe ich als »Vorschlag für eine ordentliche Predigtvorbereitung« formuliert (vgl. u. S. 155–160). Als Leitvorstellung mag dabei dienen, daß hier nicht eine Synthese versucht wird, Synthese von Botschaft und Situation etwa. Es geht vielmehr darum, zu entdecken, wie im Evangelium Text und Gemeinde immer schon beieinander sind, weil unsere Zeit in Gottes Zeit hineingenommen ist.

Die Zeit der Predigt ist gekennzeichnet durch das bewußte Beieinander und Ineinander der Zeiten. Daß hier dann Erwartung da ist und Erinnerung, in denen das Geistgeschehen faßbar wird, das nenne ich nur, um noch einmal zu betonen, wie die Zeit der Predigt eingelassen ist in die Zeit, die als Kontinuität des Geistgeschehens Gottes gegenwärtiges Wirken bezeichnet. Ich sage dazu abschließend: Die Zeit der Predigt ist nicht einfach die Zeit dieses Geistgeschehens, Gottes Zeit für uns. Diese Zeit Gottes für uns kann sich keiner nehmen, mit menschlichem Tun nicht, und nicht mit Bitten. Daß gerade am Sonntagvormittag von 9.55–10.15 Uhr diese Zeit wäre, das kann ich genausowenig behaupten, wie ich behaupten kann, daß sich da dann je und je so etwas wie ein kleines Pfingsten ereignen müsse. Ich sage: Die Zeit der Predigt ist eingelassen in diese Zeit des Geistgeschehens. Sie ist ermöglicht und getragen durch die ecclesia perpetuo mansura, die sich in ihrer lokalen Gestalt nun einmal zu dieser Zeit der Predigt versammelt, weil das so vereinbart worden ist. Und sie ist in ihrer Verkündigung des Evangeliums bestimmt dadurch, daß Gottes Zeit im Wort als ein gemeinsames Verstehen dieses Evangeliums der einzelnen Predigt immer schon vorgegeben ist. Auch dieses Verstehen ist wie die versammelte Gemeinde faßbar, als Konsens, der sich nicht nur im gemeinsamen Symbol ausspricht, sondern in vielen Elementen des Gottesdienstes. Wir singen, und es ist wichtig, was wir vor und nach der Predigt miteinander singen können.

§ 3   Die Autorität der Predigt

Wenn es Zeit ist zur Predigt, geht einer auf die Kanzel und redet. Wie kommt er dazu? Es geht mir jetzt nicht um die banale Auskunft, daß das eben sein Beruf sei, und daß er darum predigen müsse, ob ihm das nun im Augenblick paßt oder nicht. Ich setze vielmehr voraus, daß der, der predigt, auch etwas zu sagen hat. Ich erwarte von ihm, daß er kompetent ist für das, was er da tut. Wäre er das nicht, dann sollte er besser den Mund halten. Schon das Sprichwort weiß das: Reden ist Silber und Schweigen ist Gold. Wenn einer redet, kommt ja heraus, ob er etwas zu sagen hat. Und es kann peinlich werden, wenn einer redet, der nichts zu sagen hat. »Auch ein Tor, wenn er schwiege, würde für weise gehalten und für verständig, wenn er den Mund hielte« (Sprüche 17,28). Und dabei kommt es ja nicht nur darauf an, daß einer etwas weiß, das er dann zum besten geben kann. Es muß auch passen; nicht für alles, was einer zu sagen weiß, ist immer die rechte Zeit. So hält es Hiob seinen Freunden vor: »Was ihr wißt, das weiß ich auch, und ich bin nicht geringer als ihr. Doch ich wollte gern zu dem Allmächtigen reden und wollte rechten mit Gott. Aber ihr seid Lügentüncher und seid alle unnütze Ärzte. Wollte Gott, daß ihr geschwiegen hättet, so wäret ihr weise geblieben« (Hiob 13,2–5). Zur Lüge kann eine Wahrheit werden, wenn sie nicht zur rechten Zeit gesagt ist. Darum gehört zur Kompetenz dessen, der das Wort ergreift, daß er weiß, wozu es jetzt Zeit ist, was gesagt werden kann und gesagt werden muß. Es könnte schon sein, daß uns manche Predigt deswegen nicht paßt, weil sie nicht zur rechten Zeit sagt, was gesagt werden muß. Ich betone das ausdrücklich, gerade weil ich mich dagegen abgrenzen mußte, daß sich die Homiletik einseitig am Hörer orientiert. Das heißt gerade nicht, daß die Predigt irgendeine zeitlose dogmatische Wahrheit oder ein immer gleich zeitiges und unzeitiges Kerygma vorzubringen hätte. Es heißt nur, daß nicht ein von Theologen entdecktes echtes oder scheinbares Bedürfnis des Hörers festlegt, was jetzt zu sagen ist. Wer gelernt hat, auf die Zeit zu achten, der weiß es besser als mancher Synthetiker und Korrelationist, und wenn er sagen kann, was an der Zeit ist, wird man auf ihn hören.

1. Der Predigttext

Die Frage, was der zu sagen hat, der predigt, ist dann scheinbar gelöst, wenn hier auf die Predigt als Textauslegung verwiesen wird. Zwar gibt es dagegen gerade in der »neueren Homiletik« manchen Einwand; doch setze ich den Normalfall der kirchlichen Praxis voraus, daß vor der Predigt ein Text verlesen wird, und die Predigt dann diesen Text auslegt und auf die Hörer anwendet. Nur scheinbar ist damit die Frage schon gelöst, was die Predigt zu sagen hat: Der Prediger soll bei seinem Text bleiben. Nicht nur die Erfahrung des Predigthörers spricht gegen diese Lösung. Lessing hat einmal spitz ausgedrückt, was auch andere schon viel zu oft empfunden haben: »Text kommt vom lateinischen ›textus‹ oder ›textum‹ her, welches so viel als das Gewebe irgendeines Zeuges oder Stoffes bedeutet. In dieser ersten eigentlichen Bedeutung braucht man aber das Wort Text in unserer Muttersprache nicht . . . Sondern ein Text heißt bei uns nicht sowohl was gewebt ist, als das, woraus es gewebt werden kann, und zwar nicht in dem eigentlichen, sondern in dem figürlichen Verstande. Text heißt ein kleiner Spruch, woraus sich eine lange Rede machen läßt: so wie sich aus einem Büschgen Wolle ein langer Faden ziehen und dehnen läßt« (aus dem Fragment: Ein Text über die Texte d. i. Gerippe einer Predigt zu St. Katharinen in Hamburg von dem Hauptpastor Goeze nicht gehalten. In G. W., hrsg. P. Rilla 8, 451 f).

Daß der Prediger einen Text hat, das heißt noch lange nicht, daß er nun in Ausführung seines Textes auch etwas zu sagen hat. Man könnte in diesem Fall auf den Einwand kommen, daß sich dieser Prediger dann eben nicht den richtigen Text für seine Predigt herausgesucht habe. Aber das wäre im gegenwärtigen Stadium unseres Nachdenkens ein Abweg. Genauso, wie ich hier voraussetze, daß die Predigt in der Regel einen Text hat, den sie auslegt, so setze ich voraus, daß dieser Text in der Regel durch eine kirchliche Perikopenordnung festgelegt ist. Das schließt nicht aus, daß der Prediger auch einmal von dieser Ordnung abweicht. Es kann sogar sein, daß er schon weiß, was er in seiner Predigt zu sagen hat, und sich dazu dann einen mehr oder weniger passenden Text heraussucht. Nicht die Textwahl ist jetzt unser Problem, sondern die Frage danach, was ein Prediger zu sagen hat, was seine Kompetenz ausmacht. Und diese Kompetenz hat nun in der Tat etwas mit dem Text und der Auslegung dieses Textes in der Predigt zu tun. Das gilt natürlich nur unter der Voraussetzung, die ich im letzten Paragraphen entfaltet habe. Wer die Zeit der Predigt ganz anders bestimmt, als ich das dort versucht habe, der wird auch die Frage nach der Kompetenz des Predigers anders stellen und beantworten.

Kompetenz dessen, der eine Predigt hält, heißt also: Kompetenz zur Auslegung des Predigttextes. Damit ist ein außerordentlich umstrittenes Thema angeschnitten: die Frage nach dem Recht und dem praktischen Nutzen der exegetischen Methode, die unter dem Stichwort »historisch-kritisch« bekannt ist. Diese Methode soll zur Textauslegung fähig machen. Ein ganz wesentlicher Teil des Theologiestudiums wird darauf verwendet, diese exegetische Methode zu erlernen und einzuüben, angefangen von dem Erlernen der alten Sprachen, des Griechischen und des Hebräischen. Muß das sein? Braucht es die historischen und philologischen Kenntnisse, die sich einer da mühsam aneignet, um zu einer kompetenten Textauslegung in der Predigt zu kommen? Bleibt einer später dabei, in der pfarramtlichen Praxis als Katechet und Prediger? Oder sind es da nicht ganz andere Überlegungen und ganz andere Hilfsmittel, die einen Bibeltext für den Religionsunterricht oder für die Predigt erschließen? So fragt man von der praktischen Arbeit des Pfarrers her, wie weit sich eigentlich das traditionelle historisch-philologische Schwergewicht des Theologiestudiums rechtfertigen lasse. Ob sich der Aufwand angesichts der späteren Praxis lohnt? (Vgl. meine Überlegungen in »Theorie der Theologie«, 1972, zur Reform des Theologiestudiums, 142–150. Gegenwärtig freilich scheint es so, wie wenn die Hürde der alten Sprachen ganz gerne gesehen würde, um einen allzu starken Zugang zum Theologiestudium zu bremsen. Aber das ist doch wohl nicht der Sinn der historisch-philologischen Ausbildung!) Die Erfahrung in der Praxis zeigt jedenfalls ein deutliches Zurücktreten der historisch-philologischen Arbeit. Hoffentlich beherrscht einer dann dieses Handwerkszeug so, daß er damit keine Probleme mehr hat und also seine Aufmerksamkeit auf anderes konzentrieren kann.

Die hier gestellte Frage an das übliche Theologiestudium setzt voraus, daß eine kompetente Textauslegung in der Predigt anderes verlangt als die historisch-kritische Textbearbeitung, wie sie etwa in einer Proseminararbeit vorgelegt wird. Ich versuche in diesem Paragraphen zu dem, was hier verlangt wird, einiges beizutragen. Freilich besteht die Gefahr, daß man dann gleich das Kind mit dem Bad ausschüttet, und angesichts der unbestreitbaren Tatsache, daß die historisch-kritische Exegese noch keine kompetente Predigt ermöglicht, sich gegen die Exegese und die beherrschende Rolle der Textauslegung in der Predigtvorbereitung überhaupt wendet. Ich führe beispielsweise Gert Otto an (»Predigt als Rede«, Urban TB, T Reihe 628, 1976), der versucht, der darniederliegenden Predigt durch Rhetorik aufzuhelfen. »Erst die *rhetorische* Reflexion bringt den Prediger zum Bewußtsein seiner selbst und seiner Aufgabe: nämlich zu realisieren, daß er im Blick auf das *Ineinander* von inhaltlicher Absicht und Situation seiner Hörer wirksam reden soll. Dies kann ihm die Exegese eines Bibeltextes allein nie und nimmer zeigen (weswegen es schlichter Unsinn ist, zu meinen, daß Exegeten geeignet sind, ›Predigtmeditationen‹ zu verfassen).« Otto führt dann freilich einen noch weiter ausholenden Rundschlag, der der Fachtheologie überhaupt die Kompetenz zur Predigt abspricht, ihr nur die Rolle einer »Hilfswissenschaft um historischer, überlieferungs- und wirkungsgeschichtlicher Sachklärungen willen« zuerkennt, wobei sie freilich zur Auseinandersetzung mit nichttheologischen Fragestellungen bereit und fähig sein müsse. »Fachtheologie, die sich mit sich selbst beschäftigt – das mag von Fall zu Fall seine Gründe haben – führt jedenfalls nicht zur Predigt für *Zeitgenossen*, die bekanntlich in der Regel nicht mit Fachtheologie beschäftigt sind« (57f). Es ließe sich natürlich auch hier, und hier vielleicht noch mehr als bei Stollberg, fragen, was Otto eigentlich unter Theologie versteht. Ob er nicht bemerkt hat, daß jedenfalls eine rechtschaffene Theologie sich nicht mit sich selbst beschäftigt, sondern bei aller innertheologischen Diskussion doch Gott, die Wirksamkeit Gottes in der Welt, erfragt. Und wenn Zeitgenossen auch nicht mit Fachtheologie beschäftigt sind, so sind sie doch durch diese Wirksamkeit Gottes betroffen. Wer eine Predigt hört, weiß davon auch etwas und fragt nach dieser ihn betreffenden Wirksamkeit Gottes. So verstanden ist er gerade theologisch interessiert. Und der Homiletiker soll das ruhig mit bedenken, wenn er nach der Situation seiner Hörer fragt.

Was Otto zu seinen Urteilen verleitet, ist ein historistisches Verständnis des Textes. Gewiß kann es zu einem solchen historistischen Textverständnis kommen, wenn sich einer kritiklos der herrschenden exegetischen Methode anvertraut und meint, das sei die einzige Möglichkeit, mit biblischen Texten umzugehen. Unter dieser Voraussetzung hat er sogar recht damit, daß Exegese nicht zur Predigt kompetent macht. Freilich wäre es kurzschlüssig, nun statt bei der Historie und Philologie bei der Rhetorik die Kompetenz zur Predigt zu suchen. Reden läßt sich ein Stück weit lernen; und es ist gut, wenn ein Prediger reden gelernt hat. Aber damit, daß einer reden kann, hat er noch lange nicht auch etwas zu sagen. Und wenn ich nach dem frage, was ich als Prediger zu sagen habe, dann suche ich die Kompetenz doch lieber beim Text, seiner Auslegung und Anwendung.

Das setzt allerdings voraus, daß sich ein solcher Text auch auslegen und anwenden läßt. Dabei habe ich zunächst wieder auf die Kontinuität des Geistgeschehens hinzuweisen, das Voraussetzung für jede einzelne Predigt ist. So gewiß die »liebe Gemeinde«, die ich in der Predigt anrede, aus Zeitgenossen besteht, so gewiß kann ich doch auch voraussetzen, daß diese Gemeinde an dem Geistgeschehen »Kirche« teilhat. Und so gewiß die biblischen Texte, die in der Predigt ausgelegt werden, Texte der Vergangenheit sind, so gewiß gehören sie doch auch zu diesem Geistgeschehen mit dazu, haben ihren Ursprung in diesem Geistgeschehen und wirken in ihm fort. Ich will hier nun nicht eine Inspirationslehre entwickeln, obwohl ich es durchaus für sinnvoll und geboten halte, von einer Inspiration der biblischen Texte zu reden. Das müßte dann aber richtig verstanden werden, verlangte zu viel Aufwand an Interpretation und Abgrenzung. Darum erinnere ich hier nur an die Erfahrungen mit der Bibel, die ich im einleitenden Paragraphen genannt habe: Text und Situation kommen im Geistgeschehen so zusammen, daß sie sich gegenseitig erhellen. Das heißt dann aber für die Textauslegung: Es darf nicht bei einer historischen Exegese bleiben, bei einer »zeitgeschichtlichen« Auslegung, die den vergangenen Verstehenszusammenhang rekonstruiert. Das wäre noch nicht genug Auslegung. Wenn der Text gepredigt werden soll, dann muß Text und Auslegung bzw. die Gemeinde, für die ausgelegt wird, in ihrer Gleichzeitigkeit erfaßt werden. Der vergangene Text ist dann verstanden als das gegenwärtige Wort, das anzeigt, was jetzt an der Zeit ist.

Zur Begründung kann ich zunächst nur auf die Erfahrung verweisen: So sind die biblischen Texte die Geschichte der Kirche hindurch wirksam gewesen, und so sind sie bis heute wirksam. Diese Erfahrung ist freilich nur für den ein Argument, der selbst einbezogen ist in diese Wirksamkeit der Texte (vgl. das testimonium spiritus sancti internum); der sich wenigstens daran erinnern kann, wie er selbst einmal von solch einem wirksamen Text betroffen war, und der darum auch weiter solch eine Wirksamkeit des Textes erwartet. Wer nicht in diesen Erfahrungszusammenhang einbezogen ist, wird meine Begründung auch kaum akzeptieren können. Er wird eher auf die Interpretationskunst der Schriftgelehrten verweisen, die eine Aktualisierung der veralteten religiösen Texte noch allemal geschafft hätten. Dem läßt sich kaum widersprechen, wenn es nicht gelingt, an Beispielen solche Wirksamkeit zu verdeutlichen. Und um Gegenbeispiele wird der, der sich gegen die behauptete Mächtigkeit der Texte wehrt, sicher nicht verlegen sein. So muß die Frage zunächst einmal offenbleiben und wird sich theoretisch auch nicht entscheiden lassen. Auch innerhalb der Kirche ist diese Frage strittig; sonst brauchte es nicht die Auseinandersetzung mit einer theologischen Position wie der von Gert Otto.

2. Die biblische Geschichte

Die Texte, über die wir predigen, entstammen einem geschichtlichen Zusammenhang. Das ist unbestreitbar, auch wenn die Kontinuität dieses Geschichtszusammenhangs nicht in allen Einzelmomenten nachweisbar ist. Vor allem ist ja dieser Geschichtszusammenhang dadurch bestimmt, daß an seinem Ende Synagoge und Kirche stehen, die sich beide auf die gleichen Texte berufen, die aber in der Auslegung und Anwendung dieser Texte eine unüberbrückbare Differenz zeigen, bis heute. Vielleicht läßt sich sogar hier und dort bei einzelnen Texten des Alten Testamentes – so sagen nur die Christen – ein Konsens von jüdischer und christlicher Auslegung erreichen. Das nicht nur in der historischen Rekonstruktion, sondern auch in der aktuellen Anwendung. Doch kann gerade ein Blick auf die jüdische und die christliche Auslegung der Bibel zeigen, wie die Anwendung des Einzeltextes in ein Gesamtverstehen eingebettet ist, das dann doch wieder die grundlegende Differenz in sich trägt. Ich muß gelegentlich noch zur christlichen Predigt alttestamentlicher Texte Stellung nehmen, will dort dann die Frage noch einmal aufgreifen. Hier nur so viel: Die christliche Gemeinde hat die alttestamentlichen Texte von Jesus Christus her und auf ihn hin ausgelegt und tut das bis heute in ihrer Predigt alttestamentlicher Texte. Sie setzt dabei voraus: Jesus Christus gehört in einer ganz spezifischen Weise hinein in den Gesamtzusammenhang der Geschichte Israels. Das ist nun nicht die »Geschichte Israels«, wie sie in der alttestamentlichen Teildisziplin erforscht und gelehrt wird; diese ist eine Geschichte Israels ohne ihren eigentlichen Gegenstand, nämlich Gottes erwähltes Volk. Das läßt sich ja genausowenig eindeutig erfassen wie das Geistgeschehen Kirche in seiner Kontinuität. Nehmen wir, nur beispielsweise, die Geschichte vom Propheten Elia, der vor der Königin Isebel fliehen mußte, und resignierte, legte sich unter den Wacholder und wollte sterben. Und hatte dann seine Gotteserscheinung am Horeb. Und als ihn Gott da fragte, was er habe, antwortete ihm Elia: »Ich habe für den Herrn, den Gott Zebaoth, geeifert; denn Israel hat deinen Bund verlassen, deine Altäre zerbrochen, deine Propheten mit dem Schwert getötet, und ich bin allein übriggeblieben, und sie trachten danach, daß sie mir das Leben nehmen.« Da ist scheinbar dieser Elia allein noch Israel, das Gottesvolk. Er erhält dann freilich nicht nur seinen Auftrag, in dem die Geschichte Gottes mit seinem Volk weitergeht; den Auftrag, Gottes Gericht über das abgefallene Volk in die Wege zu leiten. Sondern es wird ihm auch angedeutet, daß er so allein nicht ist, wie er sich fühlt: Siebentausend sollen übrigbleiben in Israel, »alle Knie, die sich nicht gebeugt haben vor dem Baal, und jeder Mund, der ihn nicht geküßt hat« (1 Kö 19,18). In die Geschichte dieses Israel hinein gehört Jesus Christus, als ihr Ziel und Abschluß. Und die Strittigkeit in der Auslegung des Alten Testaments hat ihren Grund darin, daß strittig ist, ob die Geschichte Gottes mit seinen Erwählten hier in Jesus Christus ihr Ziel gefunden hat, oder ob sie noch nach diesem Ziel hin unterwegs ist.

Die biblischen Texte, die in der Predigt ausgelegt werden, entstammen dieser Geschichte, gehören zu dieser Geschichte und wollen darum im Zusammenhang dieser Geschichte ausgelegt und verstanden sein. Das ist etwas anderes als die »zeitgeschichtliche« Exegese, die wir als historisch-kritische Theologen gelernt haben. Es kommt hier genausoleicht zu Äquivokationen, die bekanntlich eine Verständigung unmöglich machen, wie dort, wo wir vom Zusammenhang der Geschichte Israels reden. Darauf mache ich ausdrücklich aufmerksam. Es geht hier um Gottes Geschichte, die in ihrem Zusammenhang und in ihrer Kontinuität nicht historisch aufgewiesen werden kann. Die historische Arbeit kann weder beweisen noch bestreiten, daß Jesus Christus das Ziel dieser Gottesgeschichte ist: Daran zeigt sich besonders deutlich, was für die Auslegung und Anwendung der biblischen Texte überhaupt kennzeichnend ist. Die Geschichte, in deren Zusammenhang diese Texte hineingehören, ist nicht einfach Vergangenheit. Als Gottes Geschichte kann sie gar nicht in die Vergangenheit zurückfallen, in die wir Menschengeschichte zurückfallen sehen. Wenn der lebendige Gott nach den Menschen heißt, die er sich erwählt hat, wenn er Gott Abrahams heißt und Gott Isaaks und Gott Jakobs, dann ist doch Abraham, und Isaak, und Jakob nicht der Name für Menschen, mit denen es längst und endgültig vorbei ist. »Gott ist nicht der Toten, sondern der Lebendigen Gott«; so hat Jesus den Sadduzäern gegenüber argumentiert, als die über die Totenauferstehung mit ihm diskutieren wollten (Mk 12,26 f). Ziel der Auslegung, die zur Predigt ermächtigt, ist es, die Gleichzeitigkeit von Text und

Ausleger bzw. der Gemeinde, für die der Text ausgelegt werden soll, zu entdecken. Und die Voraussetzung dafür ist, daß die Gottesgeschichte, in deren Zusammenhang diese biblischen Texte gehören, nicht einfach vergangene Geschichte ist. Sie ist gegenwärtige Macht, so wie Jesus Christus, das Ziel dieser Gottesgeschichte, der gegenwärtige Herr ist. Ich habe von der Kontinuität des Geistgeschehens geredet, die in jeder Predigt vorausgesetzt ist. Dieses Geistgeschehen ist in seiner Dauer nicht einfach als etwas Selbständiges und für sich Bestehendes zu denken. Es ist ständig zurückgebunden an diese Gottesgeschichte. Am Sakrament versuchte ich das zu verdeutlichen, kann daran jetzt nur eben erinnern. Der Evangelist Johannes hat das in den Abschiedsreden Jesu so formuliert: »Ich habe euch noch viel zu sagen; aber ihr könnt es jetzt nicht tragen. Wenn aber jener, der Geist der Wahrheit, kommen wird, der wird euch in alle Wahrheit leiten. Denn er wird nicht aus sich selber reden; sondern was er hören wird, das wird er reden, und was zukünftig ist, wird er euch verkündigen. Derselbe wird mich verherrlichen; denn von dem Meinen wird er's nehmen und euch verkündigen. Alles, was der Vater hat, das ist mein. Darum habe ich gesagt: Er wird's von dem Meinen nehmen und euch verkündigen« (16,12–15).

Hier ist sehr präzise von der Autorität die Rede, an der auch unsere Predigt partizipiert. Das in doppelter Hinsicht. Einmal so, daß das Geistgeschehen in seiner Zeitmächtigkeit beschrieben ist: Was zukünftig ist, das wird er verkündigen. Was der Jüngerschaft Jesu begegnen wird, wenn sie ihren Meister nicht mehr bei sich hat, ist darum doch nicht das Fremde, Unverständliche und Unheimliche. Denn es wird durch das Wort des Geistes bestimmt und gedeutet. Und weiter: Dieses bestimmende und deutende Wort ist nicht ein anderes oder fremdes Wort, so sehr es als neues Wort auf die neue Zeit eingeht. Es ist vielmehr das im Hören auf Jesus Christus gefundene Wort: »Was er hören wird, das wird er reden, und was zukünftig ist, wird er euch verkündigen.« Dieses die kommende Zeit der Jünger bestimmende und deutende Wort ist kein anderes als eben das Wort Christi. Darum wird hier zugefügt: »Derselbe wird mich verherrlichen; denn von dem Meinen wird er's nehmen und euch verkündigen.« Das also, was der Geist der Wahrheit nahebringt, ist die kenntliche Gestalt Jesu Christi. Zukünftiges Geschehen läßt sich von hier aus bestimmen und deuten.

Was die Predigt zu sagen hat, das hat sie also in Ausführung und Anwendung dessen zu sagen, was im Text als Gottes Geschichte bezeugt wird. Ich habe diese Geschichte bisher nur knapp bezeichnet durch die Namen Israel und Jesus Christus. Sie ist nicht einfach in der Kontinuität eines historisch faßbaren Verlaufs nachzuzeichnen. Das macht die Schwierigkeit aus, von dieser Geschichte recht zu reden. Heilsgeschichtliche Konzeptionen geraten hier leicht in Schwierigkeiten, weil sie sich an der Vorstellung einer kontinuierlich verlaufenden Zeit orientieren und darum versuchen, diese durch die Bibel bezeugte Gottesgeschichte als einen solchen kontinuierlichen Verlauf zu zeichnen. Ich muß gelegentlich noch ausführlicher auf die Frage nach dieser Gottesgeschichte zu sprechen kommen. Hier kann ich nur andeuten, was die gespannte Struktur dieser Geschichte ausmacht: Gott und Mensch in ihrer Entsprechung sind das bleibende Thema dieser Geschichte. Darum soll sich nach dem Dekalog Israel von seinem Gott kein Bild machen. Denn dieser Gott macht sich im Geschehen dieser Geschichte mit seinen Erwählten schon selbst dieses Bild: »Ihr sollt heilig sein, denn ich bin heilig, der Herr, euer Gott« (Lev 19,2).

Das bedeutet nun freilich auch die besondere Gefährdung dieses Menschseins, in dem sich Gott abbildet: Gefährdung durch das Versagen jener Freiheit gegenüber, in die solche Erwählung stellt. Dem Baal und der Astarte läßt sich's leichter dienen als dem

Herrn! Das gerade weil dieser Dienst Sklavendienst ist, weil er in festgefügten Bahnen verläuft: Da ist das Gottesbild, Leben in seiner Vitalität, die Fruchtbarkeit, auf dem Acker, bei Vieh und Mensch. Leben und Tod, Erzeugen und Zerfallen gehören zueinander, und werden nicht nur gelebt, sondern auch ritualisiert und kultisch dargestellt – etwa in der heiligen Hochzeit des Königs und der Priesterin. Ich brauche das nicht weiter auszuführen: Da ist Leben in seinem Bestand gerechtfertigt, mit oben und unten, mit Herr und Knecht, mit seiner Macht und mit seiner Ohnmacht. Es wird wahrgenommen und gelebt, wie es jedem zukommt. Der Stier, das goldene Kalb, ist Bild dieses Lebens. Dahin geht anscheinend unaufhaltsam das Gefälle gelebten Menschseins, auch bei den Erwählten. Aber zugleich steht dem der Anspruch an die Befreiten gegenüber: »Ich bin der Herr, dein Gott, der dich aus Ägyptenland geführt hat, aus der Knechtschaft. Du sollst keine anderen Götter haben neben mir« (Dt 5,6). Und das heißt dann, daß das Leben nicht einfach so gelebt werden kann, wie es sich in seiner Macht und Ohnmacht darbietet. Es heißt, daß dieses Leben in seinem Recht gerade dort geachtet werden soll, wo es scheinbar dem menschlichen Willen ganz ausgeliefert ist, der sich möglichst viel Leben aneignen und dadurch möglichst mächtig werden will. Darum die zentrale Rolle gerade des Sabbatgebotes, das Stillhalten und den Respekt vor jedem Leben verlangt. Ich gebe die Formulierung im Deuteronomium samt der Begründung: »Den Sabbattag sollst du halten, daß du ihn heiligest, wie dir der Herr, dein Gott, geboten hat. Sechs Tage sollst du arbeiten und alle deine Werke tun. Aber am siebenten Tag ist der Sabbat des Herrn, deines Gottes. Da sollst du keine Arbeit tun, auch nicht dein Sohn, deine Tochter, dein Knecht, deine Magd, dein Rind, dein Esel, all dein Vieh, auch nicht dein Fremdling, der in deiner Stadt lebt, auf daß dein Knecht und deine Magd ruhen gleich wie du. Denn du sollst daran denken, daß auch du Knecht in Ägyptenland warst und der Herr, dein Gott, dich von dort herausgeführt hat mit mächtiger Hand und ausgerecktem Arm. Darum hat dir der Herr, dein Gott, geboten, daß du den Sabbattag halten sollst« (Dt 5,12–15). Freilich garantiert dann auch die peinlich genaue Beachtung des Sabbats noch nicht jene Entsprechung zu Gott, die dieser bei seinen Erwählten sucht. So in dem Streitgespräch Jesu, mit dessen Begründung: »Der Sabbat ist um des Menschen willen gemacht, und nicht der Mensch um des Sabbats willen« (Mk 2,27).

Gottes Anspruch auf das ihm entsprechende Menschsein ist die Grundstruktur dieser Geschichte Gottes, und dies, daß die erwählten Menschen sich dem immer wieder entziehen. Rettung, Gehorsam, Abfall, Gericht, Umkehr, Rettung – so strukturiert beispielsweise der deuteronomistische Rahmen des Richterbuches diese Geschichte. Ich kann da nicht in Einzelheiten gehen, nenne nur dies: Weil es Gottes Geschichte ist, die hier geschieht, und die dann in ihren mannigfachen Aspekten wahrgenommen, bezeugt und dargestellt wird, darum ist diese Geschichte nicht ziellos. Sie ist dort am Ziel, wo das Gott entsprechende Menschsein in Jesus Christus da ist; wo die Möglichkeit des Abfalls aufgehoben und überwunden ist; wo darum diese Geschichte ganz geworden ist und gerade in dieser Ganzheit ihre Macht gewonnen hat. Macht in dem Sinne, daß sie jede Gegenwart an sich nehmen, sie bestimmen und deuten und von Gott her aufnehmen kann (vgl. Joh 16,12–15). Ich sagte, die Predigt lasse ein in Gottes Zeit für uns. Sie tut das, indem sie in diese Geschichte einläßt.

Darin besteht nun die Autorität der Predigt, daß sie zu sagen hat, wohin ich gehöre, in dieser Geschichte Gottes gehöre. Das will die Textauslegung entdecken. Solche Entdeckung ist oft nicht ganz einfach. Denn es geht da ja nicht bloß um das Damals, sondern gerade um das Heute, und das, was als Heute anzusagen ist – Abfall und

Errettung, Zeit des Gesetzes und Zeit des Evangeliums. Ob die Predigt etwas zu sagen hat, und ob ein Prediger etwas zu sagen hat, das wird sich dort zeigen, wo er seinen Text auszulegen weiß: als Platzanweisung, die den Hörern zeigt, wohin sie gehören in dieser Geschichte Gottes. Dazu aber muß einer wissen, was jetzt an der Zeit ist.

3. Jesus Christus als Gottes Zuspruch und Anspruch

Hier habe ich mich in der Formulierung an die Barmer Theologische Erklärung von 1934 angelehnt. Ich erinnere an die ersten beiden Thesen:
»Jesus Christus, wie er uns in der Heiligen Schrift bezeugt wird, ist das eine Wort Gottes, das wir zu hören, dem wir im Leben und im Sterben zu vertrauen und zu gehorchen haben.
Wir verwerfen die falsche Lehre, als könne und müsse die Kirche als Quelle ihrer Verkündigung außer und neben diesem einen Worte Gottes auch noch andere Ereignisse und Mächte, Gestalten und Wahrheiten als Gottes Offenbarung anerkennen.
Wie Jesus Christus Gottes Zuspruch der Vergebung aller unserer Sünden ist, so und mit gleichem Ernst ist er auch Gottes kräftiger Anspruch auf unser ganzes Leben; durch ihn widerfährt uns frohe Befreiung aus den gottlosen Bindungen dieser Welt zu freiem, dankbarem Dienst an seinen Geschöpfen.
Wir verwerfen die falsche Lehre, als gebe es Bereiche unseres Lebens, in denen wir nicht Jesus Christus, sondern anderen Herren zu eigen wären, Bereiche, in denen wir nicht der Rechtfertigung und Heiligung durch ihn bedürften.«
Was hier formuliert ist, kann nicht aufgegeben werden, wenn wir nicht den Ertrag dessen verspielen wollen, was unsere Väter in der Zeit von 1933 an durchgestanden haben. Allerdings muß es dann auch richtig verstanden und theologisch genügend durchgearbeitet sein. Sonst gerät dieser Verweis auf Jesus Christus in die Engführung hinein, die man Karl Barth, m. E. zu Unrecht, immer wieder vorgeworfen hat. Es muß also kenntlich sein, was das heißt, daß Jesus Christus das eine Wort *Gottes* ist. Nur dann wird die Konzentration auf Jesus Christus nicht zur Verengung führen. Ich erinnere dazu zunächst noch einmal an den schon angeführten Abschnitt aus den Abschiedsreden Jesu im Johannesevangelium. Dort heißt es, daß der Geist der Wahrheit, der kommen soll, wenn Jesus Christus selbst zum Vater gegangen ist, die Jünger lehren wird. »Derselbe wird mich verherrlichen; denn von dem Meinen wird er's nehmen und euch verkündigen. Alles, was der Vater hat, ist mein. Darum habe ich gesagt: Er wird's von dem Meinen nehmen und euch verkündigen« (Joh 16,14f). Was hier identifiziert wird, das macht die Aufgabe der Predigt möglich; freilich macht es diese Aufgabe auch zu einem theologisch nicht ganz einfach zu bewältigenden Geschäft.
»Alles, was der Vater hat, das ist mein.« Was damit gesagt ist, das ist hier theologisch zu erfassen. Dazu braucht es zunächst eine doppelte Abgrenzung. Einmal die Abgrenzung dagegen, daß das Gesagte faktisch umgekehrt wird; daß also das, was Gegenstand der Predigt werden kann, eingegrenzt wird auf das, was man Jesus zudenkt und zudenken kann. Dann wird die Predigt in der Tat eng und einseitig. Ich nenne zwei Spielarten dieser Eingrenzung, die mir immer wieder begegnet sind. Die eine nenne ich die soteriologische Engführung, die andere die ethische Engführung. Die soteriologi-

sche Engführung sieht in Jesus Christus den, der das Heil beschafft hat, den Heiland, den Herrn, Freund oder Bruder, der dem Sünder den Weg zu Gott eröffnet hat, der die Vergebung ermöglicht, der zum neuen Leben befreit und das ewige Heil gibt. Ich brauche nicht besonders zu betonen, daß das alles auf ihre Weise richtige und wichtige Aussagen der christlichen Tradition sind. Aber diese Aussagen, so oft sie auch wiederholt werden mögen, bleiben abstrakt. Sie kommen nicht durch bis ins Leben. Dem will solche soteriologisch enggeführte Predigt natürlich begegnen. Darum muß sie appellativ werden: Der Hörer soll durch seine Entscheidung für Jesus realisieren, was die Predigt sagt. Er soll Jesus als seinen Herrn annehmen, was immer das auch sein mag. Die Predigt kann ja gerade das nicht konkret sagen, schiebt es der Entscheidung des Hörers zu. Allenfalls kann sie auf die Gemeinschaft der entschiedenen Christen verweisen, denen sich einer anschließen soll, und die nun als Gruppe realisieren wollen, was ihnen die Predigt zugeschoben hat. Denn diese Predigt weiß allenfalls dort von unserem Leben zu reden, wo es verkehrt und sündig ist. Aber sie kann das Heil mit dem Leben in der Welt nicht zusammenbringen. Daß diese Welt nicht nur sündige Welt ist, sondern zuerst und zuletzt die Schöpfung Gottes, das wird in solch einer Predigt nicht mehr kenntlich.

Die ethische Spielart der christologischen Engführung will dem aufhelfen. Sie will zur Welt, zum Leben durchkommen. Doch was sie als Welt und Leben sieht, das ist, ähnlich wie bei der soteriologischen Spielart, die Welt, die im Argen liegt. Das ist ja auch ein unerschöpfliches Thema, über das sich in vielerlei Hinsichten konkret wie abstrakt reden läßt. Doch ist hier bei der ethisch gewendeten christologischen Engführung nun das, was dem Hörer zugemutet wird, nicht die Entscheidung, sich durch Jesus retten zu lassen. Vielmehr wird ihm aufgetragen, diese arge Welt in der Nachfolge Jesu Christi zum Guten hin zu verändern. Wieder will ich betonen, daß hier unaufgebbare Gedanken der Tradition vorliegen. Aber solch eine Predigt kann nicht Gottes Wirksamkeit in der Welt kenntlich machen, die menschliches Tun in der Nachfolge Christi aufnimmt. Darum gerät sie dann gesetzlich und erschöpft sich in Aufforderungen, die allzuleicht zu bloßen Postulaten geraten. Sie ist darin nur zu nahe verwandt mit der soteriologischen Engführung der Christologie, die ja auch dem Hörer zumutet, das Gesagte durch sein Tun zu realisieren. Weil das nicht da ist, von dem die Predigt redet, mutet sie dem Hörer zu, was er nicht aufbringen kann. Er wird, wie das bei solcher Gesetzespredigt nun einmal so ist, entweder mutlos oder hochmütig werden.

So also wird die Predigt gesetzlich mißraten, wenn sie auf das begrenzt wird, was man Jesus zudenkt. Wenn also nicht mehr herauskommt, was der Evangelist Johannes als Abschiedsrede Jesu so formuliert: »Alles, was der Vater hat, das ist mein. Darum habe ich gesagt: Er wird's von dem Meinen nehmen und euch verkündigen.« Da wird ja aufgenommen, was der Prolog des Johannesevangeliums programmatisch formuliert hat: daß alles durch dieses Wort geschaffen ist, das in Jesus Fleisch wurde. Die Predigt muß dann aber auch dabei bleiben, daß es gerade Jesus Christus ist, durch den erschlossen wird, was das Leben des Vaters ausmacht. Das ist das zweite, was hier abgrenzend zu sagen ist: Wo die Predigt ausgreift in den Weltzusammenhang, auf dieses und dieses hindeutet und es als bestimmt durch Gottes Wirksamkeit kenntlich macht, da muß sie zugleich sagen können, wie hier der Vater Christi am Werk ist. Wie Gottes Macht in dieser Welt wirksam ist, das soll die Predigt allerdings ansagen. Aber sie muß dann auch begründen können, daß das, worauf sie da hinzeigt, die Macht Gottes ist und nicht die Macht irgendeines Götzen. Es gibt viel Gewaltiges in dieser Welt. Vielleicht sind wir Zeitgenossen einer gewaltigen Entwicklung menschlichen

Wissens und Könnens dagegen abgestumpft. Wir haben Menschen auf dem Mond herumgehen sehen. Vielleicht kommt uns darum selten das Staunen: Über das Leben in seiner bizarren Fülle und über die Macht des Todes, über Großes und Kleines. Daß ich denken kann, und was ich gedacht habe, weitersagen kann, so, daß andere es aufnehmen und verstehen und wir miteinander dasselbe denken. Daß ein Gedanke lebendig bleibt, wenn der längst tot ist, der ihn gedacht hat. Ich lasse es bei diesen paar Andeutungen.

Da ist Gewaltiges, Erstaunliches und Erschreckendes, und Menschen haben zu solchem Gewaltigen, Erstaunlichen und Erschreckenden immer wieder »Gott« gesagt. Die Predigt, wenn sie etwas zu sagen hat, wird auch auf dieses und dieses hinzeigen müssen, und dazu »Gott« sagen. Aber sie darf das nur dann tun, wenn sie gewiß ist, daß da nicht ein Götze oder Abgott Erstaunliches vollbringt. In faszinierenden Bildern redet davon die Johannesoffenbarung. Da ist im 13. Kapitel von einem Tier die Rede, das aus dem Meer steigt – es ist wohl Verkörperung des römischen Reiches und seiner Macht. Auch Offenbarung 13, nicht nur Röm 13, ist ja eine Theologie des Staates! Und dann kommt das zweite Tier, aus der Erde, nicht aus dem Meer, »das hatte zwei Hörner gleichwie ein Lamm und redete wie ein Drache« (v. 11). Dieses andere Tier ist der Prophet des ersten – da haben wir die Verbindung von Thron und Altar vorgezeichnet. Der Prophet preist sein Tier an, dessen Wunder und erstaunliche Macht, und er tut selbst Wunderzeichen und bringt so die Menschen dazu, abzufallen und das Tier und sein Bild anzubeten. Ich will das nun nicht weiter ausführen. Nur das soll der Blick auf diesen Text verdeutlichen: Auch eine Predigt, die sich als christliche Predigt versteht, kann in den Sog solcher Macht kommen und zum Dienst eines Götzen verführen. Es braucht die strenge Rückbindung an Jesus Christus, um dem zu entgehen.

Die Abgrenzungen, die ich genannt habe, sind notwendig. Sie genügen allerdings noch nicht, um zu verdeutlichen, was hier gemeint ist: Daß die Predigt, und daß der Prediger genau dann etwas zu sagen hat, wenn es gelingt, Jesus Christus als Gottes Wort, als Gottes Zuspruch und Anspruch anzusagen. Es geht hier um die Gleichzeitigkeit, wie ich schon angedeutet habe: Die Gemeinde, für die der Text ausgelegt wird, hat ihren Ort in der Gottesgeschichte. Denn der weltliche Geschehensablauf, in dem wir drin stehen und durch den wir uns bestimmt sehen, ist ja Welt Gottes, darum bezogen auf die Gottesgeschichte. Hier gilt es den Zusammenhang zu entdecken und dann zu sagen, mit Hilfe des Textes zu sagen, wie wir dran sind. In welcher Hinsicht die Gemeinde, in ihrer Zeit, zugleich zusammengehört mit Israel, befreit aus dem Knechtshaus; oder vielleicht im Knechtshaus sitzend. Betroffen durch die Umkehrforderung der Propheten oder Jesu, ausgerichtet auf das kommende Reich. Getröstet durch die Gewißheit der Erlösung, die in Christus geschehen ist, und angefochten durch die Macht der Welt, die sich nicht als Gottes Welt zeigt, sondern vielleicht als dieses erstaunliche und bedrohliche Wesen, von dem Offenbarung 13 redet. Zuspruch liegt darin und Anspruch Gottes. Kann die Predigt diesen Zuspruch und Anspruch anzeigen, dann hat sie etwas zu sagen.

§ 4 Die Lebensnähe der Predigt

Daß die Predigt lebensnah sein soll, ist eine selbstverständliche Forderung. Doch kann es hier nicht gleich um Rezepte gehen, wie eine Predigt lebensnah zu gestalten ist. Vielmehr ist theologisch zu erörtern, was hier unter dem »Leben« zu verstehen ist, dem die Predigt nahekommen soll. Danach hat die prinzipielle Homiletik zu fragen. Ich nehme damit auf, was als These dem ganzen ersten Hauptteil vorangestellt wurde: Die Predigt ist Zeitansage. Nun ist sicher »Leben« und »Zeit« nicht einfach zu identifizieren. Doch wenn Zeit nicht nur als kontinuierliche Dauer verstanden wird, sondern als Bestimmtheit des Lebensvollzuges, wird die Nähe der beiden Begriffe verständlich: Leben, das ist Schlafen und Wachen, Lachen und Weinen, Nähe und Ferne, Wachsen und Schwinden; es ist Gemeinschaft und Einsamkeit, Liebe und Haß, Hunger und Sättigung, Arbeit und Feier. Und Zeitansage hieße dann: Jetzt ist es Zeit zum Schlafen oder Wachen, Zeit zur Arbeit oder zur Feier. Doch dazu brauchte es noch nicht unbedingt die Predigt. Dazu könnte auch eine Lebensweisheit dienen, die fähig ist, in die Zeit einzuweisen.

Aber hier muß hingewiesen werden auf die doppelte Bestimmtheit von Leben und Zeit: Leben ist aus Gott; aber es ist zugleich Leben in der Sünde. Darum ist die Lebensweisheit immer eine bedrohte Weisheit. Ich erinnere dazu nur eben an 1 Ko 1,21: »Denn weil die Welt durch ihre Weisheit Gott in seiner Weisheit nicht erkannte, gefiel es Gott wohl, durch törichte Predigt zu retten, die daran glauben.« Diese Torheit der Predigt verlangt freilich, wie gerade der Apostel Paulus zeigt, daß einer bei Verstand ist. Er muß ja unterscheiden können zwischen Leben und Sünde, muß das Leben benennen und seine Gegenwart und Zukunft; und muß der Vergangenheit überlassen, was keine Zukunft hat. Denn Leben und Gott gehören zusammen: Gott ist der lebendige Gott; Liebhaber des Lebens wird er in Weisheit 11,26 genannt – und zur Begründung heißt es dort: »Dein unvergänglicher Geist ist in allen« (12,1). Lebensnähe der Predigt hieße, daß es ihr gelingt, dieses Leben zu erfassen und anzusprechen, dessen Liebhaber Gott ist. Wurde im zweiten Paragraphen der pneumatologische Aspekt der prinzipiellen Homiletik behandelt, und im dritten der christologische, so wenden wir uns nun dem theologischen Aspekt zu, der freilich mit den beiden anderen Aspekten genauso zusammengehört, wie der Geist und der Sohn mit dem Vater.

1. Die Predigt als Unterscheiden

Leben, das wir wahrnehmen, indem wir selbst leben, ist ambivalent. Leben hat immer den Tod bei sich. Dort, wo es scheinbar am lebendigsten ist, in der Zeugung, da ist ihm zugleich der Tod am gegenwärtigsten. Das Individuum muß sterben, damit die Art weiterleben kann. Die Spinne, die ihr Männchen bei der Begattung totbeißt und dann auffrißt, weil es ja nun nicht mehr gebraucht wird, zeigt das recht sinnenfällig an. Doch nicht nur dieser Gegensatz von Leben und Tod, an dem auch menschliches Leben teilhat, macht die Ambivalenz des Lebens aus. Leben ist Lust und Schmerz, ist Freude und Leid, ist Glück und Gelingen und Mißlingen und Unglück. Und in all dem ist das Leben nicht einfach gut, sondern es ist auch schlimm, und ist böse. All das, was ich eben aufgezählt habe, und noch viel mehr läßt sich vom Leben sagen. Und die Lebensnähe der Predigt besteht darin, daß sie dies auch alles vom Leben sagt; nicht nur in der abstrakten Weise, wie wir das hier tun, sondern auch konkret, indem sie dies oder jenes erzählt aus diesem Leben, und es wertet: Gut war das, schön und richtig, und darum läßt sich dafür danken. Oder schlimm war das, ein Glück, daß es vorbei ist. Doch hier beginnt nun erst die eigentliche Aufgabe einer lebensnahen Predigt. Ich habe diese Aufgabe zunächst einmal als Unterscheiden bezeichnet. Solches Unterscheiden ist noch nicht damit geleistet, daß einer richtig werten kann, und herauszuheben vermag, was das Leben wertvoll macht, und verurteilt, was diesem Leben seinen Wert nehmen will. Auch das ist freilich eine Aufgabe, bei der einer nie auslernt: Was macht die »Lebensqualität« aus, für den einzelnen wie für ein Gemeinwesen? Das ist eine politisch brisante Frage, gerade angesichts der Grenzen, an die die lange Zeit herrschende Antwort auf diese Frage gestoßen ist: Qualität war da verstanden als Quantität, ein »Mehr« an Aneignung der Natur durch die Gesellschaft, ein »Mehr« an Haben. Wo diese Antwort nicht mehr befriedigt, da ist schon das eine Kunst, richtig zu werten, hervorzuheben, was das Leben wertvoll macht. Aber das Unterscheiden, wie es die Predigt leisten muß, ist mehr: Hier ist dieses ambivalente Leben auf Gott zu beziehen. Und dabei soll die Predigt Gott recht geben. Das nun nicht in einer theoretisch sauber ausgearbeiteten Lösung des Theodizeeproblems; die läßt sich sowieso nicht leisten. Sondern so, daß gesagt wird, was jetzt an der Zeit ist; und die die Predigt hören, können mit einstimmen in das Amen: Ja, so ist es. Sie geben damit dem Herrn des Lebens recht. Gelingt ein solches Unterscheiden, dann ist die Predigt sicher lebensnah gewesen.

Doch will ich hier nicht bloß im Allgemeinen bleiben. Wenigstens einige Hinweise auf die Möglichkeiten solchen Unterscheidens sollen illustrieren, was gemeint ist. Dabei setze ich nun voraus, was im letzten Paragraphen durchgeführt worden ist, sehe also unsere Zeit als gleichzeitig mit der Zeit der Gottesgeschichte, und darum die biblischen Möglichkeiten solchen Unterscheidens als die Möglichkeiten, die der Predigt mitgegeben sind. Ich betone aber: was ich nun nenne, das sind Beispiele, die keineswegs erschöpfen, was im Leben vorkommen kann. Darum wird ja eine lebensnahe Predigt auch nie ans Ende kommen mit dem, was sie zu sagen hat.

Zunächst nenne ich das prophetische Unterscheiden: Da ist der Gott Israels, der sein Volk in die Freiheit geführt hat. Solche Freiheit ist gut, das Leben im eigenen Land und im Dienst dieses Gottes. Aber dieses Gute ist nicht einfach Besitz. Es kann gute Zeiten geben; aber die sind meist nicht die Gegenwart, sondern das, was gewesen ist, oder vielleicht das, was kommen soll. So, wie man sich an die Zeit des Königs Salomo erinnerte als die gute Zeit Israels: Denn er »hatte Frieden mit allen seinen Nachbarn ringsum, so daß Juda und Israel sicher wohnten, jeder unter seinem Weinstock und unter seinem Feigenbaum, von Dan bis gen Beerseba, solange Salomo lebte« (1 Kö 5,4 f). Die Gegenwart aber ist bedroht, böse Zeit steht an. Was soll einer dazu sagen? Ist da nun Gottes Macht am Ende, ist dieser Gott dem Leben nicht mehr nahe, solchem bedrohten Leben? Das prophetische Unterscheiden zeigt auf, was dieses Leben bedroht und die Zeit böse werden läßt. Schulbeispiel solchen Unterscheidens ist das Weinberglied des Propheten Jesaja: Gott ist nahe, gerade hier nahe. Aber nicht zum Guten ist er nahe, sondern im Gericht über die, die mißbrauchen, was er gibt. Das prophetische Unterscheiden ist ein Schelten, in dem der Mißbrauch des Lebens aufgedeckt wird: »Er wartete auf Recht, siehe, so ist's Schinderei, auf Gerechtigkeit, siehe, so ist's Klage« (Jes 5,7). Unterschieden wird da in der Art und Weise, wie Gott dem Leben nahe ist, hilfreich oder drohend. Beides gehört ja ganz eng zusammen: Dem schwachen Leben hilft Gott, darum verfällt der Überhebliche seinem Gericht. Daß das Gott ist, läßt sich nicht so leicht fassen. Denn hier verschiebt sich, was üblich ist: Gott gehört zum Leben und nicht zum Tod, zum Glück und nicht zum Unglück. Jesaja redet darum vom fremden Werk Gottes. »Denn der Herr wird sich aufmachen wie am Berg Perazim, und toben wie im Tal Gibeon« – das sind die Orte, an denen einst David die Philister geschlagen und Juda und Israel befreit hatte –, »daß er sein Werk vollbringe, aber fremd ist sein Werk, und daß er seine Tat tue, aber seltsam ist seine Tat!« (28,21). Die Folgerungen aus solchem prophetischen Unterscheiden können unterschiedlich sein; jedenfalls ist der Ruf zur Buße nur eine mögliche Folgerung. Der Prophet kann auch nur eben auf das kommende Gericht verweisen und gerade damit dem Herrn des Lebens recht geben.

Als zweites Beispiel nenne ich das weisheitliche Unterscheiden. Ich führe dazu zunächst einige Verse aus Jesus Sirach an (11,11–19): »Mancher läßt es sich sauer werden und eilt zum Reichtum und hindert sich nur selber damit. Dagegen tut mancher gemach, der wohl Hilfe bedürfte, ist dazu schwach und arm: den sieht Gott an mit Gnaden und hilft ihm aus dem Elend und bringt ihn zu Ehren, daß sich viele sein verwundern. Es kommt alles von Gott: Glück und Unglück, Leben und Tod, Armut und Reichtum. Den Frommen gibt Gott Güter, die da bleiben; und was er beschert, das gedeiht immerdar. Mancher kargt und spart und wird dadurch reich und denkt, er habe etwas vor sich gebracht, und spricht: ›Nun will ich gutes Leben haben, essen und trinken von meinen Gütern‹; und er weiß nicht, daß sein Stündlein so nahe ist, und muß alles andern lassen und sterben.« Das ist ein spätes Stück weisheitlicher Tradition, dem sich die Behutsamkeit abspüren läßt, mit der da gewertet wird. Nicht einfach so, daß es dem Guten gut geht und dem Bösen schlecht, obwohl dieser Gedanke im Hintergrund steht. Vielmehr wird angedeutet, wie es schließlich doch so hinausläuft, daß Gott recht behält, der, von dem alles kommt, Glück und Unglück, Leben und Tod, Armut und Reichtum. Gerade dem ist das gesagt, der es nicht leicht hat mit seinem Leben, und der sich darum schwer tut damit, Gott recht zu geben. So heißt es dann ja weiter: »Vertraue du Gott und bleibe in deinem Beruf«, in deiner Mühsal; »denn es ist dem Herrn gar leicht, einen Armen reich zu machen. Gott segnet den Frommen ihre Güter; und wenn die Zeit kommt, gedeihen sie bald« (11,21–23).

Dieses weisheitliche Unterscheiden hat sein bleibendes Recht, auch in einer christlichen Predigt (vgl. Luther, GrKat 4. Gebot). Freilich ist zugleich auf die Grenze solchen weisheitlichen Unterscheidens zu achten, wie sie sich einmal im Buch Hiob zeigt, und zum anderen im Prediger. Auch da bleibt das Wort beim Leben und zugleich bei Gott, zieht Gott ins Leben und das Leben vor Gott, wie das die Aufgabe einer lebensnahen Predigt ist. Aber das Unterscheiden ist da noch viel schwerer, als in der doch schon so behutsamen Rede des Jesus Sirach. Wie kann Gott so unterschieden werden von der bösen Zeit, die Hiob heimgesucht hat, daß dieser Fromme recht behält und Gott? Darum ringt das Hiobbuch, ohne zu einer voll befriedigenden Antwort zu kommen. Und der Prediger kann die Ambivalenz des Lebens nur mehr aufzählen, und unterscheidet zwischen Menschen und Gott, den Menschen in ihrer Beschränkung, die nichts Besseres tun können als ihr Leben so zu nehmen, wie es kommt, ohne mehr zu wissen, und Gott selbst: »Ich sah die Arbeit, die Gott den Menschen gegeben hat, daß sie sich damit plagen. Er hat alles schön gemacht zu seiner Zeit, auch hat er die Ewigkeit in ihr Herz gelegt; nur daß der Mensch nicht ergründen kann das Werk, das Gott tut, weder Anfang noch Ende« (3,10f).

Als auf ein drittes Beispiel solchen Unterscheidens will ich auf das apostolische Unterscheiden verweisen. Da wird zwischen alt und neu unterschieden, dem, was gewesen ist und was nun durch Gottes Gnade vorbei ist, und dem, was neu geworden ist. Ich will dazu freilich gleich sagen, daß solches apostolische Unterscheiden nicht leicht von uns nachvollzogen werden kann, darum zur Lebensferne der Predigt verführt, gerade wo einer den Mund zu voll nimmt. Als Beispiel solchen Unterscheidens führe ich Epheser 2,1–10 an: »Auch ihr waret tot in euren Übertretungen und Sünden, in welchen ihr vormals gewandelt seid nach dem Lauf dieser Welt, nach dem Mächtigen, der in der Luft herrscht, nämlich nach dem Geist, der zu dieser Zeit sein Werk hat in den Kindern des Unglaubens. Unter ihnen haben auch wir vormals unseren Wandel gehabt in den Lüsten unseres Fleisches und taten den Willen des Fleisches und der Sinne und waren Kinder des Zornes von Natur, gleichwie auch die andern. Aber Gott, der da reich ist an Barmherzigkeit, hat um seiner großen Liebe willen, mit der er uns geliebt hat, auch uns, die wir tot waren in den Sünden, samt Christus lebendig gemacht, denn aus Gnade seid ihr gerettet worden. Und hat uns samt ihm auferweckt und samt ihm in das himmlische Wesen gesetzt in Christus Jesus, auf daß er erzeigte in den kommenden Zeiten den überschwenglichen Reichtum seiner Gnade durch seine Güte gegen uns in Christus Jesus. Denn aus Gnade seid ihr gerettet worden durch den Glauben, und das nicht aus euch: Gottes Gabe ist es, nicht aus den Werken, auf daß sich nicht jemand rühme. Denn wir sind sein Werk, geschaffen in Christus Jesus zu guten Werken, welche Gott zuvor bereitet hat, daß wir darin wandeln sollen.« Leben und Tod wird da unterschieden, und es geht in ganz uneinsichtiger Weise aus dem Tod ins Leben. Das sagt sich nicht leicht so, daß die Predigt zugleich lebensnah bleibt. Denn das Leben, von dem da zu reden ist, das ist ja jenes himmliche Wesen, in das wir samt Christus Jesus eingesetzt sind. Dieses Leben zeigt sich nicht in der gewünschten Eindeutigkeit, und wenn die Gläubigen statt auf dieses Leben auf sich selbst zeigen und auf das Glück ihrer Bekehrung, dann sind sie schon aus diesem Leben herausgefallen. »Denn aus Gnade seid ihr gerettet worden durch den Glauben, und das nicht aus euch: Gottes Gabe ist es, nicht aus den Werken, auf daß sich nicht jemand rühme.«
Lebensnahe Predigt unterscheidet. Sie unterscheidet so, daß sie die Ambivalenz des Lebens aufnimmt, und dieses in seiner Ambivalenz erfahrene Leben so auf Gott bezieht, daß dem recht gegeben wird. Ich könnte auch so sagen: Hier wird die Zukunft des Lebens Gottes wie des Lebens aus Gott von dem unterschieden, was keine Zukunft hat. Und in diesem Unterscheiden bietet die Predigt Gottes Leben an. Das sieht immer wieder anders aus, wie die Beispiele des prophetischen, weisheitlichen und apostolischen Unterscheidens angedeutet haben. Und die Predigt, die unterscheidet, wird auch wissen müssen, wann zu dieser oder jener Unterscheidung Zeit ist.

2. Die Predigt als Bejahen

Eine lebensnahe Predigt zeigt Gottes Nähe zum Leben auf. Sie redet so richtig von dem Gott, der das Leben lieb hat. Das kann nicht nur im Unterscheiden geschehen, sondern erst recht im Identifizieren, im Bejahen des Lebens als dessen, was aus Gott ist. Solches Bejahen kann nicht blindlings geschehen. Darüber ist schon genug gesagt. Es könnte sonst leicht zu allerlei Götzendienst kommen, der sich einläßt auf die üblichen Wertungen und die mit dem Namen Gottes zusammennimmt. Der Fehlgriff Aarons kann jedem Prediger zur deutlichen Warnung dienen. Aaron hatte sich ja zunächst nur zögernd darauf eingelassen, dem Volk entgegenzukommen. Zwar hatte er das goldene Kalb gemacht, Sinnbild und Inbegriff der Lebensmacht. Aber erst mußte das Volk diesen Gott akzeptieren: »Und sie sprachen: Das ist dein Gott, Israel, der dich aus Ägyptenland geführt hat.« Dann erst war Aaron selbst voll zur Identifikation bereit: »Als das Aaron sah, baute er einen Altar vor ihm und ließ ausrufen und sprach: Morgen ist des Herrn Fest.« Und dann feierten sie, wie man eben dem Leben ein Fest feiert, das in diesem Stierbild da ist (vgl. Ex 32,1–6). Das war sicher auf seine Weise auch ein lebensnaher Gottesdienst. Doch weil der Priester Aaron nicht zu unterscheiden wußte, führte er in Gericht und Tod. Das mag gerade im Hinblick auf die Bejahung warnen davor, Lebensnähe schon mit einer richtigen Predigt zu verwechseln.

Bejahung des Lebens nimmt es so, wie dieses Leben ein gutes Leben ist, wie es aus der Hand Gottes, des Schöpfers, kommt. Das ist dann freilich nicht einfach die Welt, so wie sie sich darbietet. Vielmehr wird hier dann trotz des Bösen, trotz der Sünde Leben als Leben aus Gott angesagt. Gott und Leben gehören zusammen, darum ist solche Bejahung die Vergewisserung Gottes und des eigenen Lebens in einem. Solche Bejahung kann wieder höchst unterschiedlich aussehen. Ich nenne einige Beispiele.

Da ist einmal das Lob. Sicher ist solches Lob nun nicht zuerst eine Gattung der Predigt; wir kennen dieses Lob eher als Psalm und Lied. Aber nicht nur dann, wenn über ein Loblied gepredigt wird, gehört solches Lob auch zu den Möglichkeiten der Predigt. Denn im Lob wird das Gute herausgehoben. Im Lob ist die Welt in Ordnung, ohne Makel, ohne Finsternis. Ich führe den 146. Psalm an, fordere ausdrücklich dazu auf, das wahrzunehmen, wie hier die Welt in Ordnung ist. Man mag das dann als Postulat bezeichnen, denn hier im Lob wird nicht einfach beschrieben, was ist, sondern das, was ist, wird so beschrieben, wie es sein sollte: »Halleluja! Lobe den Herrn, meine Seele! Ich will den Herrn loben, solange ich lebe, und meinem Gott lobsingen, solange ich bin. Verlasset euch nicht auf Fürsten; sie sind Menschen, die können ja nicht helfen. Denn des Menschen Geist muß davon, und er muß wieder zu Erde werden; alsdann sind verloren alle seine Anschläge. Wohl dem, des Hilfe der Gott Jakobs ist, des Hoffnung auf dem Herrn, seinem Gott steht, der Himmel, Erde, Meer und alles, was darinnen ist, gemacht hat; der Glauben hält ewiglich; der Recht schafft denen, so Gewalt leiden, der die Hungrigen speiset. Der Herr löst die Gefangenen. Der Herr macht die Blinden sehend. Der Herr richtet auf, die niedergeschlagen sind. Der Herr liebt die Gerechten. Der Herr behütet die Fremdlinge und erhält Waisen und Witwen, und kehret zurück den Weg der Gottlosen. Der Herr ist König ewiglich, dein Gott, Zion, für und für.« Wenn wir danach fragen, ob das Leben denn so ist, wie es hier angezeigt wird, geraten wir rasch ins Stocken. Der Herr schafft denen Recht, die Gewalt leiden? Warum dann Gewalttat und Mord noch und noch? Amnesty international kommt ja kaum mehr nach damit, das, was von solcher Gewalt bekannt wird, aufzuzeigen, geschweige denn zu helfen. Der Herr speist die Hungrigen? Warum dann die Verhungernden in den Slums von Kalkutta, oder im afrikanischen Dürregebiet? Ich könnte nun Satz für Satz dieses Psalmes durchgehen, und sie mit den uns wohlbekannten Fakten dieses Lebens in unserer Welt konfrontieren. Aber könnte solche Konfrontation eigentlich das Lob niederschlagen, so daß es verstummen müßte? Wäre das nicht erst recht Sünde dem Leben gegenüber, wenn es so in die Negativität hineingerissen würde? Das Leben im Lob bejahen heißt die Güte dieses Lebens herausgreifen und sie dem Herrn und Liebhaber dieses Lebens entgegenhalten, damit er dabei bleibt, und weil er dabei bleibt, weil er »Glauben hält ewiglich«, hašomer ʾämät leʿôlam.

Als weiteres Beispiel für solches Bejahen nenne ich die Erzählung, und zwar als Führungsgeschichte, wie sie exemplarisch in der Josephsgeschichte vorliegt. Einzelheiten brauche ich nicht zu rekapitulieren. Hier liegt ja ein weit gespannter Erzählungsbogen vor, in den vielerlei Überlieferung eingegangen ist. Ich erinnere nur an die abschließende Deutung im Gespräch der Brüder mit Joseph. Da ist der Vater Jakob gestorben, und nun haben die Brüder Angst, Joseph könnte sich rächen für das, was sie ihm angetan hatten. »Und seine Brüder gingen hin und fielen vor ihm nieder und sprachen: Siehe, wir sind deine Knechte. Joseph aber sprach zu ihnen: Fürchtet euch nicht! Denn ich bin unter Gott. Ihr gedachtet es böse mit mir zu machen, aber Gott gedachte es gut zu machen, um zu tun, was jetzt am Tage ist, nämlich am Leben zu erhalten ein großes Volk« (Gen 50,18–20). Was da geschehen ist, ließ sich von den Beteiligten nicht immer durchschauen, führte durch Höhen und Tiefen, brachte Leiden und Unglück über alle, die dabei waren. Aber was da an Negativität der Lebenserfahrung zu nennen wäre, das wird aufgehoben in Gottes Güte hinein: »Ihr gedachtet es böse mit mir zu machen, aber Gott gedachte es gut zu machen.« Solche Erzählung bejaht das Leben, bejaht den Gang des Geschehens, der oft genug verworren und undurchsichtig ist. Natürlich kann man auch solcher Erzählung gegenüber mit Einwänden kommen: Ist sie ein realistisches Abbild des Lebens? Schönt und verklärt sie nicht, was in Wirklichkeit doch ganz anders zugeht? Die Erzählung diskutiert diese Frage nicht. Sie erzählt, und bejaht damit, was gewesen ist, weil sie Gott in dem gefunden hat, wie es zuging. Es läßt sich dann über eine solche Erzählung streiten, ob sie nun Lebensnähe habe oder dieses Leben unangemessen verkläre. Zum Ergebnis wird ein solcher Streit nicht kommen, weil die Führungserzählung dem Leben anders nahe ist als solcher skeptische Einwand. Weil sie im Leben Gott nahe ist, kann sie nicht anders reden, als sie das nun einmal tut.

Als drittes Beispiel für solches Bejahen nenne ich den Zuspruch, wie er mannigfach begegnet, nicht nur dort, wo im NT der Ausdruck παρακαλεῖν oder παράκλησις gebraucht wird. Solcher Zuspruch kann vielerlei Inhalte haben. Es geht da um ein bestimmtes Verhalten, zu dem ermahnt wird – so etwa in den programmatischen Formulierungen in Röm 12,1 f, die den paränetischen Teil dieses Briefes einleiten. Ich nenne dazu den Zuspruch des Paulus an Philemon: »Darum, wiewohl ich habe die volle Freiheit in Christus, dir zu gebieten, was dir ziemt, so will ich doch um der Liebe willen nur ermahnen, so wie ich bin: Paulus, ein alter Mann, nun aber auch ein Gefangener Christi Jesu. So ermahne ich dich um meines Sohnes willen, Onesimus, den ich gezeugt habe in meiner Gefangenschaft, welcher vormals dir unnütz, jetzt aber dir und mir wohl nütze ist. Den sende ich dir wieder zurück und damit mein eigen Herz. Denn ich wollte ihn gerne bei mir behalten, daß er mir an deiner Statt diente in meiner Gefangenschaft um des Evangeliums willen. Aber ohne deinen Willen wollte ich nichts tun, auf daß das Gute dir nicht wäre abgenötigt, sondern freiwillig . . . Ich habe im Vertrauen auf deinen Gehorsam dir geschrieben; und ich weiß, du wirst mehr tun, als ich sage« (Phlm 8–14.21). Was hier bejaht wird, ist die Willigkeit zum Tun dessen, was gut ist. Die Argumentation des Paulus deutet an, daß nicht selbstverständlich ist, was hier erwartet wird als Tun des Philemon, und daß es doch selbstverständlich ist, da es ihm von Paulus in dieser Weise zugesprochen wird. Auch in diesem Zuspruch wird das Gute des Lebens herausgehoben, wie im Lob und in der Erzählung, und als das Gute Gottes in Anspruch genommen. Nun ist dieses Gute des Lebens ein bestimmtes Tun, das da zugesprochen wird. Und darin wird mit dem Tun der Täter in seinem auf Gott bzw. Christus hin ausgerichteten Lebensvollzug bejaht. Wie heikel eine solche Bejahung sein kann, zeigt gerade das gewählte Beispiel. Der Zuspruch soll ja nicht vereinnahmen oder auch vergewaltigen. Er will die Spontaneität dessen entbinden, der nun doch aufgrund eines solchen Zuspruchs nicht anders kann, als das zu tun, was ihm hier zugesprochen wird. Er tut es, weil in solchem Tun Gott seinem Leben nahe ist. Das will gesagt und zugesprochen sein. Aber ein solcher Zuspruch muß dann auch genau sein, treffen, was an der Zeit ist. Dann hält er im Leben fest, im Tun oder auch im Erleiden, und bejaht in dem, an den er ergeht, das Gute Gottes.

3. Die Predigt als Vorgriff

Auch das gehört zur Lebensnähe der Predigt, daß sie sich nicht nur bei dem aufhält, was da ist, sondern ausgreift in das, was noch aussteht. Freilich besteht gerade hier dann die Gefahr eines haltlosen Träumens, in dem sich ein vielleicht verständliches Wunschdenken so ausspricht, daß es sich von Gottes Leben gerade entfernt. Ich denke hier an Zukunftsphantasien, in denen die Negativität gegenwärtigen Lebens kompensiert wird, indem in der Zukunft Lust und Qual umverteilt werden. Das mag als unmittelbare Anrede an die Betroffenen in einer Bußpredigt noch eben möglich sein. Das Modell einer solchen Anrede findet sich etwa in der Beispielgeschichte vom reichen Mann und vom armen Lazarus, die einschärft, daß jetzt auf Mose und die Propheten zu hören ist. Es wird unerträglich dort, wo die, die sich gerettet fühlen, von den Höllenqualen der anderen reden. Solche Hoffnung, die sich am Elend der Verdammten weidet, macht sich selbst unglaubwürdig.
Auf das Ausstehende ausgreifen wird die Predigt dann, wenn dieses Ausstehende als Leben Gottes und Leben aus Gott erfaßt werden kann. Denn die Negativität des in seiner Ambivalenz erfahrenen Lebens verlangt nach Überwindung. Insoweit gehört der Vorgriff auf das zukünftig erhoffte Leben unmittelbar zusammen mit Unterscheiden und Bejahen, sucht dem Gott nahezukommen, der Leben ist und das Leben liebt. Dabei wird solche Predigt auch darin lebensnah bleiben, daß sie von diesem Ausstehenden konkret zu reden vermag angesichts des gegenwärtigen Lebens. Nicht einfach der Traum, der sich ins Unwirkliche vorwagt, bestimmt solches Reden, sondern die gegenwärtig erfahrene Realität, die dem Vorgriff den Halt gibt, an dem er sich abstützen kann.
Dazu verweise ich zunächst auf die prophetische Heilsweissagung. Ich nehme als Beispiel Offenbarung 21,1–4: »Und ich sah einen neuen Himmel und eine neue Erde; denn der erste Himmel und die erste Erde vergingen, und das Meer ist nicht mehr. Und ich sah die heilige Stadt, das neue Jerusalem, von Gott aus dem Himmel herabfahren, bereitet wie eine geschmückte Braut ihrem Mann. Und ich hörte eine große Stimme von dem Thron, die sprach: Siehe da, die Hütte Gottes bei den Menschen! Und er wird bei ihnen wohnen, und sie werden sein Volk sein, und er selbst, Gott, wird mit ihnen sein; und Gott wird abwischen alle Tränen von ihren Augen, und der Tod wird nicht mehr sein, noch Leid noch Geschrei noch Schmerz wird mehr sein; denn das Erste ist vergangen.« In doppelter Hinsicht orientiert sich diese Weissagung des Kommenden am gegenwärtigen Leben. Einmal ist da Jerusalem, zugleich vertraut und neu: die heilige Stadt, nun aber in der himmlischen Glorie, die mit der Metapher von der geschmückten Braut angedeutet wird. Eben so wird hier das Nötige gesagt, wird

gegenwärtiges Leben umgesetzt in den Vorgriff auf das, was kommen soll. Gerade als Wertung des Neuen ist die hier evozierte Vorstellung von Jerusalem als der geschmückten Braut gemeint. Und diese Positivität des kommenden Lebens wird dann unterstrichen durch die Negation des Negativen, wie sie in der Stimme vom Thron her ausgesprochen ist: »Der Tod wird nicht mehr sein, noch Leid noch Geschrei noch Schmerz wird mehr sein, denn das Erste ist vergangen.« Auch darin ist solche prophetische Weissagung lebensnah, daß sie die Negativität gegenwärtigen Lebens durchstreicht im Vorgriff auf das Leben, das von Gott her kommen wird. So geschieht das immer wieder, z. B. in dem gegenwärtig vieldiskutierten, bei Jesaja und Micha überlieferten Spruch vom kommenden Frieden: »Sie werden ihre Schwerter zu Pflugscharen und ihre Spieße zu Sicheln machen« (Micha 4,3). Das ist nicht umsonst so eindrücklich und orientiert auf das Zukünftige hin. Es ist ein sprachgewaltiger Satz. Denn hier ist die Negation des Negativen als ein Vorgang beschrieben – Schwerter werden zu Pflugscharen, Spieße zu Sicheln. Diese Umwertung kann man sehen. Darum haftet dieser Spruch so fest.

Gegenwärtiges dient dem Vorgriff auf die Zukunft. Das nicht nur in der prophetischen Weissagung mit ihrer Position, die aus der Negation des Negativen erwächst. Gegenwärtiges ist Gleichnis für das, was kommen wird. So in Jesu Gleichnissen vom kommenden Gottesreich. Diese Gleichnisse haben schon bis zu ihrer Fixierung in den synoptischen Evangelien eine Auslegungsgeschichte hinter sich gebracht. Und die Frage, wie sie nun richtig zu verstehen seien, ist in der exegetischen Forschung bis heute nicht ausdiskutiert. Doch ein Grundzug liegt klar am Tag: Da wird erzählt, wie es im Leben zugeht. Aber was da erzählt wird, das zeigt nicht einfach dieses Leben, sondern das kommende Reich Gottes. Dieses Leben ist also auf das kommende Reich hin offen, kann dieses Kommende zur Sprache bringen. »Das Himmelreich ist gleich einem verborgenen Schatz im Acker, welchen ein Mensch fand und verbarg ihn; und in seiner Freude darüber geht er hin und verkauft alles, was er hat, und kauft den Acker« (Mt 13,44). Das ist normal, jeder würde sich so verhalten: Was so wertvoll ist, das verlangt, daß man dafür hingibt, was weniger wertvoll ist. Das Gleichnis kann freilich gegenwärtiges Leben auch verfremden. Gibt es einen Arbeitgeber, der so handelt, wie der Hausvater im Gleichnis von den Arbeitern im Weinberg? Das Seltsame dieses Verhaltens wird in der Geschichte ja unterstrichen durch das Murren derer, die den ganzen Tag hart gearbeitet haben und am Ende nicht mehr bekommen als die, die erst kurz vor Feierabend zur Arbeit geschickt wurden. So geht es im Leben doch nicht zu, läßt sich einwenden. Und doch ist dieses Gleichnis lebensnah, eben in dem Protest und seiner Zurückweisung. Es ist das gegenwärtige Leben, das den Vorgriff auf Gottes Zukunft ermöglicht.

Auch hier nenne ich ein drittes Beispiel des Vorgriffs: die Vergewisserung des zukünftigen Heils an der Not des gegenwärtigen Lebens. Dazu verweise ich auf Röm 5,1–5: »Nun wir denn sind gerecht geworden durch den Glauben, so haben wir Frieden mit Gott durch unsern Herrn Jesus Christus, durch welchen wir im Glauben den Zugang haben zu dieser Gnade, darin wir stehen, und rühmen uns der Hoffnung der zukünftigen Herrlichkeit, die Gott geben wird. Nicht allein aber das, sondern wir rühmen uns auch der Trübsale, weil wir wissen, daß Trübsal Geduld bringt; Geduld aber bringt Bewährung; Bewährung aber bringt Hoffnung; Hoffnung aber läßt nicht zuschanden werden, denn die Liebe Gottes ist ausgegossen in unser Herz durch den Heiligen Geist, welcher uns gegeben ist.« Da wird Lebenserfahrung in den Vorgriff eingebracht, Glaubenserfahrung, Erfahrung der Enge, der Anfechtung, des Leidens. Luther hat die δοκιμή, von der da die Rede ist, als Erfahrung übertragen: »wir wissen, daß Trübsal Geduld bringt, Geduld aber bringt Erfahrung, Erfahrung aber bringt Hoffnung.« Negativität der Leidenserfahrung, die einer durchgestanden hat, begründet hier den Vorgriff der Hoffnung auf Gottes Leben. Auch so läßt sich im Vorgriff sprechen, ohne daß die Predigt die notwendige Lebensnähe aufgeben müßte.

Ein paar Schlußbemerkungen noch, zu diesem Paragraphen und zum ganzen ersten Kapitel: Was ist die Predigt? – diese Frage stellt die prinzipielle Homiletik. Ich habe versucht, diese Frage zu beantworten, indem ich von der Predigt als Zeitansage gesprochen habe. Das verlangt, daß sich die Predigt einläßt auf Gottes Geschichte, seine Zeit für uns. Von dieser Zeit Gottes aus läßt sich dann gegenwärtiges Leben in seiner Bestimmtheit durch Gott erfassen. Dazu muß einer ganz gewiß die Schrift kennen, damit er weiß, welche Zeit jetzt ist. Wenn er aber darauf gekommen ist, wenn er damit angefangen hat, wird er gerne predigen. Denn solche Zeitansage ist eine notwendige Sache.

II. Die Predigt von Gesetz und Evangelium

Fragte die prinzipielle Homiletik, was die Predigt ist, so nun die materiale Homiletik, was die Predigt sagt. Eine allgemeine Antwort ist darauf rasch gegeben: Die Predigt soll immer Predigt des Evangeliums sein. Als Lutheraner füge ich hinzu: Dieses Evangelium ist in der rechten Unterscheidung vom Gesetz Gottes zu predigen, aber auch in der unlösbaren Verbindung mit diesem Gesetz. Man könnte sich freilich fragen, ob dann nicht von »Evangelium und Gesetz« die Rede sein muß (vgl. § 3,3). Ich bleibe zwar bei der geläufigen Folge »Gesetz und Evangelium«, erinnere aber an das, was zur Autorität der Predigt gesagt wurde: Die Predigt findet das, was sie zu sagen hat, allein in der Schrift, die Gottes Geschichte bezeugt. Sie stützt sich nicht auf eine allgemeine Welterfahrung ab, die dann als Schicksal oder auch Gesetz doch noch einmal abgesehen von der Schrift und abgesehen von Jesus Christus angeblich auf Gottes Wirklichkeit hinführe. Doch will ich mich bei dieser nötigen dogmatischen Abgrenzung nun nicht weiter aufhalten. Vielmehr muß jetzt die Abgrenzung gegen die Dogmatik selbst durchgeführt werden. Es wäre möglich, das, was zu predigen ist, in Gestalt eines dogmatischen Grundrisses vorzutragen, der sich etwa am apostolischen Symbol orientiert. Doch will ich hier nicht nur die Doublette zur Dogmatik vermeiden, sondern bleibe in der Gestalt meiner Darbietung näher bei der Praxis der Predigt. Die folgt in der Regel einer Perikopenordnung, die wieder bestimmt ist durch das Kirchenjahr. Darüber habe ich zunächst einiges zu sagen. Es geht dabei ja nicht bloß um eine äußere Ordnung, mit der man es so oder so halten könnte. Vielmehr hat sich in dieser Ordnung etwas von dem vorgegebenen Verstehen des Evangeliums niedergeschlagen, das in jeder einzelnen Predigt vorausgesetzt ist. Ich setze freilich dazu, daß dieses vorgegebene Verstehen zugleich problematisch ist, und muß auch dazu dann einiges bemerken. Weiter habe ich dann einzugehen auf die Frage nach dem Kontext, in dem jeder einzelne Text steht, und von dem her sich sein Verständnis bestimmt. Ich habe davon zunächst als von der Gottesgeschichte geredet. Kenntlich ist dieser Kontext so, daß hier biblische Texte im Zusammenhang der Bibel gepredigt werden. Darum will ich hier insbesondere erörtern, was es bedeutet, daß wir alttestamentliche Texte im Kontext des Neuen Testamentes predigen, aber auch, was es bedeutet, daß wir neutestamentliche Texte im Kontext des Alten Testamentes predigen. In der Regel wird die Frage ja nur in der einen Richtung erörtert: Wie können alttestamentliche Texte im Kontext des Neuen Testamentes gepredigt werden? Daß die Frage nicht auch umgekehrt gestellt wird, hat seine Folgen, auf die ich hinweisen muß. Schließlich frage ich auch noch nach dem, was für jede christliche Predigt unabdingbar ist: Daß in ihr Gott so benannt wird, wie er sich uns offenbart hat, als der Vater, der Sohn und der Hl. Geist. Vorlaufend kann ich dazu nur betonen: Dieser Inhalt jeder Predigt, die sich als christliche Predigt identifizieren läßt, braucht nicht immer explizit vorzukommen. Aber die Frage danach, wie der dreieinige Name hier in dem, was gesagt wird, zu hören ist, ist ein wichtiges Kriterium dafür, wie die Predigt paßt.

§ 5   Die durch Jesus Christus bestimmte Zeit

Ein paar Bemerkungen zur Geschichte des Kirchenjahrs will ich vorausschicken: Es handelt sich hier nicht um eine theologische Konstruktion, sondern um eine gewachsene Gestalt mit allerhand Ungereimtheiten und Verwerfungen. Christusfeste sind in den Jahreslauf eingefügt. Aber dieser Jahreslauf ist einmal, beim Osterfest, nach dem älteren Mondjahr bestimmt. Und er ist das andere Mal, beim Weihnachtsfest, nach dem Sonnenjahr bestimmt. Deshalb haben wir dann für Weihnachten ein festes Datum, den 25. Dezember, während wir für Ostern nur angeben können, daß es am ersten Sonntag nach dem ersten Vollmond nach dem Frühlingsäquinoktium gefeiert wird, so daß hier das Datum um fünf Wochen schwanken kann, und mit dem Osterdatum dann natürlich alle von diesem abhängigen Daten, der Beginn der Fastenzeit mit dem Aschermittwoch ebenso wie Pfingsten und Trinitatis. Daß der Ostertermin lange Zeit umstritten war, erwähne ich nur. Ebenso dies, daß der Weihnachtstermin, der 25. Dezember, den 6. Januar verdrängt hat. Wie das im einzelnen gelaufen ist, brauche ich hier nicht darzulegen. Es muß genügen, auf die Grundgegebenheiten hinzuweisen.
Weihnachten und Ostern sind als Festtermine geblieben, auch dort, wo ihre christliche Fülle nicht mehr wahrgenommen wird. Ob es der Predigt oder einer Erneuerung christlicher Sitte gelingen kann, diese Feste als Christusfeste zurückzugewinnen, weiß ich nicht. Immerhin gibt es den durch die Feste bestimmten Einschnitt in den Jahreslauf, und damit haben wir an diesen beiden Daten, Weihnachten und Ostern, vorgegebene Inhalte, die zu vergegenwärtigen sind, und die durch ihre Feier bewußt gehalten werden, auch wenn gerade nicht Ostern oder Weihnachten ist. Ob man Pfingsten mit in diese Gruppe der großen Feste hineinnehmen soll, ist umstritten. Von seinem Datum und Charakter her gehört es zu Ostern – als Abschluß der fünfzigtägigen Osterzeit. Es hat davon seinen Namen, πεντηκοστή, der fünfzigste Tag. Ich möchte es gerne dabei lassen, auch Pfingsten wie Weihnachten und Ostern als ein Christusfest zu verstehen. Daß es seinen besonderen Akzent hat, wie Weihnachten und Ostern auch, braucht dabei nicht vergessen zu werden. Doch ist es nicht nur die Systematik des christologisch bestimmten Kirchenjahres, die Pfingsten an Ostern anschließen läßt. Es ist die chronologische und sachliche Verbindung, die sich auch in der historischen Entwicklung des Kirchenjahres spiegelt; diese Verbindung nötigt dazu, auch Pfingsten als Christusfest zu verstehen (auch wenn das den Liturgikern nicht paßt. Ich sehe aber nicht ein, warum an Pfingsten die liturgische Farbe Rot vorgesehen ist, während sonst die ganze Osterzeit, einschließlich Himmelfahrt und Trinitatis, Weiß als liturgische Farbe hat. Doch will ich mich jetzt nicht zu weit auf die theologische Farbenlehre einlassen. Dazu vgl. u. S. 59). Bleiben wir also bei der historisch gewordenen Zweiteilung, dem Weihnachtsfest mit der durch es bestimmten Zeit, den Advent- und Epiphaniassonntagen, und dem den Hauptteil des Kirchenjahres mindestens dem Termin nach festlegenden Osterfest mit seiner Vor- und Nachzeit, der Vorfasten- und Fastenzeit einerseits, der österlichen Freudenzeit bis Pfingsten bzw. Trinitatis andererseits; dem folgen dann ja bis zum Ende des Kirchenjahres die Sonntage nach Trinitatis.

1. Die Predigt der Auferstehung

Nicht das Jahr, sondern die Woche ist der Zeitraum, in dem die Auferstehungsfeier wiederkehrt. Das muß zunächst vorweggeschickt werden. Die ältesten Nachrichten über regelmäßig wiederkehrende christliche Gottesdienste verweisen auf den achten Tag bzw. den ersten Tag der Woche (vgl. Gerhard Kunze, Die gottesdienstliche Zeit, in: Leiturgia 1, 1954, 443f). Dieser Tag ist die κυριακὴ ἡμέρα (Apc. 1,10), die dies dominica. Während für die jüdische Tradition, der die Urgemeinde wohl folgte, der Sabbat, der 7. Tag der Woche, der geheiligte Tag war, verschiebt sich das Gewicht dieses heiligen Tages für die Heidenchristen auf den dem Sabbat folgenden Tag. Eine Begründung findet sich im Brief des Ignatius an die Magnesier 9,1: Die nicht mehr im alten Wesen wandeln, sondern zur neuen Hoffnung gekommen sind, die feiern nicht mehr den Sabbat, sondern die κυριακή »an der unser Leben aufging durch ihn und seinen Tod«. Sterben und Auferstehen gehören zusammen, und beides miteinander wird im Gedächtnismahl des ersten Tages vergegenwärtigt (vgl. z.B. Act 20,7: »Am ersten Tag der Woche aber, da wir versammelt waren, das Brot zu brechen, predigte ihnen Paulus«, nämlich in Troas). Ich mache darauf aufmerksam, daß sich diese Tradition, mit dem Herrentag oder Sonntag die Woche zu beginnen, erst in den letzten Jahren und Jahrzehnten geändert hat, im Zusammenhang mit dem modernen Arbeits- und Freizeitrhythmus. Er beginnt mit dem Anfang der Arbeitswoche und endet mit der Freizeit, dem Wochenende. Damit ist der Sonntag wieder analog dem Sabbat zum letzten Tag der Woche geworden. Ob diese Stellung dem Sonntag und dem Gottesdienst am Sonntagmorgen bekommt, will ich hier nicht erörtern, mache nur auf die Verschiebung aufmerksam. Ob wir als Christen und Theologen uns dieser Verschiebung einfach fügen sollen, ist freilich eine Frage, die dann eigens zu erörtern wäre, wenn wir jetzt vom Gewicht solcher Rhythmen für die Lebensgestalt zu reden hätten. Weil der Sonntag der Tag der Auferstehung Christi ist, darum hat er sein besonderes Gewicht als ein guter Tag (das »Sonntagskind« ist ein Glückskind). Aber diese Bestimmung ist abgeleitet davon, daß er als der Tag des Gottesdienstes der heilige Tag ist. Luther hat in seiner Erklärung des dritten Gebotes diesen Charakter hervorgehoben: Um das Wort Gottes geht es an diesem Tag. »Darümb merke, daß die Kraft und Macht dieses Gepots stehet nicht im Feiren, sondern im Heiligen, also daß dieser Tag ein sonderliche heilige Ubung habe« (GrKat BSLK 584,94). »Du sollt den Feiertag heiligen. Was ist das? Antwort. Wir sollen Gott fürchten und lieben, daß wir die Predigt und sein Wort nicht verachten, sondern dasselbige heilig halten, gerne hören und lernen« (KlKat, BSLK 508). So läßt sich sagen, daß der Sonntag der Tag des lebendigen und wirksamen Gotteswortes ist. Darüber wird nicht so sehr gepredigt, obwohl das auch einmal notwendig und geboten sein kann. Vielmehr wird der Sonntag als dieser Tag des lebendigen Gotteswortes vollzogen, indem wir predigen. Es ist dann freilich gut, wenn gerade diese christologische Bestimmung des Wortes und der Predigt festgehalten wird, und mindestens dem klar ist, der zu predigen hat. Denn es liegt ja in dieser Tradition, die den Sonntag als den Tag des auferstandenen Herrn begeht, ein gewichtiger Anspruch vor, dem sich zu stellen hat, wer predigt.

Neben dieser wöchentlichen Feier der Auferstehung hat sich, auch schon relativ früh, eine jährliche Feier der Auferstehung durchgesetzt. Mit ihr haben wir uns nun zu befassen. Dabei geht es jetzt nicht um die liturgische Gestaltung des Osterfestes, sondern um die Osterpredigt. Ich muß dabei noch ganz kurz beim Äußeren bleiben:

Das Auferstehungsthema gehört sicher zu jedem Sonntag. Es gehört insbesondere dann zu den Sonntagen der Osterzeit, bis Pfingsten und Trinitatis. Aber es hat noch einmal sein Gewicht für die Predigt des Osterfestes, seiner Oktav, also des Sonntags Quasimodogeniti, und des Ostermontags, an dem wie an Ostern gefeiert und gepredigt wird.

Exkurs: Dazu nun doch ein Hinweis, der auch für den Pfingstmontag und den 2. Weihnachtsfeiertag gilt. An diesen Tagen ist, aus sehr verständlichen Gründen, der »Kanzeltausch« besonders beliebt. Da man der Gemeinde denselben Text nicht zweimal hintereinander zumuten will, werden dann auch die Perikopen der betreffenden Tage ausgetauscht. Dazu aber ist zu fragen: Einmal, ob sich die Texte von Ostern und Ostermontag ohne weiteres vertauschen lassen. Läßt sich am Osterfest genauso über die Emmausjünger predigen, wie am Ostermontag? Und ist es nicht durchaus sinnvoll, die Osterepistel 1 Kor 15 eben in der vorgeschlagenen Reihenfolge zu predigen, zuerst an Ostern v. 1–11, also die stärker behauptende Osterverkündigung, und dann am Ostermontag v. 12–20, die stärker reflektierende und argumentierende Auseinandersetzung mit der korinthischen Behauptung, es gebe keine Auferstehung der Toten? Das also die erste Frage: Lassen sich die Texte so leicht austauschen wie die Kanzeln bzw. die Prediger, die auf diese Kanzeln steigen? Und lassen sich die Predigten wirklich so leicht austauschen, daß das, was am einen Tag der einen Gemeinde gesagt wird, genauso am nächsten Tag für die andere Gemeinde paßt? Ich kenne die Situation des Pfarrers, der jeden Sonntag und Feiertag zweimal zu predigen hat, gut genug und kann darum einen solchen »Kanzeltausch« nicht grundsätzlich verbieten. Aber ich wollte doch gerne eine Bedingung nennen, deren Begründung erst in der formalen Homiletik gegeben werden kann: Die zweite Predigt, am nächsten Tag über denselben Text in der anderen Gemeinde, muß eine neue Predigt sein. Neu in dem Sinn, daß sie zu der anderen Gemeinde und auch zu der anderen Situation paßt. Das setzt voraus, daß die Predigt auf der Kanzel neu entsteht. Es genügt nicht, wenn dasselbe Manuskript noch einmal vorgelesen wird, mit den unabdingbaren redaktionellen Änderungen: Wir feiern heute das Osterfest – den Ostermontag. Am Morgen dieses Tages kamen die Frauen zum Grab – am Morgen des Ostertages … etc. Das wäre zu wenig, und niemand brauchte sich dann zu wundern, daß eine solche Predigt nicht paßt. Die Predigt hat vielmehr die neue Situation aufzunehmen, die andere Gemeinde und die andere Distanz zum Fest. Und das bedeutet wieder: Wer die Kanzel tauschen möchte, der muß so predigen können, daß die neue Predigt dann auch wirklich kommt. Das nicht nur, wenn die Kanzel getauscht wird: Sonntag für Sonntag ist auf der Kanzel die Predigt neu zu gestalten.

Nach diesem Vorspann nun aber zu unserer eigentlichen Aufgabe, der Osterpredigt. Sie ist ebenso unabdingbar wie problemgeladen. Nicht nur »der moderne Mensch« hat seine Probleme mit der Auferstehung. Aber er hat hier nun doch auch ganz spezifische Fragen. Als Grundregel will ich nennen: Bei der Auslegung und Predigt der Ostertexte darf das Denken auf keinen Fall verabschiedet werden. (Zur dogmatischen Fragestellung vgl. TRE IV, 547–575, Auferstehung dogmatisch. Ich habe da faktisch eine Monographie zu dem Thema vorgelegt, kann natürlich hier nicht wiederholen, was ich dort gesagt habe.) Eben weil wir damit Schwierigkeiten haben, hier richtig zu reden, müssen wir besonders sorgfältig reden. Dabei sollte mindestens der grundlegende sprachlogische Sachverhalt mit präsent sein. Sagen wir »Auferweckung« oder »Auferstehung«, dann reden wir analogisch: Es handelt sich hier um einen unserer Erfahrung und damit auch unserer Sprache entzogenen Vorgang, für den wir nur auf einen entsprechenden Vorgang hinweisen können: das Aufwecken und das Aufstehen eines Schlafenden. So ähnlich wie diesen Vorgang wollen wir uns Auferwecken und Auferstehen denken. Aber zugleich ist es doch anders, völlig anders; denn wir wissen genau: Der Tod ist kein Schlaf.

univok: Darum sollte sich dann unser Reden vor der Univokation hüten, die dieses Reden von Auferstehung und Auferweckung unglaubwürdig macht. Die plakative Formel »Jesus lebt« etwa provoziert ein solches Mißverständnis. Was ist hier mit dem Ausdruck »leben« gemeint? Weil nicht ausgeführt wird, daß das ein Leben ist, das den Tod hinter sich hat, und nicht vor sich, wie all das, was wir Leben nennen, darum ist solches Reden und Schreiben und Plakatieren unverantwortlich. Freilich gibt es viel solches Behaupten, das so tut, wie wenn hier verständlich geredet würde. Aber das ist doch nur ein scheinbares Verstehen, das die Gedankenlosigkeit fördert, und den vor den Kopf stößt, der denken möchte: »Ohne Auferstehung ist Jesus ein am Tode gescheiterter Phantast, sind die Christen geistige Habenichtse –, und Nachfolge Jesu wird dann zu einem törichten Theater solcher, die nicht alle werden. Christ wird man erst durch den Glauben an Christus, den Auferstandenen ... Wobei Christus ganz gewiß in diese Welt hinein auferstanden ist. Das ist der Sinn der Augenzeugenberichte von den Begegnungen mit dem Auferstandenen, auf denen die Evangelien und Paulus so beharrlich bestehen, auf jenen Augenzeugen, die als Reporter ernstgenommen und nicht als Spinner abqualifiziert werden wollen.« Daß der Prediger hier nicht denkt, sondern bloß daherredet, behauptend und assoziierend, wird am Fortgang deutlich. »In diese Welt hinein auferstanden, das bedeutet: Ihm ist diese Welt nicht gleichgültig, und seinen Jüngern, seiner Kirche, darf sie es auch nicht sein« – worauf dann eine paränetische Nutzanwendung folgt. Durch ein solches Gerede fühle ich mich an der Nase herumgeführt. Denn es tut so, wie wenn die Auferstehung ein innerweltliches Geschehen wäre. Daß die Auferstehungszeugen als Reporter ernstgenommen werden wollen, unterstreicht das besonders. Dabei weiß jeder Bibelleser sehr genau: so war es gerade nicht, und wird so auch nicht erzählt. Vielmehr ist die Rede von der Auferstehung Zeugnis, für das der Zeuge mit seiner Person einsteht, und gerade nicht die Reportage, die mindestens den Anschein einer am Geschehen nicht beteiligten Berichterstattung erweckt. Solches bloße Behaupten entfernt sich darum von dem, was es in Ausführung der biblischen Texte zu sagen hätte.

Sicher kann man auch anders bei der bloßen Univokation bleiben, bewußt. So in geläufigen Versuchen, Ostern verständlich zu predigen, ohne daß dabei dann das noch gesagt wird, was das biblische Osterzeugnis sagt: »Gibt es nicht in unserem Leben immer wieder den Augenblick, in dem alle Enttäuschung, aller Zweifel, alle Verzagtheit weicht? Gibt es nicht immer wieder jene Wandlung, in der wir wieder Vertrauen ins Leben fassen und Hoffnung für die Zukunft gewinnen? Ich denke: ja! Denn eben diesen Augenblicken, die ja nichts anderes sind als die Augenblicke erfahrener Liebe – diesen Augenblicken verdanken wir es doch, daß uns der Glaube an die Macht der Liebe, die in Jesus Gestalt angenommen hat, wiedererweckt wurde ... In diesen Augenblicken ist Jesus. Da ist er auf dem Plan als unser Weggefährte. Da begegnet er uns. Da geschieht Ostern.« Ich verstehe schon nicht, warum der Prediger hier von Augenblicken redet – die sind in einem Nu vorbei – und nicht von Zeiten. Aber davon einmal abgesehen wird hier auf Erfahrungen hingezeigt, die der Prediger gemacht hat, und seine Hörer auch, da er ja von »unserem Leben« redet. Und in solcher Erfahrung sind wir angeblich genauso dran wie die Emmausjünger, deren Geschichte der Predigt als Text zugrundeliegt. Was wir als diese Erfahrung kennen (sollen), das ist die Erfahrung, die dem Osterzeugnis zugrundeliegt. Auch hier fühle ich mich an der Nase herumgeführt. Nicht nur weiß ich nicht so ganz genau, ob ich das kenne, wovon der Prediger da redet, also diese Augenblicke, in denen wir wieder Vertrauen ins Leben fassen und Hoffnung für die Zukunft gewinnen. Das ist mir genauso ungreifbar und vage, wie wenn mir ein Gläubiger von dem tollen Erlebnis seiner Bekehrung erzählt. Um das nachzuvollziehen, müßte ich diese oder jene Erinnerung schon ganz gewaltig frisieren und schönen. Vielleicht käme dann ungefähr das heraus, wovon der Prediger spricht als davon, daß da Ostern geschieht. Doch ist nicht nur das Ungreifbare der Erfahrung, auf die da rekurriert wird, für mich das Problem. Erst recht weiß ich doch als Bibelleser ganz genau, daß hier etwas anderes beschrieben wird, als das, wovon die Osterzeugen reden. Ob ich mich da an die lukanische Datierung der Himmelfahrt halte und also sage: vierzig Tage lang ließ sich Jesus nach seiner Auferstehung sehen, oder ob ich mich an Paulus halte, der sagt, er sei der Letzte gewesen, von dem der Auferstandene gesehen wurde: Auf jeden Fall ist dieses Ostern ein Geschehen, das nicht noch jetzt immer wieder geschieht. Was wir erfahren können, ist allenfalls der Widerschein dieses Geschehens dort, wo dann uns das Auferstehungszeugnis der Auferstehungszeugen betrifft und in uns den Glauben weckt.

Es geht nicht an, von der Auferstehung univok zu reden. Damit wird die Predigt der Sache nicht gerecht. Es besteht freilich auch die andere Gefahr, nun statt dessen in ein äquivokes Reden zu verfallen und nur noch das andere, das Fremde zu betonen. Da wird dann beispielsweise von der ganz neu erschlossenen Wirklichkeitsdimension der Auferstehung geredet. Aber damit fange ich nichts an, weil diese Dimension mir selbst verschlossen ist. Oder man redet so: »Auferstehung – das ist das Geheimnis. Der geheimnisvolle Schleier, der über unserer Erzählung liegt (die Predigt hat Joh 21,1–14 als Text), ist ein Widerschein von diesem Geheimnis. Ohne die Auferstehung Jesu Christi ist kein Wort des Neuen Testamentes zu verstehen. So liegt also das ganze Neue Testament im Schatten – oder besser gesagt: im Lichte eines Geheimnisses. So steht am Anfang der christlichen Kirche ein Geheimnis, und zwar ein unzugängliches, das wir uns nicht begreiflich machen können, indem wir es historisch erforschen oder psychologisch uns verständlich zu machen suchen. Wer es versucht – und man versucht es immer wieder, weil man doch dahinterkommen möchte –, der hat am Ende ein Nichts in der Hand, irgend etwas anderes, nur eben nicht die Auferstehung.« So sehr damit zu Recht ein bloß univokes Reden von der Auferstehung abgewiesen wird, so problematisch ist es doch, wenn dann positiv geredet werden soll. Auch der hier angeführte Prediger kann da seine scharfe Abgrenzung nicht mehr durchhalten, kommt dazu, nun doch eben auch durch den Schleier durchzustoßen, von dem er redet. »Deutlich ist: Es geschieht ein Kommen und Auftreten Jesu, das für die Jünger alles ändert, das sie gewiß macht: Er lebt! Den wir am Kreuze sterben sahen, der lebt und wirkt und regiert.« Da wird nun das zunächst als so ganz unbegreiflich bezeichnete Geheimnis eben doch begreiflich gemacht, wenigstens ein Stück weit, wie das unumgänglich ist.

Soviel zunächst einmal als eine Überlegung, die gerade die Osterpredigt begleiten muß: Hier ist sorgfältig zu reden, damit wir als Prediger nicht in ein bloßes Behaupten abgleiten, ein Behaupten, das der Auferstehung gerade nicht angemessen ist. Solches Behaupten betont entweder, wie klar und einfach doch alles ist, oder es redet vom anderen, vom Unbegreiflichen, vom Geheimnis. Doch damit werden wir so oder so den Ostertexten nicht gerecht. Gerade hier darf das Verstehen nicht zu kurz kommen. Sonst kann die Osterpredigt nur als ein Appell bis zur Gemeinde durchdringen: Das muß eben geglaubt werden. Solches Appellieren und der dadurch ausgelöste Entschluß kann dann Realität wenigstens vortäuschen, auch wenn die Sprache der Predigt hier versagt hat. Das vor allem dann, wenn sich Prediger und Gemeinde auch affektiv treffen, etwa in der Polemik gegen den Unglauben, der Ostern nicht wahrhaben will. Doch damit bleibt die Predigt schuldig, was sie doch auch leisten muß: Zu einem Verstehen dessen anzuleiten, was Auferstehung Jesu Christi heißt. Ich mache dazu aufmerksam auf einen Sachverhalt, der so selbstverständlich ist, daß wir ihn häufig gar nicht bemerken: Verstehen, das heißt verknüpfen. Das, was verstanden werden soll, muß mit schon Verstandenem verbunden werden. Gelingt diese Verbindung, dann ordnet sich zusammen, was wir schon wissen, und was wir neu lernen. Sicher dann so, daß in solcher Zuordnung u. U. das schon Gewußte sich auch verändert, daß wir manches Verstandene besser verstehen, und vielleicht auch manches, was wir verstanden hatten, nun nicht mehr verstehen. Aber immer muß das Ziel sein, verstehend zusammenzubringen, zu verknüpfen.

Gerade wenn diese Aufgabe des Verstehens ernst genommen wird, zeigt sich die Schwierigkeit der Osterpredigt. Das nicht nur für uns, die eine sehr strenge und rationale Wirklichkeitsauffassung gelernt haben. Nichtverstehen und Nichtglauben gehören schon zu den Motiven der biblischen Osterüberlieferung mit dazu. Als die Frauen den Jüngern die Nachricht vom leeren Grab und die Botschaft der Engel überbrachten, da heißt es im Lukasevangelium: »Und es erschienen ihnen diese Worte, als wären's Märchen, und glaubten ihnen nicht« (24,11). Die Osterbotschaft trifft auf Unverständnis und auf Unglauben: Das soll die Osterpredigt ruhig aufnehmen und aussprechen. Hier sind wir heutigen Jünger Jesu nicht allzuviel anders dran als die damals. Wir haben den Vorsprung, daß das Ungewohnte und Neue für uns zu einem schon lange Bekannten und in vielen Hinsichten Durchdachten, Ausgelegten und Anerkannten geworden ist. Die damals hatten den Vorsprung der Unmittelbarkeit zu dem, was ihnen ausgerichtet wurde. Aber Verstehen und Glauben ist hier wie dort nicht das Selbstverständliche und Einfache, sondern das Unerwartete. Das soll an Ostern gesagt werden. Dabei ist dann zugleich die besondere Aufgabe der Predigt im Zusammenhang eines Ostergottesdienstes mit zu bedenken. Ich setze dabei voraus, daß dieser Ostergottesdienst je länger desto mehr als Abendmahlsgottesdienst gefeiert wird. Gerade dann ist die Aufgabe der Predigt, einzuladen zur Feier und einzulassen in diese Feier. Was hier im Gottesdienst vollzogen wird, in der Liturgie, im Singen der Osterchoräle, in der Feier des Mahles, die hoffentlich gerade hier dann die solenne Eucharistie einschließt, das bringt die Osterbotschaft zum Ausdruck. Solche Feier kann mitnehmen und soll mitnehmen. Die Gemeinschaft trägt da. Nicht nur die Gemeinschaft derer, die sich hier an diesem Ort versammelt haben, sondern die Gemeinschaft der katholischen Kirche, die die Auferstehung Christi feiert. Die Gestalt der Feier, die Worte, die dabei gebraucht werden, das Bekenntnis, das gesprochen wird, das sind Vorgaben, durch die die aktuelle Feier einbezogen ist in diese Gemeinschaft der Kirche, die Ostern feiert.

Die Predigt, die einlädt zu dieser Feier, einläßt in die Zeit Gottes für uns, die gerade hier nicht nur durch das Wort repräsentiert ist, sondern durch den ganzen, hoffentlich sorgfältig gestalteten und gelungenen gottesdienstlichen Vollzug, muß verknüpfen und verständlich machen. Das kann dann so geschehen, daß sie reflektierend einander gegenüberstellt, was der gottesdienstliche Vollzug zusammenfügt: die Botschaft und den Menschen, der diese Botschaft hört. Sie wäre damit zugleich Anwalt dessen, der aus einer scheinbar von Ostern nicht berührten Todeswelt kommt und in diese Welt zurückkehrt, und sie wäre zugleich der Ausgriff der Osterbotschaft in diese Welt hinein, die nur scheinbar die Todeswelt sein kann, wenn sie doch die Welt des lebendigen Gottes ist. Bringt die Osterpredigt das Nichtverstehen und Nichtglauben zur Sprache, angesichts der Osterbotschaft und ihrer Feier, dann hält sie damit dem die Stange, der es hier schwer hat, und sich nicht einfach in eine Zustimmung hineinziehen läßt, die dann bloß noch Teilnahme an der Feier der Gemeinschaft ist. Also eine Art fides implicita: ich gehöre mit zur feiernden Gemeinschaft, will dazugehören, und trete darum die Frage nach dem Recht und dem Grund der Feier an die Gemeinschaft ab. Wo man sich bloß von der Feier tragen läßt, etwa von dem ästhetischen Genuß einer Feier der Osternacht, liegt eine solche fides implicita nahe. Die Folge ist dann, daß das Ende der Feier auch das Ende der Teilnahme bedeutet, weil der so Feiernde dann in eine ganz andere Welt entlassen wird, die nicht mit der österlichen Feier verknüpft ist. Wenn die Osterpredigt in der Feier das Nichtverstehen- und Nichtglaubenkönnen zur Sprache bringt, gewährt sie dieser scheinbar ganz anderen Welt in der Feier einen Raum, und wehrt damit der bloßen Teilnahme; Osterglaube hat sich angesichts der Welt verständlich zu machen, wenn er dauern will.

Das bedeutet dann aber nicht nur, daß in der österlichen Feier die scheinbar so ganz andere Welt zur Sprache gebracht wird. Vielmehr ist dann auch in dieser scheinbar so ganz anderen Welt Ostern aufzusuchen. Auch und erst recht so kann es zum Verknüpfen und Verstehen kommen. Ich kann hier nun freilich nicht alle Möglichkeiten durchspielen, die sich für ein solches Verknüpfen ergeben. Ich nenne nur dies: solche Osterpredigt sucht das Leben auf, und sie widerspricht dem Tod. Dazu erinnere ich an die sprachlogische Überlegung, mit der ich einsetzte: auch hier muß dann klar sein, daß wir analogisch reden. Doch der Ausdruck »Leben« hat dabei einen univoken Kern. Dort, wo das Leben sich als Gottes Leben zu erkennen gibt, kann in dieser Welt und also diesseits der Todesgrenze auf das Auferstehungsleben hingewiesen werden. Das ist dann freilich ein schwieriges Geschäft, und dabei gerät einer leicht auch auf Abwege. Doch das muß riskiert werden, wo nicht die Osterpredigt zwischen Äquivokation und Univokation hin- und hergerissen unverständlich bleibt.

Ein Beispiel: Der Prediger redet von Ostern als dem Urfest der Kirche, und setzt mit einer geschichtlichen Erinnerung ein: »Zweifellos war Ostern in seinen Ursprüngen ein reines Naturfest ... Aber dieses Frühlingsfest wurde erhöht und durchgeistigt. Schon im alten Israel. Dort wurde es zum Tag der Erinnerung an die Befreiung aus der ägyptischen Knechtschaft und die Geburtsstunde des Volkes. Und wiederum bekam das Fest einen neuen Inhalt, eine neue Würde durch die Botschaft der Auferstehung des Christus an diesem Tag. Diese brachte den wahren Frühling der Menschheit, den Sieg über den Tod. Und nun klang beides zusammen, Frühlingsfreude und Auferstehungsjubel: ›Die ganze Welt, Herr Jesu Christ, zu deiner Urständ fröhlich ist‹ ... Frühlingswehen und Auferstehen, dieses Neben- und Ineinander ist eben kein Zufall, oder doch Zu-fall im tiefsten Sinn dieses Wortes, daß das zueinander fällt, was zusammengehört.« Solches Verknüpfen kann leicht in ein Harmonisieren auslaufen, das Gottes Leben hineinzieht in Natur und Menschsein, Auferstehung wieder naturalisiert. Von hier aus ist es nicht mehr allzu weit bis hin zum Osterspaziergang aus dem Faust: »Jeder sonnt sich heute so gern. Sie feiern die Auferstehung des Herrn, denn sie sind selber auferstanden, aus niedriger Häuser dumpfen Gemächern, aus Handwerks- und Gewerbes-Banden, aus dem Druck von Giebeln und Dächern, aus der Straßen quetschender Enge, aus der Kirchen ehrwürdiger Nacht sind sie alle ans Licht gebracht.« Da bleibt es bei dem Frühlingsfest und die Auferstehung des Herrn ist allenfalls überhöhende

Vorstellung, das Symbol des eigenen Lebens in der wiedererwachenden Sonne. So hat es die zitierte Predigt nicht gesagt und nicht gemeint. Sie führt weiter, zu der persönlichen Aneignung der Auferstehung. Diese soll in der Nachfolge Jesu Christi geschehen. Es brauche da die Freiheit, in der einer zu sich selbst gefunden hat, und dann dieses freie Ich hingegeben hat, wie Jesus selbst. »Dieses Stirb und Werde sprengt alle unsere Begriffe und Vorstellungen. Man kann es nur erfahren, ganz persönlich durch Ichwerden und Ichhingeben. ›Und solang du das nicht hast, dieses Stirb und Werde, bist du nur ein trüber Gast auf der dunklen Erde‹, mitsamt all deiner Frömmigkeit und mitsamt all deiner Wissenschaft. Wo das aber Wirklichkeit wird, dieses Ichwerden und Ichhingeben, da mag es auch für uns geschehen ›am dritten Tag‹, das heißt, wenn unsere Stunde, wenn Gottes Stunde gekommen ist, daß wir den Christus als den Lebendigen erfahren, daß auch wir es sagen können und dürfen: Ich lebe. Doch nun nicht ich, sondern Christus lebt in mir!« Auch hier, wo die Aneignung beschrieben wird, zeigt sich die Nähe des Predigers zu einer bestimmten Bildungstradition, von der wir uns heute immer weiter entfernen. Hier wird Goethe zitiert, sein Wort zur Interpretation Jesu herangezogen. Aber zugleich zeigt der Prediger auf das Zusammenfallen unserer Stunde und der Stunde Gottes in solcher Erfahrung, bleibt gerade hier also nicht bei dem Begreiflichen und nicht bei dem, was in unserer Macht steht, sondern weist auf ein Bestimmtwerden durch Gottes Leben selbst.

Solches das gegenwärtige Leben durch die Auferstehungsbotschaft überhöhende Verknüpfen deutet eine Möglichkeit der Osterpredigt an. Es ist dort zu kritisieren, wo in solchem Verknüpfen die Auferstehungsbotschaft an gegenwärtig erfahrenes Leben gefesselt wird, in die bloße Univokation hineingerät. Gottes Schöpfung und seine neue Schöpfung sind aber nicht nur unterschieden und durch die Sünde des Menschen in Gegensatz zueinander geraten. Sie gehören auch zusammen; deshalb kann einer an Ostern so reden, wie das Beispiel das angedeutet hat.

Es geht freilich auch andersherum: Nicht im Anknüpfen und Überhöhen der Erfahrung gegenwärtigen Lebens, sondern in der Negation des Todes. Auch dazu ein Beispiel: »Man hat Jesus ins Grab gelegt. Sein Tod steht fest. Er wird nicht in Frage gestellt. Aber in Frage gestellt wird, ob der Tod Jesu das letzte Wort seiner Geschichte ist. Auferstehung bedeutet, daß Gott in der Geschichte Jesu Christi das letzte Wort gesprochen hat und deshalb auch in unserer Geschichte das letzte Wort sprechen wird, und nun eben ein gutes Wort, ein bejahendes Wort, ein lebendigmachendes Wort. Zuerst lacht der Tod und seine Gesinnung im Menschen. Doch wer zuletzt lacht, lacht am besten« . . . Das wird dann weiter ausgeführt. Die Predigt zitiert aus Luthers Lied »Ein Spott aus dem Tod ist worden«. Und sie fragt, wie man das mache, den Tod verspotten. »Der schlimmste Spott auf den Tod ist der Lobpreis des Lebens, des ewigen und zeitlichen Lebens. Das ewige Leben preisen heißt: sich die Lebensgemeinschaft Jesu Christi gefallen lassen. Das zeitliche Leben preisen heißt: der tödlichen Gesinnung auf Erden einen Riegel vorschieben und diesen Riegel, was immer und wer immer daran rütteln mag, auf keinen Fall mehr zurückbewegen. Keine Schüsse, keine Flammen, keine Steine – das heißt den Tod verspotten.« Der Widerspruch gegen den Tod soll hier das Verstehen dessen ermöglichen, was Auferstehung heißt. In diesem Widerspruch werden das Leben in dieser Welt und Jesu Auferweckung miteinander verknüpft. Problematisch ist dabei allenfalls, wie hier zeitliches und ewiges Leben unterschieden werden. Denn da gerät das Verstehen, das doch Erfahrung des Lebens in dieser Welt und die Feier der Auferstehung verknüpfen soll, leicht ins Unterscheiden: Das analogische Verstehen fällt auseinander in Äquivokation – die Lebensgemeinschaft mit Jesus

Christus als eine Größe ganz eigener Art, und Univokation – ein Eintreten fürs Leben in der vom Hörer geforderten Überwindung der tödlichen Gesinnung und der aus ihr folgenden Taten.

Die Osterpredigt muß so verknüpfen, indem sie ausgreift in diese Welt und hinzeigt auf das Leben, das auf Gott verweist und auf das Auferstehungsleben, und hinzeigt auf den Tod und das, was Gottes Leben widerspricht. So kann die Osterbotschaft verbunden werden mit dem, was einer kennt, als Leben in dieser Welt kennt. Und dabei wird dann deutlich, wie das Neue und andere, wie das Geheimnis der Auferstehung doch zugleich zusammengehört mit dem Bekannten, dem Leben und dem Widerspruch gegen den Tod. Nur beiläufig mache ich darauf aufmerksam, daß der Zuspruch gerade hier eine notwendige Funktion hat: Der Hörer wird auf die Wirklichkeit des Auferstehungslebens in dem Tun verwiesen, das von ihm erwartet wird. Doch ist mit dem, was ich hier angedeutet habe, erst ein Teilmoment dessen genannt, was als Verknüpfung der Osterbotschaft mit dieser Welt deren Verstehen ermöglichen kann. Es ließe sich da von der eher apologetischen Seite der Osterpredigt reden, die sich dem verständlich machen will, der von draußen kommt. Diese apologetische Intention hat ihr Recht. Denn Draußen und Drinnen sind gerade in Hinsicht auf die Osterbotschaft sehr grobe Unterscheidungen. Wer ist da schon drinnen – so drinnen, daß er sich als Hörer oder auch als Prediger voll mit dieser Botschaft identifizieren kann? Darum ist solches Verknüpfen der mit der Botschaft identifizierenden Feier und einer Welt, in der der Sieg des Lebens jedenfalls nicht offenkundig ist, nötig. Doch verstehendes Verknüpfen hat noch andere Aufgaben als die, auf die ich hier besonders ausführlich eingegangen bin.

So sehr die Auferstehung Jesu ein einmaliges Geschehen ist, so wenig darf sie doch isoliert werden. Die Osterpredigt hat auch und vielleicht zuerst die Aufgabe, dieses Tun Gottes mit anderen großen Taten Gottes in der Gottesgeschichte zu verknüpfen. Ich erinnere dazu zunächst an die Gottesprädikation, die Röm 4,17 angeführt ist. Da ist von Abraham, dem Vater der Glaubenden die Rede, »vor Gott, dem er geglaubt hat, der da lebendig macht die Toten und ruft dem, was nicht ist, daß es sei«. Die Formulierungen kommen einzeln auch in jüdischen Gebeten vor, Schöpfung aus dem Nichts und Auferweckung der Toten als Tat Gottes. Hier ist beides zusammengebunden, die Großtat des Anfangs und die Großtat der Vollendung. Daran mag man sich dort erinnern, wo die Welt nicht mehr offen erscheint, sondern verschlossen in einem gesetzmäßigen Ablauf, in dem das Leben den Tod immer nur vor sich, aber nie hinter sich haben kann. Ostern und die Predigt an Ostern nimmt diese Bestimmung Gottes auf.

Spezifischer für den Zusammenhang der Gottesgeschichte ist es, daß Ostern mit dem jüdischen Passa zusammenhängt. Ich habe über dieses Fest schon im Zusammenhang des zweiten Paragraphen geredet, wo ich von der Zeit des Sakramentes sprach. Jetzt kommt es mir vor allem darauf an, auf die Zusammengehörigkeit bestimmter Stationen der Gottesgeschichte hinzuweisen: Befreiung aus Ägypten, das Jes 28,15.18 als Tod und Hölle bezeichnet wird (vgl. die beherrschende Rolle des Totenkultes), und Auferweckung Jesu. Teilen wir auf, dann gehört Passa zusammen mit der Einsetzung des Abendmahls zum Gründonnerstag – vielleicht auch zum Karfreitag, wenn wir der johanneischen Chronologie folgen wollen, nach der Jesus zur selben Stunde starb, in der die Osterlämmer geschlachtet wurden. Aber die Heilstat Gottes läßt sich nicht zerstückeln, und dann stückweise feiern. Im »Gedächtnis« versammelt sich vielmehr dieses Heilshandeln, und so kann es dann auch die Predigt zur Sprache bringen. Dazu führe ich nun einen jüdischen Text an, den Jerusalemer Targum zu Ex 12,42: »Vier Nächte sind im Buch der Erinnerung vor dem Herrn aufgeschrieben. Die erste Nacht, da er sich offenbarte, um die Welt zu schaffen. Die zweite, da er sich Abraham offenbarte. Die dritte, da er sich in Ägypten offenbarte und seine linke Hand jede Erstgeburt der Ägypter tötete und seine rechte Hand die Erstgeborenen Israels errettete. Die vierte, da er sich offenbaren wird, um das Volk, das Haus Israels aus den Völkern herauszulösen. Und sie alle nennt er Nächte, die zu beobachten sind. Deshalb hat es Mose erklärt und gesagt: Beobachtet für die Erlösung ist sie vor dem Herrn, um das Volk, die Kinder Israels, aus dem Lande der Ägypter herauszuführen; diese selbe Nacht ist beobachtet vom Würgeengel zugunsten aller Kinder Israel in Ägypten, und ebenso, um sie aus ihren Exilsländern zu erlösen in ihren Generationen« (zit. nach P. Billerbeck 4,1, 1928, 55f). Da kommt in dieser einen Nacht des Gedenkens zusammen, was chronologisch alle Zeit umspannt: die Schöpfung und das Eschaton – und dazwischen die Verheißung Gottes an Abraham und die Ausführung aus Ägypten. Die Osterpredigt wird so zusammenfassen können. Ich erinnere an Luthers Osterlied: »Hie ist das rechte Osterlamm, davon wir sollen leben, das ist an des Kreuzes Stamm in heißer Lieb gegeben. Des Blut zeichnet unsre Tür, das hält der Glaub dem Tod für, der Würger kann uns nicht rühren« (EKG 76,5).

Auch dazu will ich ein Beispiel nennen, nicht unmittelbar zeitgenössisch, sondern aus einer Predigt von Ludwig Hofacker, der als Thema von Jesus dem Todesüberwinder sprechen will. Das geschieht dann in den beiden Teilen: 1. Was der Tod ist ohne Christus und 2. was er geworden ist durch Christus. Die Predigt schildert die Macht des Todes, der der Mensch durch seine Sünde verfallen ist. Dabei wird dann mit dem Tod zusammen das Gericht genannt. »Denn das wartet nach dem Tode auf die Menschen, wenn sie ohne Christus sterben. Der Tod ist für sie der finstere Übergang zum Gericht, zur Ernte dessen, was sie gesäet haben, zur Vergeltung dessen, was sie gedacht, geredet, getan haben. Das macht den Tod erst zum Tode, das macht ihn erst bitter! Denn der Stachel des Todes ist die Sünde.« Dem wird Leiden, Sterben und Auferstehen Jesu entgegengestellt. »Nun geht es im Tode nicht mehr dem Gerichte entgegen, dem unerträglichen Gerichte Gottes, sondern die Sünden sind vergeben, sind ausgetan und ausgelöscht im Blute des Lammes; es ist eine ewige Erlösung erfunden. Nun läßt es sich im Glauben an Jesum gar sanft, gar ruhig hinsterben . . .« Und diese Heilstat Jesu Christi wird dann noch einmal im Lob rekapituliert: »Tod! Wo ist nun dein Stachel? Hölle! Wo ist nun dein Sieg? Ja, es hat überwunden der Löwe aus dem Geschlechte Juda, und an seinem Siege haben wir armen Sünder auch Teil. Durch seine Menschwerdung und Geburt, durch seinen dreiunddreißigjährigen mühseligen Lauf auf Erden, durch seine vielen sauren Tritte, durch sein Leiden und Sterben, durch sein Blutvergießen und Auferstehen, dadurch hat Er die Sünde getötet, und eben dadurch dem Tode die Macht genommen. O große Erlösung! Große Freiheit! Was hälfe es mir, wenn ich im größten Reichtum säße, und müßte ein elender Sklave der Furcht des Todes sein? Was hälfe es mir, wenn ich alles Wohlleben auf dieser Erde genösse, und ich wüßte nicht, wann mich der Tod ergreifen und der Hölle zuführen würde? Was hälfen mir achtzig Jahre, die ich auf dieser Erde in lauter Freude und Wohlsein zubrächte, wenn es dann hieße: auf, Mensch! Du mußt sterben und danach das Gericht, und ich müßte in eine finstere, verzweiflungsvolle Ewigkeit hineingehen, weil ich ein Sünder bin. Was hälfe es mir? Nichts, gar nichts. Aber nun weiß ich etwas ganz anderes. Nun weiß und glaube ich, daß die Kraft des Verdienstes Christi so groß ist, daß ich, obgleich ein schnöder Sünder, doch nicht im Tode verloren gehe, sondern

Leben habe, ewiges Leben bei dem Herrn allezeit.« Die rhetorische Kraft solcher Rede ist beeindruckend, auch wenn wir heute kaum mehr so predigen können.

Alle Möglichkeiten der Osterpredigt lassen sich hier nicht anführen. Nur an eines erinnere ich noch: an die Verknüpfung von Ostern und Taufe, wie sie bei Paulus und in seiner Schule da ist. Ich führe dazu Röm 6, 3–6 an: »Oder wisset ihr nicht, daß alle, die wir in Jesus Christus getauft sind, die sind in seinen Tod getauft? So sind wir ja mit ihm begraben durch die Taufe in den Tod, damit, gleichwie Christus ist auferweckt von den Toten durch die Herrlichkeit des Vaters, also sollen auch wir in einem neuen Leben wandeln. Denn wenn wir in ihn eingepflanzt sind zu gleichem Tode, so werden wir ihm auch in der Auferstehung gleich sein, weil wir ja wissen, daß unser alter Mensch samt ihm gekreuzigt ist, damit der Leib der Sünde aufhöre, daß wir hinfort der Sünde nicht dienen.« Dieser Text gehört nicht zu den Osterperikopen, wie ich ausdrücklich bemerke, sondern ist Epistel für den 6. S. n. Trin. Aber es geht mir hier um den Sachverhalt solcher Verknüpfung von Taufe und Ostern. Ostern ist ja alter Tauftermin, samt seiner Oktav, dem Sonntag Quasimodogeniti – als die neugeborenen Kindlein, 1. Petrus 2,2 (vgl. »weißer Sonntag«). Gerade in diesem Zusammenhang hat dann auch der Zuspruch des neuen Lebens seinen Ort. Darüber brauche ich hier nicht mehr eigens zu handeln (vgl. § 4,2.).

2. Die Himmelfahrtspredigt

Bleiben wir bei unseren Überlegungen zum Kirchenjahr in der Osterzeit. Ich kann da nun nicht die einzelnen Sonntage durchgehen, greife nur Himmelfahrt und Pfingsten heraus. Himmelfahrt ist ein Festtag, der mit der lukanischen Datierung zusammenhängt. Wir haben sicher damit einige Schwierigkeiten, nicht nur deshalb, weil dieser Herrentag zum Tag der feuchtfröhlichen Herrenpartien säkularisiert worden ist. »Wir wollen einmal sehen, wie er sich aus der Affäre zieht«: Das habe ihr Vater auf dem Weg zu einer Himmelfahrtspredigt zu ihr gesagt, erzählte mir meine Mutter. So konnte der liberale Theologe sagen, sichtlich froh darüber, daß er an diesem Tag nicht selbst auf die Kanzel steigen mußte. Das ist verständlich: Die Himmelfahrtsvorstellung in Apg 1 paßt nicht zu unserem Denken, darin der Geschichte vom leeren Grab Jesu vergleichbar. Sie verführt zur Univokation, wo wir analogisch reden sollten. Sie nötigt darum zur kritischen Auseinandersetzung. Gewiß ist eine solche Auseinandersetzung auch vermeidbar, dann, wenn der Text Apg 1,1–11 umgangen wird und das Thema der Erhöhung Jesu Christi von anderen Texten her traktiert wird. Wem es geht wie meinem Großvater, der mag sich damit behelfen.

Doch ist damit die Aufgabe nicht erledigt; denn die Himmelfahrtsgeschichte bleibt dann unausgelegt stehen. Es wäre nicht gut, wenn wir hier den Predigthörern Wichtiges schuldig blieben. Ich führe auch dazu ein Predigtbeispiel an. Der Prediger setzt mit dem Hinweis darauf ein, daß Himmelfahrt ein Freudenfest sei. Um das richtig zu verstehen, müßten wir durch das grobe, äußerliche Verstehen dieser Geschichte zu einem tieferen, geistlichen Verständnis durchdringen. Dazu wird dann zunächst ausgeführt: Himmelfahrt ist nicht ein Fest des Abschieds, obwohl es auf den ersten Blick so scheinen kann. Abschied genommen von seinen Jüngern hat Jesus am Gründonnerstag, als er einsam in sein Leiden und Sterben ging, auch von seinen treuesten Jüngern verlassen. Dagegen ist er uns durch seine Erhöhung nicht ferne gerückt, sondern nahe gekommen. »Daß er von der Erde in den Himmel aufgefahren ist, das will nichts anderes besagen als: Er ist über die Grenze hinweggeschritten, die unserem irdischen Leben gesetzt ist. Er hat Raum und Zeit hinter sich gelassen, und die Gesetzmäßigkeit, die besagt: Ein Meter und ein Kilometer und tausend Kilometer, das sind Strecken, zu deren Überwindung wir Zeit brauchen. Darum kann nichts Irdisches gleichzeitig an mehreren Orten sein. Wir versuchen zwar mit unseren Eisenbahnen und Autos und Überschallflugzeugen die Zeit immer mehr zu verkürzen, die wir brauchen, um von einem Ort zum anderen zu kommen. Doch nie werden wir die Grenze überschreiten, die der Herr mit seiner Erhöhung überschritten hat, die Grenze, die unser Dasein von der göttlichen Allgegenwart trennt. Weil er mit seiner Himmelfahrt diese Grenze überschritten hat, darum ist uns der Herr durch seine Himmelfahrt nicht fern gerückt, sondern nahe gekommen. Himmelfahrt ist darum nicht ein Fest des Abschieds, sondern der Ankunft.« Diese Ankunft wird dann weiter ausgeführt mit dem Verweis auf die Gegenwart Christi in seinem Wort, im Sakrament, in den Brüdern. Das ist alles recht dogmatisch gesagt. Aber es ist wenigstens eine solide lutherische Dogmatik, die sich nicht scheut, die communicatio idiomatum auch in ihrem genus majestaticum ernst zu nehmen. Gewiß besteht da dann die Gefahr, in der Abwehr eines univoken Verständnisses von Himmelfahrt – daß Jesus da nach oben gefahren ist wie in einem Fahrstuhl, bis er dann irgendwann einmal oben angekommen ist – nun in ein äquivokes Verstehen oder Nicht-mehr-Verstehen zu geraten. Aber in der Ausführung der Nähe des Erhöhten kann die Predigt dem schon entgehen.

Wird hier dogmatisch gepredigt, von einer hochentwickelten und auch komplizierten christologischen Konzeption her, dann liegt das durchaus im Duktus des Himmelfahrtsfestes, das mit der Erhöhung Christi ja einen entscheidenden, für die Ausbildung der dogmatischen Christologie unentbehrlichen Topos zum Gegenstand hat. Gerade deshalb gehört zu diesem Tag und der Himmelfahrtspredigt, daß sie den universalen Anspruch Christi ausführt. Ich erinnere dazu an das, was ich über christologische Engführung sagte, die Gefahr einer soteriologischen oder ethischen Verengung der Predigt, die nicht mehr die Weite der Welt auffassen kann. Hier läßt sich von der Erhöhung aus der universale Anspruch der Königsherrschaft Jesu Christi darlegen. Dabei ist es dann freilich auch gut, wenn die Predigt bei allem Rühmen den Mund nicht zu voll nimmt. So gewiß er der Herr ist, so gewiß ist doch diese Herrschaft verborgen. »Und da er solches gesagt, ward er aufgehoben zusehends, und eine Wolke nahm ihn auf vor ihren Augen weg. Und als sie ihm nachsahen, wie er gen Himmel fuhr, siehe, da standen bei ihnen zwei Männer in weißen Kleidern, welche auch sagten: Ihr Männer von Galiläa, was stehet ihr und sehet gen Himmel? Dieser Jesus, welcher von euch ist aufgenommen gen Himmel, wird so kommen wie ihr ihn habt gen Himmel fahren sehen« (Apg 1,9–11). Die Differenz zwischen der Herrschaft, die Jesus Christus jetzt schon übt, und der zukünftigen Offenbarung darf also nicht vergessen werden.

3. Pfingsten

Zur Systematik des Kirchenjahres habe ich bemerkt, daß ich auch Pfingsten als Christusfest verstehen möchte. Das nicht nur deshalb, weil es als der fünfzigste Tag nach Ostern in seinem Datum von Ostern abhängt. Thema dieses Festes ist vielmehr die Christuspredigt durch die Apostel bzw. durch die Kirche. Gewiß kann man sagen: Pfingsten ist das Fest des Hl. Geistes. Damit ist aber noch nicht viel gewonnen. Man kann hier eine andere als die christologische Systematik versuchen, die drei Hauptfeste Weihnachten, Ostern und Pfingsten auf die Trinität beziehen. Ich führe dazu Hans-Georg Fritzsche an: »Pfingsten als das dritte der drei christlichen Hauptfeste hat sich herausgebildet in Entsprechung zum trinitarischen Gottesbegriff. Der Sonntag nach Pfingsten, das Trinitatisfest, faßt noch einmal besonders diese Dreiheit zusammen, die sich auch in der Dreiheit der Glaubensartikel ausspricht ... Pfingsten ist Besinnung auf das Wirken des *Heiligen Geistes*, durch dessen Kraft die Kirche in die Völkerwelt eintrat und in welchem sie überhaupt Bestand und Vollmacht hat. Ostern als das Fest des *Sohnes* steht dem voran als der eigentliche geschichtliche Ursprung des Christentums und als ein dieses stets erneuernder Impuls, ebenso wie Weihnachten voransteht als das Fest des den Sohn sendenden *Vaters*, das in grundsätzlicher Weise im Evangelium von der Menschwerdung Gottes etwas über Ursprung, Sinn und Ziel der Menschenwelt überhaupt offenbart« (Hauptstücke des christlichen Glaubens, 1977, 126). Das ist nicht nur historisch falsch, und in der gezwungenen Interpretation von Weihnachten als Fest des den Sohn sendenden Vaters trinitätstheologisch nicht genau gedacht; denn das Kommen des Sohnes ins Fleisch ist ein Werk der ganzen Trinität. Es ist gerade für die Bestimmung des Pfingstfestes außerordentlich problematisch. Denn wo die Geistausgießung einen eigenen Rang erhalten soll, gerät sie nur zu leicht in den Sog der Ekklesiologie. Da wird dann Pfingsten zum Fest der Kirche, zu ihrer Geburtsstunde oder wie immer man das ausdrücken mag. Bei Fritzsche ist denn auch diese Betonung der Kirche im Zusammenhang mit Pfingsten die logische Folgerung. »Wenn das Wesen und Dasein der Kirche besonders geknüpft wird an ein drittes Heilsgeschehen, die Ausgießung des Heiligen Geistes, so entspricht das nicht nur dem geschichtlichen Aspekt, daß es einer Entwicklung von der ersten Jüngerschaft Jesu zur Kirche bedurft hat, ... sondern hat dies einen grundsätzlich sachlichen Sinn im Einschärfen des Gegensatzes von: Geist und Fleisch, Heiligem Geist und Lügengeist, alt und neu, Gottesherrschaft und Welt der Sünde. Das Anders und Neu, was ›Heiligung‹ als Absonderung und erwählende Herausnahme aus der ›Welt‹ besagt, ist der wesentliche Inhalt des Glaubens an den Heiligen Geist und betrifft nicht weniger das Wesen des Christenstandes des einzelnen als Wesen und Eigenart der Kirche als Sammlung und Gemeinschaft der Heiligen« (a.a.O. 127). Damit ist der unanschauliche Geist in seiner Wirksamkeit an die Anschauung der Kirche herangerückt. So sehr es richtig ist, daß die Kirche Werk des Hl. Geistes ist, so problematisch ist doch diese Anschauung. Die Gestalt des Geistes ist doch das gepredigte Wort Christi. Gerade die reformatorische Theologie, insbesondere die Theologie, die sich Luther verpflichtet weiß, muß das betonen. Ekklesiologie, die Anschauung der Kirche, darf sich nicht gegenüber der Christologie verselbständigen. Pfingsten ist zuerst die Feier des gegenwärtigen, im Wort gegenwärtigen Christus, und nur so dann auch Fest der Kirche. Darum ist es nicht gleichgültig, wie Pfingsten als Fest des Hl. Geistes verstanden wird: ob auf die Kirche hin, ekklesiologisch ausgerichtet, oder eben auf Christus hin. Will man das sinnenfällig machen, so muß hier dann in der Tat über die liturgische Farbe Rot oder Weiß gestritten werden. Vor allem aber geht es um die Frage nach der richtigen Pfingstpredigt. Nicht die Kirche soll Thema dieser Predigt sein, sondern das geistesmächtige Christuswort. Das ist meine These, und wenn ich dafür plädiere, Pfingsten als Christusfest zu verstehen, dann eben so, daß hier nun das Wort im

Mittelpunkt stehen soll. Sicher nicht in Konkurrenz zum Geist; doch so, daß die Anschauung des Geistes im Wort gegeben ist.

Dazu erinnere ich zunächst an die Pfingstgeschichte aus Apg 2,1–18, die als Epistel zu diesem Tag gehört. Was da unter dem Reden in anderen Zungen zu verstehen ist, will ich jetzt nicht lange erörtern. Wahrscheinlich ist bewußt doppeldeutig formuliert: Einmal wird erinnert an die den hellenistischen Lesern des Lukas wohlbekannte Glossolalie, das ekstatische Geistphänomen. Und andererseits ist ein Sprachwunder beschrieben: jeder der Anwesenden aus den unterschiedlichen Völkern hört da in seiner eigenen Sprache die großen Taten Gottes preisen. Darauf wird es bei der Predigt dieses Textes ankommen, herauszustellen, daß es dort zum Hören und Verstehen kommt, wo ein Hören und Verstehen eigentlich gar nicht möglich ist. Das wird dann erst recht durch die Petrusrede unterstrichen, die der staunenden Menge deutet, was hier vor sich geht. Ich will diese Rede nicht lange rekapitulieren, weise nur auf ihren christologischen Inhalt hin. Zwar beginnt diese Rede damit, daß sie unter Verweis auf Joel 3,1–5 das Geschehen als die verheißene Geistausgießung bestimmt. Doch dann geht Petrus auf die Christologie über, nennt und erläutert die Christusverkündigung, um schließlich auch den ausgegossenen Geist als den Geist Christi zu bestimmen: »Nun er durch die Rechte Gottes erhöht ist und empfangen hat den verheißenen Heiligen Geist, hat er ausgegossen, was ihr hier sehet und höret« (Apg 2,33). Der Geist ist also der Geist von Christus, und was er sagen und verstehen lehrt, ist die Botschaft von Christus.

Das wird erst recht unterstrichen durch das Evangelium des Tages, Joh 14,23–29. Dazu ist zunächst noch ein etwas allgemeinerer Hinweis zu geben. Die Sonntage der österlichen Freudenzeit bis einschließlich Pfingsten haben alle als Evangelium einen Text aus Johannes. Das beginnt an Quasimodogeniti mit Joh 20,19–31, der zweifachen Erscheinung Jesu zunächst vor den Jüngern und dann über acht Tage auch vor Thomas. An Miserikordias Domini ist dann der Text aus Joh 10 genommen, der Hirtenrede. Die weiteren Texte stammen alle aus den Abschiedsreden des Johannesevangeliums. Man hat gerade das Johannesevangelium, und hier diese Redenstücke, der Osterzeit zugeordnet, als besonders festliche und hochgeschätzte biblische Texte. In dem Pfingstevangelium ist zunächst von der Liebe die Rede: »Wer mich liebt, der wird mein Wort halten; und mein Vater wird ihn lieben, und wir werden zu ihm kommen und Wohnung bei ihm machen. Wer aber mich nicht liebt, der hält meine Worte nicht. Und das Wort, das ihr höret, ist nicht mein, sondern des Vaters, der mich gesandt hat.« Ich will, ohne hier nun ausführlich auszulegen, an die Bezeichnung des Hl. Geistes als Liebe, amor, erinnern. Der Geist kommt mit der Liebe, die Liebe kommt durch den Geist, wozu ich jetzt nur auf Röm 5,5b verweisen will: »Denn die Liebe Gottes ist ausgegossen in unser Herz durch den Heiligen Geist, der uns gegeben ist.«

Obwohl erst in den folgenden Versen ausdrücklich vom Parakleten, dem Hl. Geist, die Rede ist, muß die Auslegung schon hier auf den Geist eingehen: »Wir werden zu ihm kommen und Wohnung bei ihm machen« – der Vater und der Sohn. Als Geist, so ließe sich dann sagen, wohnt der Vater und der Sohn in den Glaubenden. Dabei ist gerade hier dann auszugreifen, wenn wir verstehen wollen. Jesus lieben heißt sein Wort halten: Dieses Wort ist das Licht, das erleuchtet, wie der Prolog des Johannesevangeliums das eindrücklich bezeugt hat. Das Wort Jesu, so sehr es die Gemeinde von der »Welt« unterscheidet, dem κόσμος in seiner negativen Wertung, die dem johanneischen Denken eigentümlich ist, ist doch nicht ein weltfremdes und leeres Wort. Es erleuchtet gerade diese Welt. Das bedeutet dann aber, daß in diesem Wort das Leben in dieser Welt durchsichtig wird, daß es eine neue Qualität gewinnt, in seiner Güte, Positivität kenntlich wird als Leben aus Gott. So ist das Miteinander von Sohn und Vater zu verstehen. »Wer mich liebt, der wird mein Wort halten, und mein Vater wird ihn lieben, und wir werden zu ihm kommen und Wohnung bei ihm machen.« Es ist nicht ein weltfremdes, bloß gedachtes oder vorgestelltes Beieinander von Vater und Sohn, sondern dieses Zusammenkommen von Wort und Welt, Licht und Macht des Lebens. Und dieses Zusammenkommen geschieht im Geist, in der Liebe, in der Gemeinschaft. So fährt der Predigttext dann fort: »Solches habe ich zu euch geredet, während ich bei euch gewesen bin. Aber der Tröster, der Heilige Geist, den mein Vater senden wird in meinem Namen, der wird euch alles lehren und euch erinnern alles des, was ich euch gesagt habe.« Hier bleibt die Verkündigung des Geistes gebunden an Gott, Vater und Sohn. Nicht in die Kirche hinein driftet sie ab, sondern hält fest, daß »Gott in Christus« das Thema aller Hauptfeste des Kirchenjahres ist – gerade auch des Pfingstfestes, der Feier des Geistes, der Vater und Sohn zusammenschließt. Dazu führe ich aus dem Pfingstlied von Ambrosius Blaurer den 6. Vers an (EKG 100): »Dem Vater und Sohn bist gemein, in dir sie kommen überein, du bist ihr ewig Bande. Also mach uns auch alle eins, daß sich absonder unser keins, nimm fort der Trennung Schande und halt zusammen Gottes Kind, die in der Welt zerstreuet sind durch falsche G'walt und Lehre, daß sie am Haupt fest halten an, loben Christus mit jedermann, suchen allein sein Ehre.«

Dazu nun noch ein Predigtbeispiel. Text ist Joh 14,15–18, nach der neuen Perikopenordnung dem Sonntag Exaudi im 5. Jahrgang zugeordnet: »Liebet ihr mich, so haltet meine Gebote! Und ich will den Vater bitten, und er soll euch einen andern Tröster geben, daß er bei euch bleibe ewiglich: den Geist der Wahrheit, welchen die Welt nicht kann empfangen; denn sie sieht ihn nicht und kennt ihn nicht. Ihr aber kennt ihn; denn er bleibt bei euch und wird in euch sein. Ich will euch nicht Waisen lassen; ich komme zu euch.« Der Prediger setzt bei diesem letzten Satz ein und zeigt, wie auch Christen sich als Waisen fühlen können, verlassen und ratlos. Doch dem steht die Verheißung des Geistes gegenüber, der die Wahrheit sagt. »Der Heilige Geist ist die Treue Gottes, des Vaters, zu dieser Erde. Er läßt es nicht dabei bewenden, daß einmal in den Jahren 1 bis 30 sein Sohn über die Erde ging wie ein lichter Komet. Und übrig geblieben wäre ein tiefes Erschrecken und eine schöne Erinnerung . . . Heiliger Geist heißt: Christus ist da. Gott wirkt. Und zwar auf dieser Erde, mitten in unserer Zeit. Und nun wollen wir es doch sagen, daß das alles keine leeren Redensarten sind: Wie Gottes Wort durch die Bibel oder eine Predigt auch heute noch Menschen erfaßt und brennend macht, daß sie darüber froh und mutig werden, seinen Namen zu bekennen. Wie sich hier und dort Beter zusammenfinden, um die großen Nöte unserer Zeit vor Gott zu bringen. Wie einer, der bisher schwach mit sich selbst war, hat umkehren können, ein ganz neues Leben anzufangen. Wie in einer Ehe Friede und Freude geworden ist, weil die beiden sich vergeben haben. Wie mitten in einer Welt des Maschinenlärms, der Lautsprecher und des Sirenengeheuls sich Menschen zusammenfinden in schönem Gesang zu Gottes Ehre. Der Heilige Geist ist am Wirken! Gott hält seiner Erde die Treue!«

Der theologische Ansatz dieser Predigt ist gelungen. Problematisch ist dagegen die Konkretion: religiös und individualistisch wird das Wirken des Hl. Geistes geschildert. Bei aller Zustimmung zum theologischen Ansatz muß auf das hingewiesen werden, was hier fehlt: darauf, daß gerade auch eine Pfingstpredigt welthaltig sein soll. Nur dann kann sie richtig sagen, was diese Predigt hier sagen möchte: Gott hält seiner Erde die Treue. Vielleicht geht das dann leichter, wenn der Text nicht so abstrakt ist, wie die johanneischen Abschiedsreden, bei denen sich die Predigt ihre Konkretion von anderswoher holen muß. Dann kann es leicht zu allerhand Verengungen kommen. Eine Hilfe gegen solche Abstraktion ist häufig die Predigt alttestamentlicher Texte. Auf das, was zum Verhältnis von Altem und Neuem Testament in der Predigt zu sagen ist, will ich noch eigens im nächsten Paragraphen eingehen. Hier weise ich nur darauf hin, daß zu den Pfingsttexten die Geschichte vom Turmbau zu Babel gehört (Gen 11, 1–9). Es ist naheliegend, diesen Text zu Pfingsten in Beziehung zu setzen; dem Wunder des Verstehens dort entspricht die Sprachverwirrung hier. Der Text war nach der alten Perikopenordnung an Exaudi Predigttext: der Antityp des Pfingstwunders als dessen Verheißung. Nach der neuen Ordnung gehört er zu den Texten des Pfingstmontags.

Damit ist allerdings noch nicht die Welthaltigkeit der Predigt gewonnen, wenn wir uns an einen solchen Text erinnern, der zeigt, daß sich die Menschen nicht verstehen, und der das auf ein Strafwunder Gottes zurückführt. Denn das ist noch nicht genug Deutung und Eindeutigkeit. Vielmehr läßt sich diese Geschichte leicht wieder in die Enge zurückführen. »Unser Sprachverwirrungsproblem heute ist kaum mehr die Fremdsprachenschwierigkeit. Es gibt heute Dolmetscher, und es gibt die englische Weltsprache. Die Not unserer christlichen Verwirrung der Sprachen hat ein anderes Gepräge bekommen: daß uns die biblischen Hauptworte des Glaubens im Mund herumgedreht werden. Aus der Gerechtigkeit vor Gott wird Gerechtigkeit für die Dritte Welt gemacht; die Versöhnung mit Gott wird in eine Versöhnung mit Polen oder Nord-Vietnam umgefälscht; Liebe bedeutet Sex, aber nicht, daß Gott also die Welt geliebt hat; Friede ist nicht der Friede mit Gott, sondern man möchte den Frieden auf Erden losgelöst von der Ehre Gottes. Man könnte noch lange weitermachen mit dieser babylonischen Sprachverwirrung, durch die die Christenheit ernstlich bedroht wird.« Da holt einer nicht die Welt ein in die Predigt mit Hilfe dieses Textes vom Turmbau. Vielmehr treibt er sie aus, will die Beunruhigung durch die Probleme dieser Welt draußen haben aus seiner Kirche oder »lebendigen Gemeinde«, in der selbstverständlichen religiösen Sicherheit, mit der er weiß, daß Gerechtigkeit vor Gott etwas anderes ist als Gerechtigkeit für die Dritte Welt, und Versöhnung mit Gott etwas anderes als die Versöhnung der Deutschen mit den Polen (wie das die Ostdenkschrift der EKD forderte, auf die da vermutlich angespielt wird); und Friede auf Erden nicht der Friede mit Gott. Dieser Rückzug wird dann erst recht signalisiert durch die Position: »Wo aber Gottes Geist weht, da gibt es auch heute über alle inneren Spannungen und über alle äußeren Grenzen eine pfingstliche Gemeinde Jesu Christi. Da begreifen es seine Kinder voll Staunen und Dank, daß Gott sich selbst in den Arm fällt und mitten im Bersten der Welt über alles Gericht hinweg seine Gemeinde sammelt und eint.« Dieser Geist da bläst zum Rückzug des Wortes Christi aus der Welt. Darin ist diese Predigt eine eminent politische Predigt. Und der Verfasser weiß das auch. Er schreibt in seinem Vorwort zu der Predigtsammlung, aus der ich zitiert habe: »Wenn man diese Predigten dann als politische Predigten bezeichnen will, dann besteht ihr Merkmal doch immer darin, daß das gerade nicht die Aufgabe der Kirche ist: politisch zu predigen im landläufigen Sinn des Wortes, sondern daß ihre Aufgabe das ist, von den politischen Argumenten wegzuführen zur biblischen Antwort.« Daß damit dann auf jeden Fall andere Worte als Gottes Wort in Christus das Feld der Politik halten, das kümmert diesen Prediger nicht, der soteriologische Engführung anscheinend zum Programm gemacht hat, trotz aller vorgeblichen Welthaltigkeit seiner Predigten.

Freilich ist es auch damit nicht getan, statt dessen nun die in dieser Predigt erwähnten Worte Gerechtigkeit, Versöhnung, Frieden umzusprechen in Zielsetzungen, die christliches Tun zu verwirklichen habe. Damit gerieten wir bloß aus der soteriologischen

Spielart der christologischen Engführung in die ethische Spielart. Es kann hilfreich sein, für die Predigtvorbereitung genauso wie für die Predigt selbst, sich hier auf eine scheinbar von christlicher Predigt weit entfernte Denkweise und Anschauung einzulassen. Dazu verweise ich auf Kafka, der in einer nachgelassenen Erzählung das Thema des Turmbaus variiert. »Anfangs war beim babylonischen Turmbau alles in leidlicher Ordnung; ja, die Ordnung war vielleicht zu groß, man dachte zu sehr an Wegweiser, Dolmetscher, Arbeiterunterkünfte und Verbindungswege, so, als habe man Jahrhunderte freier Arbeitsmöglichkeit vor sich.« Der Turmbau wird hier gar nicht begonnen. Der Gedanke, einen bis in den Himmel reichenden Turm zu bauen, sei das Entscheidende; und dieser Gedanke könne nicht mehr vergessen werden. Dagegen will man das Projekt jetzt noch nicht realisieren, wartet auf immer weitere technische Fortschritte. »Solche Gedanken lähmten die Kräfte, und mehr als um den Turmbau kümmerte man sich um den Bau der Arbeiterstadt. Jede Landsmannschaft wollte das schönste Quartier haben, dadurch ergaben sich Streitigkeiten, die sich bis zu blutigen Kämpfen steigerten.« Diese Kämpfe seien ein weiteres Argument dafür gewesen, den Bau aufzuschieben bis zu einem allgemeinen Friedensschluß. »So verging die Zeit der ersten Generation, aber keine der folgenden war anders, nur die Kunstfertigkeit steigerte sich immerfort und damit die Kampfsucht. Dazu kam, daß schon die zweite oder dritte Generation die Sinnlosigkeit des Himmelsturmbaus erkannte, doch war man schon viel zu sehr miteinander verbunden, um die Stadt zu verlassen. Alles, was in dieser Stadt an Sagen und Liedern entstanden ist, ist erfüllt von der Sehnsucht nach einem prophezeiten Tag, an welchem die Stadt von einer Riesenfaust in fünf kurz aufeinanderfolgenden Schlägen zerschmettert werden wird. Deshalb hat auch die Stadt die Faust im Wappen.«

Bleiben wir bei dieser Erzählung Kafkas. Sie entfernt sich weit von der biblischen Vorlage, und damit scheinbar auch von dem Pfingstthema, um dessen Predigt es uns zu tun ist. Aber das ist zunächst kein Schade, wenn hier umgekehrt die Deutung dieser Geschichte durch ihr Umsprechen Welt erst recht erschließt. Zwei Momente sind dabei charakteristisch: der scheinbar so faszinierende Gedanke eines bis an den Himmel reichenden Turmes erweist sich bald als sinnlos. Das Projekt wird nicht realisiert. Aber zugleich hält es, gerade in seiner Sinnlosigkeit, die Menschen in dieser Stadt zusammen. Damit wird der Turmbau zur Metapher jeder faszinierenden Überhöhung menschlichen Lebens. Der Gedanke als die bloße Möglichkeit erweist seine Ohnmacht. Welcher Gedanke, das spielt keine Rolle – Fortschritt, Gerechtigkeit, Gemeinschaft: alle diese Versuche, bis in den Himmel zu kommen und also diese Welt und dieses Leben zu transzendieren auf eine neue Qualität des Menschseins hin, werden rasch schal und in ihrer Leere durchschaut. Was das Leben in Gang hält, sind die unmittelbaren Lebensbedürfnisse und deren Befriedigung. Und hier streitet man sich dann, weil jeder das beste Leben haben will. Im Grunde geschieht gar nichts. Diese Stadt ist in sich selbst gefangen. Aber es gibt da eine offene Stelle – den prophezeiten Tag. Das ist das zweite charakteristische Moment in diesem Umsprechen der Turmbaugeschichte. Es wird nicht gesagt, woher die Prophezeiung gekommen ist. Aber sie bestimmt die Phantasie, Sagen und Lieder. Wie der Turm, so ist auch der Schlag der Riesenfaust ein Gedanke. Aber hier ist nun die Umkehrung. Denn die hier gedachte Möglichkeit ist nicht die Möglichkeit dieser Menschen da, in den Himmel zu kommen und so ihr Leben zu transzendieren. Es ist die Umkehrung dieser Richtung: Aus einer Transzendenz wird erwartet, was dieses sich sinnlos dahinschleppende Leben und Kämpfen der Stadt beenden wird. »Deshalb hat auch die Stadt die Faust im Wappen.« Diese Möglichkeit der Veränderung, die nur da ist in Sagen und Liedern und der Sehnsucht nach dem prophezeiten Tag, ist das, was hier an Sinn aufzufinden ist. Es ist eine ganz dichte theologische Interpretation der Turmbaugeschichte, die Kafka damit gegeben hat, daß er diese Geschichte neu erzählte. Daß dabei die erwartete Veränderung, die Möglichkeit von draußen her, dies ist, daß die Stadt zerschmettert wird, ändert nichts daran, daß gerade an dieser Veränderung sich die Hoffnung festmacht, die einzige Hoffnung des sich hier so mühsam dahinschleppenden Lebens in seiner Sinnlosigkeit. Auf diese Geschichte hin läßt sich singen: »Komm, Heiliger Geist.«

Eine solche Verfremdung der Turmbaugeschichte, die die altbekannte Erzählung neu spricht, kann gerade damit helfen, in die Pfingstpredigt Welt einzulassen. Da kommt von draußen, als das Erhoffte und Ersehnte, die Möglichkeit der Veränderung. Die Stadt setzt sich nicht selbst ihr Ende, kann das nicht. Und nun werden wir, mit der Turmbaugeschichte und mit ihrer durch den Dichter neu gesprochenen Gestalt, anfangen können damit, Welt einzulassen in unser Reden. Die Möglichkeit, die nicht aus dieser Welt kommt, soll da dann entdeckt werden. Daß Kafka gerade vom Gericht geredet hat, braucht dabei keineswegs zu irritieren. Das gehört zu dem Neuen dazu, das der Geist bringt. Dazu erinnere ich an Joh 16,8–10: »Wenn derselbe – der Paraklet – kommt, wird er die Welt strafen über die Sünde und über die Gerechtigkeit und über das Gericht; über die Sünde: daß sie nicht glauben an mich; über die Gerechtigkeit: daß ich zum Vater gehe und ihr mich hinfort nicht sehet; über das Gericht: daß der Fürst dieser Welt gerichtet ist.« Das soll jetzt nicht weiter ausgeführt werden. Der Hinweis darauf mag genügen, wie hier Verstehen in solcher Sprache erschlossen wird. Darum geht es – nicht nur darüber zu reden, sondern das in der Predigt zu tun; gerade an Pfingsten.

4. Die Passionspredigt

Der Predigt des dreieinigen Gottes soll ein eigener Paragraph dieses Kapitels gelten; darum sage ich nun nichts zur Predigt am Dreieinigkeitsfest, sondern wende mich der vorösterlichen Zeit des Kirchenjahres zu. Sie ist als eine Fastenzeit von unterschiedlicher Dauer begangen worden, hat freilich in den evangelischen Kirchen diesen Charakter verloren. Wir reden von der Passionszeit, und ihrem Höhepunkt, der Karwoche von Palmsonntag bis Karsamstag (der Name ist von ahd. Kara = Trauer, Sorge abgeleitet). Nun gilt von der Predigt in dieser Zeit, was von aller Predigt der Zuwendung Gottes in Christus zu sagen ist: sie soll nicht einzelnes isolieren, sondern soll zusammenfassen. Jesu Sterben und sein Auferstehen, seine Erniedrigung und seine Erhöhung gehören zusammen. Denken wir an die kerygmatischen Formulierungen, wie sie in den Redekompositionen der Apostelgeschichte verarbeitet sind: »Jesus von Nazareth, den Mann, von Gott unter euch erwiesen mit Taten und Wundern und Zeichen, welche Gott durch ihn tat unter euch, wie ihr selbst wisset: ihn, der durch Ratschluß und Vorsehung Gottes dahingegeben war, habt ihr durch die Hand der Heiden ans Kreuz geschlagen und getötet. Den hat Gott auferweckt« (2,22–24). Oder nehmen wir eine ganz andere Form der Überlieferung, den Christushymnus, den Paulus Phil 2,5–11 anführt: »Ein jeglicher sei gesinnt, wie Jesus Christus auch war, welcher, ob er wohl in göttlicher Gestalt war, hielt er's nicht für einen Raub, Gott gleich zu sein, sondern entäußerte sich selbst und nahm Knechtsgestalt an, ward gleich wie ein anderer Mensch und an Gebärden als ein Mensch erfunden. Er erniedrigte sich selbst und ward gehorsam bis zum Tode, ja zum Tode am Kreuz. Darum hat ihn auch Gott erhöht und hat ihm einen Namen gegeben, der über alle Namen ist, daß in dem Namen Jesu sich beugen sollen aller derer Knie, die im Himmel und auf Erden und unter der Erde sind, und alle Zungen bekennen sollen, daß Jesus Christus der Herr sei, zur Ehre Gottes, des Vaters.« Der Weg Jesu ist eine Ganzheit, die wir im Blick haben müssen, wenn wir einzelne Etappen dieses Weges in der Predigt zum Thema haben. So wenig die Osterpredigt davon absehen kann und darf, daß sie die Auferweckung gerade des Gekreuzigten bezeugt, so wenig darf umgekehrt die Passionspredigt außer acht lassen, daß sie von dem redet, den Gott auferweckt hat.

Das bedeutet zunächst einmal: das Gewicht dieser Passionspredigt liegt auf der Exklusivität dieses Leidens Jesu. Es ist ein besonderes Leiden, nicht einfach Beispiel menschlichen Leidens, exemplarische Gestalt solchen Leidens. Ich will sofort darauf hinweisen, wie schwer es uns fällt, diese Besonderheit herauszustellen. Wir können noch sagen, daß es Sterben für andere gibt. Und können versuchen, von daher dann auch das Sterben Jesu zu verstehen. Aber das ist eine problematische Sache. Es kann und soll da so etwas wie eine Annäherung des Verstehens geben. In einer Predigt, die Jes 53,2–5 zum Text hat, wird das stellvertretende Sterben des alttestamentlichen Gottesknechtes durch die Erzählung vom Tod des Paters Maximilian Kolbe erläutert. Dessen Geschichte ist ja anläßlich seiner Heiligsprechung allgemein bekannt geworden. Der Prediger faßt dann zusammen: »Der unbekannte Gottesknecht aus ferner alttestamentlicher Zeit und der bekanntgewordene Gottesknecht aus Auschwitz sind Gestalten, die mit ihrem stellvertretenden Leiden und Sterben für andere hinweisen auf Jesus Christus, den wahren Gottesknecht in der Mitte unserer Menschheitsgeschichte. Er ist nach dem Bekenntnis der Christenheit seinen Weg des Leidens und Sterbens bis zur Endstation des gefolterten Häftlings und des zum Verbrecher Abgestempelten und Gehenkten freiwillig und in Stellvertretung für die ganze Menschheit, für uns alle, gegangen. Nach dem Urteil der biblischen Botschaft haben wir alle durch Schuld und Verfehlung unser Leben im Grunde verwirkt. Jesus Christus aber hat dieses über uns gefällte Urteil in Liebe zu uns an sich selber mit allen Konsequenzen vollstrecken lassen. Er hat sich an unsrer Stelle in den Todesbunker hineinstoßen lassen. Das ist die tiefste Wahrheit des Karfreitags. Es geht gar nicht um befremdende dogmatische Lehrsysteme und um unverständliche theologische Formeln über die Stellvertretung und den Sühnetod Christi. Es geht um die Begegnung mit dem, dem wir unser von Schuld befreites Leben verdanken, ob wir es wissen oder nicht.« Ich frage mich: Paßt das, was hier gesagt wird? Für den Mann, der heute noch lebt, weil Maximilian Kolbe für ihn gestorben ist, für den ist die Verbindung vom fremden Tod und vom eigenen Leben klar. Aber wie kann ich von da aus dann weiterkommen, die Verbindung von Jesu Tod und unserem, meinem Leben verstehen? Wird diese Verbindung nicht gerade durch das genannte Beispiel in seiner Konkretion, aber auch in seiner Distanz, erst recht fraglich? Ich kann die Tat des Paters bewundern. Ich kann mich fragen, ob ich selbst zu einem solchen Opfer fähig wäre. Aber das sind distanzierte Verhaltensweisen. Und mein Leben hat mit dem, was da erzählt wird, nichts zu tun. Wenn mir dann gesagt wird: So, wie Pater Maximilian Kolbe für diesen Franz Gajowniczek gestorben ist, so ist Jesus Christus für dich gestorben, dann muß ich sagen: das stimmt nicht! Das mit Jesu Tod ist schon lange her. Und deshalb kann es sich hier nicht um den gleichen Sachverhalt handeln. So ist zunächst einmal zu sagen. Dabei sind der gläubige Christ und der distanzierte oder atheistische Zeitgenosse in genau der gleichen Situation. Sie müssen sagen: So jedenfalls, wie der Prediger das gesagt hat, läßt es sich nicht akzeptieren. Mein Leben verdanke ich nicht in der gleichen Weise dem Tod Christi, wie Franz Gajowniczek sein Leben dem Tod des Paters Maximilian Kolbe verdankt.

Sicher ist damit zunächst nur angezeigt, wie nicht geredet werden sollte. Ich könnte hier wieder wie bei der Osterpredigt sagen: Der Prediger hat es versäumt, sich klarzumachen, daß von Jesu Sterben für uns nicht univok, sondern allenfalls analog geredet werden kann. Das gilt nicht für den Tod als solchen; aber es gilt dort, wo nun von der Bedeutung dieses Todes geredet werden soll. Vielleicht hat der Prediger dabei doch zu rasch die Dogmatik verabschiedet. Ich erinnere an das, was er dazu gesagt hat: »Es geht gar nicht um befremdende dogmatische Lehrsysteme und um unverständliche theologische Formeln über die Stellvertretung und den Sühnetod Christi: Es geht um die Begegnung mit dem, dem wir unser von Schuld befreites Leben verdanken, ob wir es wissen oder nicht.« Als diese dogmatischen Lehrsysteme noch nicht befremdend waren, sondern Anleitung für die Predigt des Leidens und Sterbens Christi; als die Formeln von Stellvertretung und Sühnetod Christi noch nicht unverständlich waren; hatten sie da nicht gerade diese Funktion, ein analoges Verstehen des Leidens und Sterbens Christi zu ermöglichen, und also zu dem zu führen, was der Prediger nun auch erreichen wollte: Zur Begegnung mit dem, dem wir unser von Schuld befreites Leben verdanken? Da ging es nicht bloß um Fachtheologie, um Lehrsysteme und theologische Formeln, sondern um die Katechismuswahrheit, die man lernte und einübte: »Ich glaube, daß Jesus Christus, wahrhaftiger Gott, vom Vater in Ewigkeit geboren, und auch wahrhaftiger Mensch, von der Jungfrau Maria geboren, sei mein HERR, der mich verlorenen und verdammten Menschen erlöst hat, erworben und gewonnen von allen Sünden, vom Tode und von der Gewalt des Teufels, nicht mit Gold oder Silber, sondern mit seinem heiligen teuren Blut und mit seinem unschuldigen Leiden und Sterben, auf daß ich sein eigen sei und in seinem Reich unter ihm lebe und ihm diene in ewiger Gerechtigkeit, Unschuld und Seligkeit, gleichwie er ist auferstanden vom Tode, lebt und regiert in Ewigkeit; das ist gewißlich wahr.« So Luther. Der Heidelberger Katechismus ist hier noch ein gutes Stück näher an den theologischen Formulierungen der Tradition, wenn er Schritt für Schritt die einzelnen Stationen des Weges Jesu, die das Apostolicum aufzählt, interpretiert. »36. Frage: Was für Nutzen bekommst du aus der heiligen Empfängnis und Geburt Christi? Daß er unser Mittler ist und mit seiner Unschuld und vollkommenen Heiligkeit meine Sünde, darin ich bin empfangen, vor Gottes Angesicht bedeckt. 37. Frage: Was verstehst du unter dem Wörtlein gelitten? Daß er an Leib und Seele die ganze Zeit seines Lebens auf Erden, sonderlich aber am Ende desselben, den Zorn Gottes wider die Sünde des ganzen menschlichen Geschlechts getragen hat, auf daß er mit seinem Leiden als mit dem einigen Sühnopfer unsern Leib und unsere Seele von der ewigen Verdammnis erlöste und uns Gottes Gnade, Gerechtigkeit und ewiges Leben erwürbe. 38. Frage: Warum hat er unter dem Richter Pontius Pilatus gelitten? Auf daß er unschuldig unter dem weltlichen Richter verdammt würde und uns damit von dem strengen Urteil Gottes, das über uns ergehen sollte, erledigte. 39. Frage: Ist es etwas mehr, daß er gekreuzigt worden, denn so er eines andern Todes gestorben wäre? Ja; denn dadurch bin ich gewiß, daß er die Vermaledeiung, die auf mir lag, auf sich geladen habe, weil der Tod des Kreuzes von Gott verflucht war. 40. Frage: Warum hat Christus den Tod müssen leiden? Darum, daß wegen der Gerechtigkeit und Wahrheit Gottes nicht anders für unsere Sünde mochte bezahlt werden, denn durch den Tod des Sohnes Gottes.« Man kann diese Fragen des Heidelbergers als eine dogmatische Passionspredigt lesen, besonders dann, wenn man die zu jeder Antwort mit angegebenen Schriftstellen beizieht. Und es könnte sein, daß diese Darlegungen auch heute noch manchem Fragenden ein Licht aufstecken können. Vor Jahren sprach mich ein Glied unserer Gemeinde, Techniker in einem Großbetrieb, an. Er gab mir eine Ausarbeitung, die sie in ihrem Hausbibelkreis miteinander zum Thema des Leidens und Sterbens Jesu gemacht hatten. Dazu meinte er, das müsse doch nun der ganzen Gemeinde zugänglich gemacht werden. Das Ganze war etwas wirr, trotz Diagrammen und dem Versuch, die biblischen Aussagen zum Thema auf einen Nenner zu bringen. Ich habe mir die Sache angesehen und dann ein paar Stunden mit dem Mann geredet und ihn auf die Schwachstellen seiner Ausarbeitung hingewiesen. Zum Abschied gab ich ihm den Heidelberger mit und wies ihn auf die Auslegung des 2. Artikels hin. Er hat diesen Text als die Antwort erfaßt, die er mühsam suchte und mit seiner Ausarbeitung geben wollte.

Schon das ist also problematisch, wie die genannte Predigt generalisierend von befremdenden dogmatischen Lehrsystemen und von unverständlichen theologischen Formeln zu reden. Doch will ich schon zugestehen, daß die genannten Katechismusstücke, sei es Luthers oder des Heidelbergers, als Grundstruktur einer Passionspredigt heute mindestens außerordentlich problematisch geworden sind. Wir können uns dann aber nicht darauf zurückziehen, daß wir sagen: so sieht eben eine richtige, im Sinne der dogmatischen Tradition korrekte Passionspredigt aus, die das »für uns« dieses Geschehens herausstellt. Und darauf kommt es doch an: »Admonentur etiam homines, quod hic nomen fidei non significat tantum historiae notitiam, qualis est et in impiis et in diabolo, sed significat fidem, quae credit non solum historiam, sed etiam effectum historiae, videlicet hunc articulum, remissionem peccatorum, quod videlicet per Christum habeamus gratiam, iustitiam et remissionem peccatorum« (Auch werden die Leute unterrichtet, daß dieses Wort »Glaube« hier nicht nur die Kenntnis der Geschichte bezeichnet, wie sie auch die Ungläubigen und der Teufel haben, sondern es bezeichnet den Glauben, der nicht nur die Geschichte glaubt, sondern auch die Wirkung der Geschichte, nämlich die Glaubenswahrheit der Sündenvergebung, daß wir nämlich durch Christus Gnade, Gerechtigkeit und Vergebung der Sünden haben. CA XX, 23, BSLK 79). So richtig und wichtig diese Erinnerung ist: sie enthebt uns nicht der Frage, wie wir das heute predigen sollen. Wir können ja schlecht sagen: das ist reine Lehre, das Evangelium der Väter. Und wer das nicht hören will, dem hat Gott eben seinen Geist nicht gegeben.

Zugleich aber soll gerade das Sterben Jesu für uns in seiner Einzigartigkeit verkündigt werden. Würde das nicht geschehen, wären wir unserer Aufgabe nicht gerecht geworden. Weil es sich hier um das Leiden und Sterben dessen handelt, den Gott auferweckt hat, können wir nicht anders, als gerade die Exklusivität dieses Leidens und Sterbens zu betonen, das, was es von anderem Leiden und Sterben abhebt. Kann das erzählend geschehen, wenn schon eine dogmatische Ausführung sich in fast unlösbare Schwierigkeiten verwickelt, wie das angeführte Beispiel gezeigt hat? Solches Erzählen müßte in seiner Perspektive deutlich machen, wie hier nicht bloß Historie zur Kenntnis gegeben wird. Es geht um Gottes Geschichte, gerade hier. Und diese Geschichte Gottes ist unser Leben. Das sind nun zunächst auch noch sehr abstrakte, dogmatische Bestimmungen, die hinweisen auf Zusammenhänge, von denen schon die Rede war. Hier muß nun wenigstens stückweise die Ausführung angedeutet werden. Ich setze dabei voraus, daß die ganze Leidensgeschichte in einem Zusammenhang gepredigt wird. Die Perikopenordnung sieht das vor, macht einen Vorschlag, die Leidensgeschichte nach Markus auf die Sonntage der Passionszeit zu verteilen. Freilich habe ich dabei wieder Fragen an den genannten Vorschlag. Er setzt mit Mk 14,17 ein, der Ankündigung des Verrates beim letzten Mahl Jesu mit seinen Jüngern. Auf jeden Fall müßte hier auch der Eingang von Mk 14 mit gepredigt werden, die Salbung in Bethanien, der Verrat des Judas, auch die Vorbereitung des Abendmahls. Und erst recht fragt es sich, ob nicht auch der Einzug Jesu in Jerusalem und die Tempelreinigung mit zu dem Zusammenhang gehören, der hier erzählt werden muß. Freilich gerät dann die Frage, wo eine solche Erzählung einsetzen müsse, in Schwierigkeiten. Martin Kähler hatte doch wohl nicht ganz Unrecht, wenn er von den Evangelien sagte: »Etwas herausfordernd könnte man sie Passionsgeschichten mit ausführlicher Einleitung nennen« (Der sog. historische Jesus . . ., Neudruck ThB 2, ²1956, 60). Der Einzug jedenfalls gehört zur Begehung der Passion unbedingt mit dazu. Die Karwoche beginnt mit dem Palmsonntag, der von dieser Geschichte seinen Namen bekommen hat. Vorausgenommen werden sollten aber auch die Leidensankündigungen, mindestens in einer zusammenfassenden Behandlung. Die Frage der Historizität braucht dabei nicht zu beunruhigen. Jesus müßte naiv gewesen sein, und nicht vertraut mit der Tradition vom Leiden der Gerechten und Propheten, wenn er nicht bei dem Zug nach Jerusalem mit seinem Tod gerechnet hätte. Darum ist hier gewiß nicht von bloßen Erfindungen zu reden, wie das bei der kritischen Wissenschaft üblich ist. Andererseits ist aber eine Ausgestaltung der Leidensankündigungen ex eventu mit großer Wahrscheinlichkeit anzunehmen.

Die zweite dieser Ankündigungen – auf die erste gehe ich in anderem Zusammenhang noch ein – nennt das Thema, das dann die weitere Erzählung ausführt: »Des Menschen Sohn wird überantwortet werden in der Menschen Hände, und sie werden ihn töten« (Mk 9,31). Der Menschensohn wird übergeben, heißt es hier. Und dieses παραδιδόναι, Übergeben, Überantworten, geht dann weiter: Judas übergibt ihn den Hohenpriestern. Die Hohenpriester übergeben ihn dem Pilatus. Pilatus übergibt ihn den Kriegsknechten, die ihn geißeln und hinrichten. Es ist immer derselbe Ausdruck; hier freilich steht er im Passiv, das ohne Zweifel als passivum divinum zu interpretieren ist: Gott selbst übergibt Jesus dem Geschehen, das zu seinem Tod führt. Und Jesus überläßt sich willig dem, was hier auf ihn zukommt. Dazu verweise ich vorgreifend auf die Gethsemaneerzählung. Diese Gethsemaneerzählung zeigt Jesus in seiner ganzen Einsamkeit. Ich muß zum Verständnis dieser Geschichte auf die Versuchungsgeschichte hinweisen, die bei Markus nur angedeutet ist: »Und alsbald trieb ihn der Geist in die Wüste; und er war in der Wüste vierzig Tage und ward versucht von dem Satan und war bei den Tieren, und die Engel dienten ihm« (1,12f). Matthäus und Lukas haben dann ja die Ausführung mit den drei Versuchungen; aber die braucht es nicht. Von Gewicht ist hier diese Einsamkeit Jesu, die seinen Weg bestimmt, trotz der Jünger, trotz der Erfolge, der Anhängerschaft, der Menge, die ihn nach der wunderbaren Speisung zum König machen will. Hier ist wieder diese Einsamkeit. Sie ist von Jesus nicht gesucht. Er nimmt den Petrus und den Jakobus und den Johannes mit sich, »und fing an zu zittern und zu zagen und sprach zu ihnen: Meine Seele ist betrübt bis an den Tod; bleibet hier und wachet« (14,34). Und dann bittet Jesus, daß dieser Kelch an ihm vorübergehe. Wir wissen, wie es weitergeht: Die Jünger schlafen, lassen Jesus allein. Sie gehören nicht auf seine Seite, sondern auf die andere Seite. Sie schlafen hier, wo er ihren Beistand sucht; davon ist ja sonst nirgends die Rede! Judas verrät ihn, Petrus verleugnet ihn, alle verlassen sie ihn und fliehen. Er allein auf der einen Seite; alle anderen auf der Seite derer, die ihn verlassen und übergeben. So ist das jetzt, wo seine Stunde kommt, wo wirklich wird, was er ankündigte: »Und er kam zum drittenmal und sprach zu ihnen: Ach, wollt ihr nun schlafen und ruhen? Es ist genug; die Stunde ist gekommen. Siehe, des Menschen Sohn wird überantwortet in der Sünder Hände. Stehet auf, laßt uns gehen! Siehe, der mich verrät, ist nahe« (14,41 f). Die Stunde ist da. Wessen Stunde – so ließe sich fragen. Es war sicher die Stunde des Judas, Jesus auszuliefern. Es war die Stunde der Hohenpriester, ihn zu fassen und zu beseitigen, ehe er Schlimmeres anrichten konnte. Sie hatten lange darauf gewartet. Es war die Stunde der Sünder, die ihn in die Hand bekamen, und gerade damit wieder die Stunde Gottes. Wie in der zweiten Leidensankündigung begegnet uns hier das παραδιδόναι als passivum divinum.

War es auch die Stunde Jesu? Hat er sie herbeigeführt, provoziert? So kann man fragen angesichts des Zuges nach Jerusalem. »Es geht nicht an, daß ein Prophet umkomme außerhalb Jerusalem«: so berichtet es das Lukasevangelium als Wort Jesu (13,33). War es seine Stunde, von ihm herbeigeführt? So läßt sich dann erst recht fragen angesichts der Ankunft dort in Jerusalem. Da geht es ja wunderlich zu. Die Gelegenheit findet sich an der Straße, das Eselsfüllen – und der Einzug des Königs vollzieht sich unter Jubeln: »Du Tochter Zion, freue dich sehr, und du, Tochter Jerusalem, jauchze! Siehe, dein König kommt zu dir, ein Gerechter und ein Helfer, arm und reitet auf einem Esel, auf einem Füllen der Eselin« (Sach 9,9). Es läuft – und wenn sie damals an dieses Wort des Propheten Sacharja dachten, werden sie vielleicht auch erwartet haben, daß damit das Friedensreich anbreche. So geht es da ja weiter: »Denn ich will die Wagen wegtun aus Ephraim und die Rosse aus Jerusalem, und der Kriegsbogen soll zerbrochen werden. Denn er wird Frieden gebieten den Völkern, und seine Herrschaft wird sein von einem Meer bis zum andern und vom Strom bis an die Enden der Erde« (v. 10). Sollte sich das Unwahrscheinliche begeben, daß die große Veränderung eintrat – das Neue kam? Wir finden bei Markus im Anschluß an die Geschichte vom Einzug jene seltsame Notiz: »Und des andern Tages, da sie aus Bethanien gingen, hungerte ihn. Und er sah einen Feigenbaum von ferne, der Blätter hatte; da trat er hinzu, ob er etwas darauf fände. Und da er hinzukam, fand er nichts als nur Blätter; denn es war nicht die Zeit für Feigen. Und Jesus hob an und sprach zu ihm: Nun esse von dir niemand mehr eine Frucht ewiglich! Und seine Jünger hörten das« (11,12–14). Nur Blätter findet Jesus, und nicht die Frucht, die er braucht, seinen Hunger zu stillen. Soll das nicht mehr heißen, als dies zufällige Bedürfnis Jesu und das seltsame Strafwunder an diesem Baum da, der doch gewiß nichts dafür konnte, daß nun nicht die Zeit war, Früchte zu tragen? Wenn er keine Frucht für Jesus hat, dann nie mehr für irgend jemand. Da jetzt die Gelegenheit diesem Jesus hier nicht zu willen ist, wird sie nie mehr kommen. So möchte ich das verstehen – als Hinweis auf das, wozu nun nicht die Zeit ist. Und wozu dann Zeit ist, das läßt sich ausrechnen.

Obwohl es noch einmal läuft: Er reinigt den Tempel, und niemand wagt, ihn zu hindern. Dazu hat er die Leute zu sehr gepackt. Und führt zur Erklärung seines Tuns wieder ein Prophetenwort an, das die eschatologische Wende anzeigt. »So spricht der Herr: Wahret das Recht und übt Gerechtigkeit; denn mein Heil ist nahe, daß es komme, und meine Gerechtigkeit, daß sie offenbar werde.« Und dann werden sie angesprochen, die sich zu Gottes Willen halten und darum den Sabbat nicht entheiligen: Der Fremde, der meint, er könne doch nicht ganz zum Gottesvolk kommen. Der Verschnittene, ohne Nachkommenschaft und kultisch nicht vollwertig: Sie sollen ganz dazugehören. Ich will sie »zu meinem heiligen Berg bringen und will sie erfreuen in meinem Bethaus, und ihre Brandopfer und Schlachtopfer sollen mir wohlgefällig sein auf meinem Altar; denn mein Haus wird ein Bethaus heißen für alle Völker. Gott der Herr, der die Versprengten Israels sammelt, spricht: Ich will noch mehr zu der Zahl derer, die versammelt sind, versammeln« (Jes 56,1–8). Es läuft; aber gerade darum kommt das Ende unaufhaltsam näher: »Und es kam vor die Hohenpriester und Schriftgelehrten, und sie trachteten, wie sie ihn umbrächten« (11,18).

Darauf weist auch die Salbung in Bethanien. Was da geschieht, erregt Unwillen. Dreihundert Denare hätte man für die Salbe bekommen, die die Frau da auf das Haupt Jesu gießt. Ob das nur zufällig die zehnfache Summe dessen ist, was Judas dann für seinen Verrat nimmt? Aber die Armen, denen solche Gaben zugewandt werden können, die wird es immer geben. »Mich aber habt ihr nicht allezeit« – so nimmt Jesus die Frau in Schutz und prophezeit ihr, daß sie für diese Tat ins Evangelium kommen werde. Jesus geht seinen Weg, und die Frau tut dazu, was sie kann. Sie kann seinen Weg nicht mitgehen, seinen Tod nicht mitsterben. Aber »sie hat getan, was sie konnte; sie hat meinen Leib im voraus gesalbt zu meinem Begräbnis« (14,3–9).

Die Erzählung führt nun auf zwei Schauplätzen weiter: Da ist Jesus mit seinen Jüngern, der sich zum Abendmahl anschickt. Dort sind die Hohenpriester, die ihn beseitigen wollen. Judas verbindet die beiden Schauplätze. Dort verspricht er, er werde Jesus bei passender Gelegenheit seinen Feinden übergeben. Hier ist er dabei beim Abschiedsmahl, als Jesus den Verrat ankündigt: »Einer unter euch, der mit mir isset, wird mich verraten.« Für uns ist klar: dieser eine, das ist Judas Ischarioth. Und wir haben ein festes Bild des Verräters, des Verrates. Da ist Judas der, der aus der Gruppe ausbricht, der Außenseiter. So ist's dann ja in unseren Sprachgebrauch eingegangen: Wenn einer zur Gegenpartei überläuft, womöglich noch die Gruppeninterna dort ausplaudert, heißt man ihn einen Judas. Das Bild ist falsch, folgen wir dem Markusevangelium. Da hält sich jeder von den Zwölfen für einen potentiellen Verräter. »Sie wurden traurig und sagten zu ihm, einer nach dem andern: Bin ich's?« Und Jesus bezeichnet den Verräter nicht, sondern betont noch einmal: einer aus diesem engsten, vertrauten Kreis ist es, einer von denen, die jetzt mit ihm in die Schüssel tauchen. Bei Matthäus, bei Johannes wird der Verräter von Jesus bezeichnet. Hier ist das anders. Und wenn wir die Markuspassion predigen, tun wir gut daran, dabei zu bleiben. Sicher, da ist dann das Gerichtswort: »Zwar des Menschen Sohn geht hin, wie von ihm geschrieben steht; weh aber dem Menschen, durch welchen des Menschen Sohn verraten wird! Es wäre demselben Menschen besser, daß er nie geboren wäre.« Aber das müssen sich hier alle gesagt sein lassen, weil sie alle miteinander potentielle Verräter sind. Einer muß es tun, für die anderen alle. Warum gerade er? Die Frage mag aufgeworfen werden, gerade weil sie sich nicht beantworten läßt. Nicht Judas ist der eine, der nicht dazugehört; er gehört sehr wohl dazu zum Jüngerkreis. Er ist dabei, als nun das Abendmahl eingesetzt wird. Und als sie dann unterwegs sind, hinaus an den Ölberg, wird das noch einmal unterstrichen. Da sagt Jesus: »Ihr werdet alle an mir Ärgernis nehmen.« Und als Petrus das nicht akzeptieren will, da wird ihm die Verleugnung angesagt von Jesus (wobei ich an die Matthäus 14,28–32 überlieferte Episode denke, die den Petrus in einer ähnlichen Lage zeigt: Er will aus dem Schiff hinaus aufs Meer, zu Jesus, der dort seinen Jüngern entgegenkommt. Und hält diese besondere Nähe dann auch nicht durch, erschrickt, sinkt und muß sich erst recht durch Jesus helfen lassen). Wie hier vom Verrat des Judas, vom Ärgernis der Jünger, von der Verleugnung des Petrus die Rede ist, das nötigt zur Identifikation. Ich kenne mich gut genug, um mich zu fragen: Bin ich's?

Diese Szene und diese Frage, die von allen Jüngern gestellt wird, gehört zum Mahl. Es ist als Passamahl geschildert. Das zeigen die Vorbereitungen, das zeigt der Abschluß durch den »Lobgesang«, die Psalmen 115–118. Aber dieses Mahl wird hier umgewidmet. Es wird zum Herrenmahl, das Jesus als den zeigt, durch den Gott uns sein Heil zuwendet. Die uns geläufigen und liturgisch gebrauchten Einsetzungsworte: »Nehmet hin und esset; das ist mein Leib, der für euch gegeben wird. Solches tut zu meinem Gedächtnis . . . Nehmet hin und trinket alle daraus; das ist mein Blut des neuen Testamentes, das für euch vergossen wird zur Vergebung der Sünden. Solches tut, so oft ihrs trinket, zu meinem Gedächtnis« folgen der paulinisch-lukanischen Tradition der Einsetzungsworte. Markus ist da wesentlich knapper. Soll eine Predigt hier Differenzen aufweisen, oder harmonisieren, den Text auf die liturgisch gebräuchliche, bekannte Form hin verändern? Vielleicht wird gerade in der Einbettung des Mahles in den ganzen Ablauf der Geschichte deutlicher, als das bei der liturgischen Gestalt der Feier der Fall ist: Nicht die Substanzen, Brot und Wein, stehen hier im Mittelpunkt. So ist uns das dann, gerade auch aus den Abendmahlskontroversen der theologischen Tradition, geläufig. Im Mittelpunkt steht Jesus selbst, der von seinem Tod spricht, und der diesen Tod den Vielen zuwendet. Das ὑπὲρ πολλῶν beim Kelchwort wird wohl inklusive verstanden und interpretiert werden müssen: für all die Vielen, für alle stirbt hier der eine, Jesus. Daß dieses Sterben für sie Sündenvergebung bringt, ist dabei mindestens in der Bezeichnung »mein Blut des Bundes« mitgesetzt, die freilich uns heute kaum mehr an Ex 24 erinnern wird, wo vom däm-häbbᵉrît die Rede ist. Dabei ist selbstverständlich die Bedeutung des Ausdrucks mitgeprägt durch das Verständnis des Kontextes, in dem dieser Ausdruck steht. Ich habe schon genügend zur Notwendigkeit eines analogischen Sprachgebrauches gesagt. Darum muß es auch hier gehen. Deshalb ist es m. E. nicht allzu wichtig, welches deutsche Wort wir zur Übertragung gebrauchen, ob wir von Bund oder von Testament oder von Verfügung reden. Da es sich um Gottes Bund handelt, muß so oder so neben der Ähnlichkeit zu anderen Bünden, Testamenten oder Verfügungen, die bei Menschen gelten, auch die Unähnlichkeit betont werden.

Um das Miteinander von Gott und Menschen geht es da. Wie kann es dabei bleiben? Der Bericht vom letzten Mahl Jesu, und die Fortsetzung dieses Mahles bis hin zu unserer Feier des Abendmahls zeigt das an: Nur in einer Vertauschung ist das möglich, der Vertauschung von Tod und Leben. Wo Leben sein sollte, ist der Tod, bei Jesus, dem einen, der Gott entspricht. Vergessen wir nicht: Gott und Leben gehören zusammen, und wo Gott nicht ist, da ist der Tod. Die Zeremonie, die Ex 24 geschildert ist, macht das deutlich. Da werden Opfer geopfert für den Herrn, und die Hälfte des Opferblutes kommt an den Altar. Und dann wird von Mose das Bundesbuch vorgelesen, Gottes Wille. »Und sie sprachen: Alles, was der Herr gesagt hat, wollen wir tun.« Darauf nimmt Mose die andere Hälfte des Blutes, und besprengt damit das Volk, und sagt: »Seht, das ist das Blut des Bundes, den der Herr mit euch macht über allen diesen Worten.« Leben Gottes und Leben dieser Menschen ist da verbunden. Freilich nicht bloß in Gestalt einer physischen Zusammengehörigkeit – dasselbe Blut hier und dort, am Altar und am Volk. Diese Verbindung ist vielmehr zugleich vermittelt durch Gottes Gebieten und menschlichen Gehorsam, das vorgelesene Buch und die Verpflichtung des Volkes auf dieses Buch. Die Verbindung von Gottes Leben und Leben dieser Menschen wird noch unterstrichen durch die ganz seltsame Notiz, die sich anschließt: »Da stiegen Mose, Aaron, Nadab und Abihu und die siebzig Ältesten Israels hinauf und sahen den Gott Israels. Unter seinen Füßen war es wie eine Fläche von Saphir, und wie der Himmel, wenn es klar ist. Und er reckte seine Hand nicht aus wider die Obersten Israels. Und als sie Gott geschaut hatten, aßen und tranken sie« (Ex 24,9–11).

Das gemeinsame Mahl mit Gott besiegelt die Gemeinschaft, in der sich Gottes Leben mit diesen Menschen da verbindet. Das Bundesblut schließt Leben zusammen, das Leben Gottes und das Leben der Menschen. Freilich tritt jetzt im Abendmahl an die Stelle der Vermittlung durch das Buch und den Gehorsam Jesu Sterben. Das ist die Vertauschung, daß nun der Gehorsam gegen Gottes Willen diesem Jesus da nicht das Leben bringt, sondern den Tod. Und daß die Vielen, daß alle, wie sie da auf der anderen Seite stehen, von Petrus über Judas bis hin zu mir, der ich mich wohl kenne, dadurch leben sollen. So geht es da zu. Darum muß er überantwortet werden in der Sünder Hände, durch Gott selbst. Und darum geben die ihn dann weiter bis zum bitteren Ende, Judas an die Hohenpriester, die Hohenpriester an Pilatus, Pilatus an die Kriegsknechte, die ihn quälen und zu Tode bringen. Es wird freilich nicht bei dieser Vertauschung bleiben. Auch das ist angedeutet in dieser Erzählung vom Abschiedsmahl Jesu: »Und er sprach zu ihnen: Das ist mein Blut des neuen Testaments, das für viele vergossen wird. Wahrlich ich sage euch, daß ich hinfort nicht trinken werde vom Gewächs des Weinstocks bis auf den Tag, da ich's neu trinke in dem Reiche Gottes.« Da wird die Perspektive durch den Tod in dieser Vertauschung hindurch eröffnet, auf ein neues Leben, das als Reich Gottes kommen wird.

Leben bei denen, die den Tod verdient haben, Tod für den, dem das Leben gebührt, ja, der selbst das Leben ist (Joh 1,4): In dieser Vertauschung geht die Leidensgeschichte weiter. Über das Versagen der Jünger und die Einsamkeit, in die Jesus hineingeht mit seinem Leiden und Sterben, ist schon genug gesagt. Hier mag ein kurzer Hinweis auf die Episode genügen, mit der Markus die Szene der Verhaftung Jesu abschließt: Da ist der Jüngling, den sie an der Leinwand packten, mit der er bekleidet war, und der dann nackt davonlief (14,51 f). Man hat viel gerätselt, wer das wohl gewesen sein könne, wollte gar den jungen Markus selbst hier wiederfinden. Ich denke, diese Episode soll andeuten, daß jetzt der Schrecken des Gottesgerichtes anhebt, in Anspielung auf Amos 2,16: »Wer unter den Starken der mannhafteste ist, soll nackt entfliehen müssen an jenem Tage, spricht der Herr.« Jetzt, wo sie Jesus gefangennehmen und wegschleppen, ist diese Zeit, Gottes Gericht. Hier erfüllt sich die Schrift (14,49b). Diese Erfüllung der Schrift ist dann aber nicht bloß diese oder jene Episode, die sich in Jesu Passion so zugetragen hat, wie das geschrieben war, und die damit bestätigte, daß sich in diesem Geschehen Gottes Wille vollzog. Mit dieser Erfüllung ist vielmehr auch und gerade das Ganze gemeint: Leben und Tod, Segen und Fluch, die da geschehen. Gottes Wille, nach dem leben soll, wer diesen Willen tut, und sterben soll, wer diesem Willen widersteht. So formuliert das das alte Bekenntnis, das Paulus in 1 Kor 15,3 ff wiedergibt: »Daß Christus für unsere Sünden gestorben ist nach der Schrift.« Das wird hier erzählt, in jener Vertauschung, in der Gott den sterben läßt, der leben sollte, und dafür die leben läßt, die den Tod verdient haben.

Das geht dann weiter, wenn Jesu Verhör vor dem Hohen Rat geschildert wird. Das Hin und Her um das Tempelwort, das die falschen Zeugen vorbringen, ist dunkel und schwer zu durchschauen. Vielleicht ist da auf die zukünftige messianische Zeit angespielt, in der der Tempel neu gebaut werden soll. Mit der Frage des Hohenpriesters und Jesu Antwort aber wird noch einmal die Vertauschung genannt, in der der Richter zum Gerichteten wird. Freilich weist Jesu Selbstzeugnis dann weiter auf eine Zukunft, in der dieser Gerichtete wieder zum Richter wird über die, die jetzt zu Gericht sitzen und ihn verurteilen. Doch jetzt ist er der Sünder, der Gotteslästerer, der ausgestoßen wird aus der Gemeinschaft, weil es solche Lästerung in Gottes Volk nicht geben darf. Als Schuldiger wird er an den römischen Statthalter weitergegeben. Und noch einmal zeigt ihn die Geschichte in seiner Einsamkeit: Er allein auf der einen Seite, und alle anderen gegen ihn. Nicht Jesus, sondern Barabbas soll freikommen. Mit ihm solidarisiert sich die Menge und stößt Jesus aus. Pilatus kann dem nur nachgeben, spricht sein Urteil und läßt es exekutieren.

Auch im Vollzug der Kreuzigung ist Jesus in dieser Einsamkeit gezeichnet: Ausgestoßen, verspottet, gelästert sogar von denen, die mit ihm gekreuzigt sind. Wir sind es gewohnt, gerade die Leidensgeschichte in einer Art Evangelienharmonie wahrzunehmen, auch dann, wenn eine solche Harmonie nicht (wie z. B. im Anhang zum württembergischen Gesangbuch) ausdrücklich vorliegt. Und darum gehört der reuige Schächer (nach Luk 23,39–43) für uns mit zur Geschichte von Jesu Kreuzigung dazu. Die Predigt der Markuspassion sollte vielleicht darauf aufmerksam machen, wie hier ein Einzelzug sich für uns in den Vordergrund schiebt, von dem bei Markus und Matthäus jedenfalls nicht die Rede ist. Er stört da, weil er Jesu Einsamkeit durchbricht. Die wird hier durchgehalten bis zu dem lauten Schrei, den Worten aus Psalm 22, mit denen Jesus stirbt, samt dem Mißverständnis, das diese Worte auslösen: »Halt, laßt sehen, ob Elia komme und ihn herabnehme« (vgl. auch Hartmut Gese, Psalm 22 und das Neue Testament, in: Vom Sinai zum Zion, BEvTh 64, 1974, 180–201). Jesus bleibt allein, bis zu seinem Tod. Erst dann erfahren wir von den Frauen, die von Ferne zuschauten, und von dem, was sich mit Jesu Tod zutrug.

Wie kann Leiden und Sterben Jesu recht gepredigt werden, so, daß nicht bloß die historia dem Glauben vorgehalten wird, und dieser Glaube damit als eine bloße fides historica kraftlos bleibt? Sondern auch so, daß ihm der effectus historiae gegenwärtig wird, und er so durch Christus gratia, iustitia und remissio peccatorum ergreift (vgl. CA XX, 23)? Wo die traditionellen dogmatischen Formulierungen nicht mehr richtig greifen, wo sie unverständlich geworden sind und ihnen durch neue Beispiele kaum aufzuhelfen ist, da sonst die Predigt nur zu leicht in ein univokes Reden verkommt, hilft vielleicht eine erzählende Predigt ein Stück weiter. Ich habe versucht, hier Möglichkeiten anhand der Markuspassion zu zeigen. Das ist sicher noch nicht eine ausgeführte Passionspredigt – die dürfte nicht so in Andeutungen reden. Aber es ist der Hinweis darauf, wie sich von einer solchen Auslegung aus Möglichkeiten der Aneignung erschließen können, die nicht im Streit um die Verständlichkeit oder Unverständlichkeit der traditionellen Deutung des Todes Jesu in den Katechismusformulierungen der Reformationszeit steckenbleiben.

Nun ist aber noch auf einen weiteren Aspekt der Passionspredigt zu verweisen. Sicher steht ein exklusives Verstehen der Passion im Vordergrund, und von solcher Exklusivität des Leidens Jesu wird alle Passionspredigt ausgehen müssen. Doch neben diese Exklusivität kann und muß dann doch auch ein inklusives Verständnis treten: Jesu Leiden als Vorbild für den, der Jesus nachfolgen will. Dazu verweise ich auf die erste Leidensankündigung des Markusevangeliums, die hier unmittelbar an das Petrusbekenntnis anschließt: »Und er hob an, sie zu lehren: Des Menschen Sohn muß viel leiden und verworfen werden von den Ältesten und Hohenpriestern und Schriftgelehrten und getötet werden und nach drei Tagen auferstehen.« Petrus will ihm da wehren, und Jesus weist ihn ab als eine Versuchung des Satans. Und dann ruft Jesus das Volk samt den Jüngern zu sich: »Wer mir will nachfolgen, der verleugne sich selbst und nehme sein Kreuz auf sich und folge mir nach. Denn wer sein Leben erhalten will, der wird's verlieren; und wer sein Leben verliert um meinetwillen und um des Evangeliums willen, der wird's erhalten. Denn was hülfe es dem Menschen, wenn er die ganze Welt gewönne und nähme an seiner Seele Schaden? Denn was kann der Mensch geben, damit er seine Seele löse?« (8,31–37). Ich will wenigstens andeuten, wie das Verhältnis von exklusivem und inklusivem Verständnis des Leidens Jesu theologisch bestimmt werden kann: Durch die Auferweckung des Gekreuzigten wird aus dem exklusiven Leiden ein inklusives. D. h. während er vorher allein auf der einen Seite stand, und alle anderen auf der anderen Seite, sammelt sich nun um das Gedächtnis seines Leidens und Sterbens die Schar derer, die ihm nachfolgen. Das läßt sich mit dem Schlußteil von Jes 53 so sagen: »Wenn er sein Leben zum Schuldopfer gegeben hat, so wird er Samen haben und in die Länge leben und des Herrn Plan wird durch seine Hand fortgehen. Darum, daß seine Seele gearbeitet hat, wird er seine Lust sehen und die Fülle haben. Und durch seine Erkenntnis wird er, mein Knecht, der Gerechte, viele gerecht machen; denn er trägt ihre Sünde. Darum will ich ihm große Menge zur Beute geben, und er soll die Starken zum Raube haben, darum, daß er sein Leben in den Tod gegeben hat und den Übeltätern gleich gerechnet ist und er vieler Sünde getragen hat und für die Übeltäter gebeten« (10–12).

Sicher ist diese Predigt der Kreuzesnachfolge notwendig. Aber die Aufgabe ist recht schwierig. Denn kann wirklich alles Leiden als Nachfolgeleiden bestimmt werden? Das ist ein volkstümliches Verständnis; woher es kommt, ob es Folge einer langen Predigttradition ist, will ich jetzt nicht untersuchen. Leiden und Kreuz werden hier nahezu austauschbar: »Ich habe Kreuz und Leiden, das schreib ich mit der Kreiden. Und wer kein Kreuz und Leiden hat, der wische meinen Reimen ab.« Hieße das dann, daß die Kreuzesnachfolge ganz allgemein zur Conditio humana gerechnet werden muß? Daß geduldig ertragenes Leiden, Krankheit, Unglück, Unrecht schon jene Nachfolge ist: »Wer mir will nachfolgen, der verleugne sich selbst und nehme sein Kreuz auf sich und folge mir nach?« So hilfreich der Verweis auf den leidenden Christus im Einzelfall sein mag – generell paßt diese Interpretation gewiß nicht. Wie kann aber dann interpretiert werden?

Als Beispiel nenne ich eine Predigt über den genannten Text, Mk 8,34. Da wird zunächst von Verzicht geredet, von der stoischen Haltung der Bedürfnislosigkeit. Das sei nicht gemeint, aber auch nicht der Verzicht auf kleine Annehmlichkeiten um großer Ziele willen, den jeder kennt. Es gehe vielmehr bei Selbstverzicht, Selbstverleugnung »um den Verzicht darauf, sich selbst in allem absolut zu setzen. Es geht um den Verzicht darauf, alles sofort zu werten und den Kategorien gut und schlecht zuzuordnen . . . Selbstverleugnung – das ist der Verzicht auf den Absolutheitsanspruch für mich selbst. Dazu braucht man Mut und viel Kraft. Das bringt uns auch manche Demütigung ein. Die Skrupellosen wirken in allem sicher und haben daher viel unkritische Gefolgschaft. Jesus fügt nicht umsonst hinzu: . . . und nehme sein Kreuz auf sich . . . Wer sich als Mensch in seinen Grenzen sieht, der ist immer der Leidenshaltung näher als der Siegerpose. Da hat man manches einzustecken.« Und der Prediger fragt dann weiter: Wenn das so sei, wenn die Nachfolge Jesu mehr Nachteile als Vorteile bringe, Verzicht fordere, ohne Triumphe zu gewähren – was könnte uns veranlassen, die Straße Jesu zu ziehen? Die Kreuze als Wegweiser machten diese Straße nicht gerade attraktiv. Die Antwort lautet: »Nur dort, wo wir Menschen noch in der Lage sind, von einer Absolutsetzung unserer selbst abzusehen, kann in einer vielgestaltigen Welt wie der unsrigen Hoffnung für das Zusammenleben erwachsen . . . Nur da entsteht das Klima der Menschlichkeit, das wir in unserem Zusammenleben so oft vermissen. Und wir selber – ob wir dabei persönlich ärmer werden oder uns ganz verlieren? Vielleicht macht uns eine Entdeckung Mut, die Gabriele Wohmann für sich gemacht hat: ›Beim Versuch, von mir abzusehen, bin ich auf mich gestoßen.‹« Hier

74

wird sehr sorgfältig gedacht und geredet. Der Hörer soll mitgenommen, überzeugt werden. Er soll begreifen, daß hier eine Lebenschance angeboten wird, ihm selbst und unserer Welt. Doch gerade damit bleibt der Zuspruch abstrakt und allgemein – wie wenn wir imstande wären, Kreuzesnachfolge aus uns selbst heraus zu produzieren, als eine Möglichkeit, menschliches Leben zu gestalten, wie die stoische Ataraxie, von der die Predigt ausging, sich als eine solche Möglichkeit gibt. Abstrakt ist diese Predigt, weil sie nicht auf die Zeit achtet. Weil sie darum nicht sagen kann, wo Nachfolge ist, und wo nicht, und was für Folgen die Nachfolge hat, und welche nicht.

Dazu nun noch ein Beispiel, das ich ohne weiteren Kommentar an den Schluß dieser Ausführungen über die Passionspredigt stelle, Der Prediger legt Luk 12,4.5 aus. Jesus treibe da eine Furcht mit der anderen aus. »Fürchtet euch nicht vor den Menschen. Sie können nur den Leib töten, sonst nichts. Fürchtet aber Gott, der Leib und Seele verderben und in die Hölle werfen kann.« Das klinge seltsam, sei aber eine klare Aufrechnung der Folgen der Nachfolge mit den Folgen der Nicht-nachfolge. Diese seien Höllenqualen, die sich zeigten im verunsicherten Glauben, in der Schuldangst des Gewissens und in dem für immer gebrochenen Rückgrat des Charakters. »Das ist nicht nur eine persönliche Erfahrung, die jeder mit seiner Lüge, mit seiner Angst und Feigheit macht. Es ist auch eine kollektive Erfahrung. Ich möchte hier auf das unfaßbare Schweigen der Kirche und der Masse der Christen in unserem Land vor 40 Jahren eingehen, als die Synagogen brannten und der Massenmord an den jüdischen Zeugen der Gerechtigkeit Gottes begann. Ich tue es als von den Folgen jenes Schweigens Betroffener, nicht als Ankläger. Einer hat damals geschrien in diesem Land. Es war der württembergische Pfarrer von Oberlenningen, von Jan. Er stellte sich am Bußtag, eine Woche nach jener Nacht des staatlich erlaubten Verbrechens, auf die Seite der Juden und predigte: ›Wo ist in Deutschland . . . der Mann, der im Namen Gottes und der Gerechtigkeit ruft, wie Jeremia gerufen hat: Haltet Recht und Gerechtigkeit, errettet den Beraubten aus der Hand des Frevlers! Schindet nicht die Fremdlinge, Waisen und Witwen, und vergießt nicht unschuldiges Blut.‹ Und er klagte: ›Die Leidenschaften sind entfesselt, die Gebote Gottes mißachtet, Gotteshäuser, die andern heilig waren, sind ungestraft niedergebrannt, das Eigentum der Fremden geraubt oder zerstört.‹ Pfarrer von Jan wurde dafür von der SA zusammengeschlagen, ins Gefängnis geworfen und aus Württemberg ausgewiesen. Die Kirchenleitung schützte ihn nicht, sondern warf ihm nur vor, daß er seine Predigt ›mit politischen Ausführungen‹ belastet habe. Es muß hinzugefügt werden, daß Bischof Wurm dieses Verhalten der Kirchenleitung zu Pfarrer von Jan später als eine unverzeihliche Schuld angesehen und schwer unter ihr gelitten hat.« Der Prediger führt dann weiter aus: Wir hätten uns nicht nur anzuklagen für das, was damals nicht geschah. »Wir haben vielmehr noch heute mit den schrecklichen Folgen der Nicht-nachfolge aus jenen Jahren zu ringen: mit dem ständigen unbewußten Verdrängen des Versagens, mit dem ständigen unbewußten Kompensieren der Schuldangst durch penetrante Selbstgerechtigkeit und mit Verlust der Glaubwürdigkeit, der Glaubensgewißheit und des eigenen Selbstvertrauens in ihr. ›Verdrängen hält die Erlösung auf. Sich-Erinnern bringt sie näher‹, steht an der Gedenkstätte für die 6 Millionen ermordeten Juden in Jerusalem. Das gilt erst recht für uns. Die Folgen der Nicht-nachfolge: die Folgen verleugneter Wahrheit, gebrochener Gerechtigkeit, verratener Menschlichkeit, sind in unserer Kirche und in unserem Volk katastrophal.« Es könnte sein, daß gerade solch ein Reden heute bei uns an der Zeit ist, damit das Leiden, die Kreuzesnachfolge als Zeichen des Christseins nicht vergessen wird.

5. Die Predigt an Weihnachten

Einige Bemerkungen vorweg zum Charakter von Weihnachten und der durch dieses Fest und seinen Termin am 25. Dezember bestimmten Zeit. Es ist das Fest geworden, das am stärksten im Bewußtsein der Leute verankert ist. Wir wünschen uns »ein frohes Fest und ein gutes Neues Jahr«, wenn wir uns in die Weihnachtsferien verabschieden oder einen Kartengruß verschicken. Woran das liegt, das läßt sich allenfalls vermuten. Es mag mit der Jahreszeit des Datums zusammenhängen, das nach der Wintersonnenwende signalisiert, daß es nun wieder heller wird. Eigentlich muß der Winter an Weihnachten da sein; nur »weiße Weihnachten« sind richtige Weihnachten. Obwohl der Höhepunkt des Winters erst kommt, ist die aufsteigende Sonne der Anfang von seinem Ende. Ob auch der Volkscharakter etwas mit dem Gewicht des Weihnachtsfestes zu tun hat? Jedenfalls gilt es als ein gerade für uns Deutsche besonders typisches Fest. Sicher hat die moderne gesellschaftliche Entwicklung viel von dieser Bestimmtheit des Weihnachtsfestes verwischt. Sommer und Winter, dunkel und hell ist für uns nicht mehr von solchem Gewicht wie für frühere Generationen. Und die Volkssitte verläuft sich, wird überlagert von dem Geschäft, das sich überall gleicht.

Es fällt schwer, das »Fest« zu feiern, nicht nur im gottesdienstlichen Rahmen, sondern auch in den Häusern. Die Feiertage und die Zeit zwischen den Jahren dient darum einem winterlichen Kurzurlaub. Ob das anders werden wird, wenn das Geld noch knapper wird, das wage ich nicht vorauszusagen. Gerade weil die häusliche Feier Probleme hat, verlagert sich die Erwartung in den Gottesdienst, wobei das Gewicht auf der Christvesper am Heiligen Abend liegt. In meiner konservativen württembergischen Dorfgemeinde hat es seinerzeit (1957–1965) am Heiligen Abend keinen Gottesdienst gegeben; da gehöre man ins Haus. Dafür wurde dann das Christfest mit einem festlichen Gottesdienst samt Abendmahlsfeier begangen. Das ist sicher von der liturgischen Tradition her richtiger, als die gerade in evangelischen Gemeinden immer stärker eingeübte Sitte, nach der Weihnachten am Heiligen Abend in der Christvesper gefeiert wird. Den Gottesdienstbesuch am Christfest kann man sich dann schenken. Es kommt ja bald der Altjahrsabend, wo dann wieder ein starker Gottesdienstbesuch zu verzeichnen ist. Die Gottesdienste des Christfestes geraten dann selbst mehr oder weniger in den Sog dieser Abendgottesdienste, auf denen das Gewicht dieser Festzeit liegt. Es fällt schwer, ihnen das Eigengewicht zu geben, das ihnen eigentlich zukäme. Aber wenn einer weiß, daß in den zwei oder drei Christvespern mehr als zehnmal so viele Leute sind als im Hauptgottesdienst am Christfest, dann wird er verständlicherweise das Gewicht seiner Vorbereitung dort haben, wo er die meisten Menschen erreicht. Auch das jeweils eigene Thema von Advent und Epiphanias hat es schwer, sich gegenüber dem Heiligen Abend und seinem Bild der hl. Familie im Stall mit Ochs und Esel zu behaupten. Advent wird zur Einstimmung auf dieses Bild, und das Erscheinungsfest fügt ihm die Heiligen Drei Könige hinzu.

Mit diesem Kontext hat die Weihnachtspredigt zu rechnen. Er sollte nicht zum Text werden. Aber er kann durch die Weihnachtspredigt auch nicht ohne weiteres verändert oder aufgesprengt werden. Wie kann die Predigt auf diesen Kontext eingehen, ohne sich doch so von ihm bestimmen zu lassen, daß das Wort, das zu sagen ist, in diesem Kontext verschwindet? Vielleicht sollte man hier – das als allgemeiner Hinweis – weniger kerygmatisch und erst recht nicht evangelistisch-missionarisch predigen, sondern eher weisheitlich, sich an einen sensus communis richtend. Der erfaßt nach

Christoph Oetinger das Einfachste, das Notwendigste und das Nützlichste. Wenn das Wort, durch das Gott die Welt geschaffen hat, in Jesus Fleisch geworden ist, wie es das zweite Evangelium zum Christfest, Joh 1,1–14, bezeugt, dann kann ein solches Vorhaben gerade auch bei der Weihnachtspredigt schon auch theologisch-dogmatisch gerechtfertigt werden.

Dazu nun zunächst zwei Beispiele, Weihnachtspredigten, die nicht über einen typischen Weihnachtstext gehalten worden sind. Die eine Predigt hat als Text 1 Ko 8,5.6: »Wiewohl solche sind, die Götter genannt werden, es sei im Himmel oder auf Erden, wie es ja viele Götter und viele Herren gibt, so haben wir doch nur einen Gott, den Vater, von welchem alle Dinge sind und wir zu ihm; und einen Herrn, Jesus Christus, durch welchen alle Dinge sind und wir durch ihn.« Die Predigt nimmt den Kontext unseres Feierns auf, indem sie damit einsetzt: »Weihnachten ist das Fest, an dem wir einander gerne frohe Überraschungen machen. Schon als Kinder haben wir uns einst gefreut, wenn wir von unseren Eltern auch ein ganz unerwartetes Geschenk bekommen haben. Ja, vielleicht war unsere Freude noch größer, wenn es uns mit einiger List gelungen war, Vater und Mutter mit unserer handgefertigten Gabe einmal völlig zu überraschen. Doch was sind unsere Überraschungen selbst im besten Fall anderes als ein ganz schwacher Widerschein der unerhörten Überraschung, die Gott, der himmlische Vater, seinen Kindern in der Heiligen Nacht bereitet in dem Kind, das in der Krippe liegt zum Heil der Welt. Die tiefe Verwunderung über dieses unerwartete und unbegreifliche Geschehen bestimmt den Ton aller Weihnachtsbotschaften des Neuen Testamentes.« Damit ist der Prediger vom Kontext zum Text gekommen. Er führt dann aus, es gehe in diesem wundersamen Geschehen um einen Machtkampf ohnegleichen. Gott greife in diesen Machtkampf ein durch seinen Sohn, der mit nichts als dem Wort in diesen Kampf gehe, um die von Gott abgefallene und gegen Gott rebellierende Welt zurückzuholen. Die Dialektik von Ohnmacht und Macht bestimmt dann die weiteren Ausführungen; zunächst wird sie an Jesus selbst aufgezeigt. Dann wird auch die Gemeinde in diese Dialektik mit hineingenommen: »Der so Bevollmächtigte gibt auch den Seinen in aller Ohnmacht ihres Erdenweges Anteil an seiner heimlichen Macht. Es ist die Macht des Glaubens, den er in unseren Herzen weckt, des Glaubens, der in aller Unsicherheit unseres Lebens und in all den Ängsten vor der Macht von Menschen und von unheimlichen Mächten wie dem blinden Zufall oder einem erbarmungslosen Schicksal oder der Zwangsläufigkeit der Verhältnisse, darum weiß, woher letzten Endes wir und alle Dinge kommen: von dem einen guten Gott, dem Schöpfer aller Dinge und dem Geber alles Lebens, der das erste und das letzte Wort behält.« Auch hier wird dann etwas ausgeführt. Freilich bleibt der Prediger in der Abstraktion, redet von der heimlichen Macht der Ohnmächtigen, die in selbstloser Liebe Gott und den Menschen dienen, die sich frei machen lassen von Selbstsucht, die verzichten können. Die Predigt schließt dann so: »Die Macht der Ohnmächtigen ist seit dem ersten Christtag heimlich in der Welt der Machtkämpfe am Werk. Sie wird am letzten Christtag sich allen Augen offenbaren. Aber sie will schon jetzt auch in unserer Schwachheit in einer ohnmächtig werdenden Christenheit ihre göttliche Kraft beweisen – Gott zum Lob und uns zum Leben.« Ich will nun nicht die ganze Predigt kritisch besprechen. Nur danach ist zu fragen, wie der Kontext zum richtigen Reden beiträgt. Und hier läßt sich im Grunde nur feststellen, daß unsere Feier des Weihnachtsfestes mit ihren Überraschungen dieser Predigt eben als Einstieg dient. Aber das Stichwort wird dann verlassen. Die Predigt redet von der heimlichen Macht der Ohnmächtigen. Es ist gut, wenn der Anfang einer Predigt mindestens am Schluß noch einmal aufgenommen wird. Das läßt sich ganz allgemein sagen. Denn die ersten paar Sätze und das hier genannte Stichwort haften, und die Erwartung, was der Prediger daraus nun machen werde, sollte nicht enttäuscht werden. Wenn der Predigtanfang am Ende nicht mehr aufgenommen werden kann nach dem, was gesagt wurde, war er nicht gut gewählt. Das gilt grundsätzlich, und es gilt insbesondere von der genannten Predigt; der Kontext, den der Eingang anspricht, wird verlassen. Ob die Hörer da mitgehen konnten und mitgehen wollten? Ich habe in dieser Hinsicht meine Bedenken. So richtig und wichtig das sein mag, was hier dann gesagt wird: Es bleibt den Hörern fern, weil sie dort nicht sind und sein können an Weihnachten, wo sie der Prediger haben will.

Die andere Predigt, die ich anführen will, hat Mt 11,25–27 als Text: »Zu der Zeit hob Jesus an und sprach: Ich preise dich, Vater und Herr Himmels und der Erde, daß du solches den Weisen und Klugen verborgen hast und hast es den Unmündigen offenbart. Ja, Vater; denn es ist also wohlgefällig gewesen vor dir. Alle Dinge sind mir übergeben von meinem Vater; und niemand kennt den Sohn denn nur der Vater; und niemand kennt den Vater, denn nur der Sohn und wem es der Sohn will offenbaren.« Auch hier, wie bei dem vorigen Beispiel, setzt der Prediger bei der weihnachtlichen Überraschung ein, die wir einander machen. Aber er fährt dann so fort: »Hoffentlich glückt sie, die Überraschung; hoffentlich macht Freude, was wir füreinander vorbereitet haben. Es könnte ja auch eine Enttäuschung geben. Oder sind wir gar so weit gekommen, daß wir uns vor jeder Überraschung hüten: Wenn mich nichts mehr überraschen kann, dann brauche ich auch keine Enttäuschung zu fürchten.« Von da aus geht er weiter, nimmt aus dem Text das Stichwort der Weisen und Klugen auf, die nichts mehr überraschen kann. »Gehören wir zu denen, die wissen, wie sie dran sind, die zurechtkommen mit ihrem Leben: heute am Heiligen Abend, und über die Festtage weg, und jederzeit? Alles ist klar: Die Vorbereitungen haben geklappt, die Geschenke sind richtig einge-kauft – nicht zu aufwendig, aber erst recht nicht zu knapp. Man hat sich vorher abgesprochen. Überraschungen wird es nicht geben, allenfalls diesen oder jenen kleinen Ärger. Aber auch darin ist man ja geübt, mit solchem Ärger fertig zu werden.« Dem wird dann die Erinnerung an die Kinderzeit entgegengestellt, in der die Zeit vor dem Heiligabend voller Spannung war, und der Blick durchs Schlüsselloch ins Weihnachts-zimmer ein Abenteuer. Unser Fest sei dabei das Abbild unseres Lebens. Dann wird der Eingang des Textes zitiert. »Jesus preist den Vater, daß er solches den Weisen und Klugen verborgen hat, und hat es den Unmündigen offenbart. Solches – was ist damit gemeint?« Es gehe da um die Überraschung, das Unerwartete im Leben, das, was beglückt, was das Leben neu macht, ihm Sinn gibt, zeigt, daß es nicht bloß immer dasselbe ist: Arbeiten, Essen, Fernsehen, Schlafen, und am Wochenende die Frage: Was fangen wir an mit dieser freien Zeit? Die Überraschung, die Freude am Unerwarte-ten schiebe dieses Alltägliche zurück. »Sie zeigt mir: Es ist gut, mein Leben. Es kommt vom Vater. Das Fest ist wie das Leben; das Leben ist wie das Fest. Erst der begreift das, der sich überraschen läßt.« Das seien gerade nicht die Klugen, die ihr Leben fest im Griff haben, sondern die Unmündigen, die Fest und Leben nehmen können wie die Kinder. Das aber sei nicht eine Frage des Lebensalters, was mit einer Anekdote aus dem Altenheim belegt wird. Der Prediger setzt dann neu ein mit der Frage: »Wie kommen wir dazu, am Fest wie im Leben, zu solcher Überraschung, zu der Freude, die den Herrn des Himmels und der Erde preist?« Dazu gebe es kein Rezept. Es sei schon schwierig genug, darüber zu reden. Denn wir wollten ja niemand verletzen, und vermieden darum die heiklen Themen, gerade am Fest, wo doch eigentlich Zeit sei, zusammenzukommen und zu reden. Das liege daran, daß der Bereich der Übereinstim-

mung immer kleiner werde. Hier wird die Situation des Predigers und der Gemeinde
also unmittelbar angesprochen; die Überlegung wird dann weitergeführt, indem von
der Schwierigkeit des Redens zwischen Eltern und ihren heranwachsenden Kindern
gesprochen wird. Das lege es nahe, sich in sich selber zurückzuziehen, um nicht zu
verletzen oder verletzt zu werden. »Ich verstehe schon«, sagt der Prediger, »wenn man
dem Fest davonläuft, möglichst bald, in einen Skiurlaub oder noch weiter weg. Aber
das Fest ist wie das Leben. Und dem Leben laufen wir nicht weg.« Dann folgt noch
einmal ein neuer Ansatz, mit der Frage, ob wir es nicht doch versuchen wollten, ein
wenig herauszukommen aus unseren Löchern, in die wir uns zurückgezogen haben,
um möglichst keine böse Überraschung zu erleben; denn dann erlebten wir gewiß auch
keine freudige Überraschung. Dabei hätten wir viel zu erwarten, vielleicht jetzt schon,
am Fest, und gewiß im Leben. Dazu wird nun der zweite Teil des Textes aufgenommen: »Alle Dinge sind mir übergeben von meinem Vater.« Es gebe nichts, was nicht
Gabe des Vaters durch dieses Christkind ist; unser Leben selbst sei diese Gabe, das
Vertraute und das Überraschende. Und vielleicht sei gerade das Vertraute immer
wieder auch das Überraschende. Das wird dann an einigen Beispielen durchgeführt.
Der Prediger fordert schließlich dazu auf, sich an die Überraschung zu erinnern, die
jeden besonders gefreut hat, am Fest und im Leben, und schließt damit, daß er sagt:
»Wer herauskommt aus seinem Loch und anfängt zu sehen und zu hören und zu reden,
der kann sich überraschen lassen. Und wo das geschieht, da sind die Unmündigen die
Klugen, und die Klugen in ihren Löchern sind die Dummen. Herr Christus, zeig du
uns den Vater, damit wir leben lernen.« Im Unterschied zu dem zuerst genannten
Beispiel ist hier der Kontext des Festes, der zunächst mit dem Stichwort »Überraschung« eingeführt wird, nicht bloß ein Einstieg, sondern er bleibt die ganze Predigt
hindurch präsent. So bietet die Predigt dem Hörer an, die problematische Situation des
Festes mit Hilfe des Textes zu reflektieren, und gibt zugleich Hinweise dazu, wie diese
Ausnahmesituation des Festes mit dem Leben zu verknüpfen ist.
Die beiden Beispiele sind nicht Predigten über typische Weihnachtstexte. Die Textwahl
zeigt schon eine gewisse Verlegenheit; das Fest mit seinem Kontext und das, was
eigentlich gefeiert werden soll, die Geburt Jesu Christi, sind auseinandergerückt, und
der gewählte Text sucht den Kontext, die Gemeinde in ihrer diffusen Gestimmtheit und
Erwartung, zu erreichen. Doch muß andererseits die besondere Akzentsetzung der
Weihnachtsverkündigung schon festgehalten werden. Vielleicht besteht dabei die
Chance, gerade in den weniger besuchten Gottesdiensten des Christfestes und der
folgenden Tage auch die lehrhaften Momente des Festes mit in die Predigt hineinzuneh-
men. Es ist für die Perikopen des Christfestes kennzeichnend, daß hier der lehrhafte
Charakter dominiert. Nicht das Weihnachtsevangelium aus Luk 2 ist der traditionelle
Text, sondern Joh 1,1–14. In der römischen Liturgie sind am Christfest drei Messen
vorgesehen, in nocte, in aurora und in die nativitatis Domini. Die Geburtsgeschichte
aus Luk 2 ist den beiden Frühmessen zugeordnet, während die Hauptmesse als
Evangelium den Johannesprolog hat. Die Perikopenordnung der EKD weist entsprechend das Geburtsevangelium der Christvesper bzw. der Christnacht zu, sieht für die
Predigt am Christfest Luk 2,15–20 vor, aber damit austauschbar dann ebenfalls Joh 1.
Die erste Epistel ist Titus 3,4–7: »Als aber erschien die Freundlichkeit und Leutseligkeit
Gottes, unseres Heilandes, rettete er uns, nicht um der Werke willen der Gerechtigkeit,
die wir getan hatten, sondern nach seiner Barmherzigkeit durch das Bad der Wiedergeburt und Erneuerung im Heiligen Geist, welchen er reichlich über uns ausgegossen hat
durch Jesus Christus, unsern Heiland, auf daß wir durch desselben Gnade gerecht und

Erben seien des ewigen Lebens nach der Hoffnung.« Ich brauche nicht lange auszuführen, wie lehrhaft dieser Text ist, von einer großen dogmatischen Dichte, die gewiß nicht in einer einzelnen Predigt auszuschöpfen ist. Das gilt ebenso von der zweiten Epistel, dem Eingang des Hebräerbriefes.

Von besonderem Gewicht aber ist der Johannesprolog als Weihnachtstext. Gerade weil ich von Predigten über diesen Text schon mehrfach enttäuscht worden bin, will ich darüber noch einiges sagen. Sicher liegt das Gewicht auf dem geläufigen v. 14: »Und das Wort ward Fleisch und wohnte unter uns, und wir sahen seine Herrlichkeit, eine Herrlichkeit als des eingeborenen Sohnes vom Vater, voller Gnade und Wahrheit.« Aber es ist gefährlich, sich diesen Vers herauszunehmen und bloß darüber zu predigen. Denn dann ist diese Predigt rasch wieder bei der uns so geläufigen soteriologischen Engführung, obwohl die doch gerade durch einen solchen Text wie Joh 1 aufgebrochen wird. Denn da ist von Gott, dem Wort die Rede, durch das alles geschaffen ist! Wird hier die Frage zu eng angesetzt, dann wird die Antwort ungenügend sein. Ich gebe ein Beispiel: »Warum haben die Apostel, die ersten Christen und die Gläubigen aller Zeiten die Menschwerdung Gottes als ein unbeschreiblich großes Geschenk empfunden? . . . Es liegt daran, daß sie hier eine Stimme vernahmen, die sie sonst nirgends hören konnten. Und nicht nur eine Stimme, sondern genauer eine Antwort auf die schwere, quälende Frage, die alle umtrieb, und die alle Menschen umtreibt seit Adams Fall: die Frage nach dem ›Woher‹ und ›Wohin‹. Wir kennen sie ja selber. Sie ist keine Frage der Neugier. Wer wandert, muß irgendwie einmal zu wissen bekommen, wohin die Fahrt geht.« So wird hier Menschsein in seiner Fraglichkeit expliziert: »Hungernd nach Ewigkeit und doch dem Tode verfallen; dürstend nach Liebe und doch in sich selber lieblos – das ist der Mensch. Nein, sagt die Weihnachtsbotschaft, das braucht nicht so zu sein. Gottes heilige Liebe hat in Christus ihr Zelt mitten unter uns aufgeschlagen. Also für diesen Ort stimmt eure Klage nicht. Hier steht der reine Mensch, die neue Schöpfung, mitten unter euch. Er zeigt euch, woher ihr stammt und wohin ihr gehen sollt. ›Euch ist heute der Heiland geboren.‹ Er ist in Person die Antwort auf eure Frage. Denn er ist das Kind Gottes, das in freiem Gehorsam mit Leib und Seele ganz dem Geiste des Schöpfers hingegeben ist. Und das ist seine Herrlichkeit!« So richtig das grundsätzlich genommen ist, so sehr bleibt solches Reden doch nur eine abstrakte Versicherung. Denn mit seiner Frage nach dem »Woher« und »Wohin«, und dem Bild der Wanderung, bei der einer das Ziel kennen muß, ist es auf ein Menschsein fixiert, das sich reflektierend seiner selbst gewiß werden will. Diesem Reflektieren aber wird das Leben zu einem Äußerlichen. Denn das Subjekt, das nach seinem Woher und Wohin fragt, das distanziert sich eben damit von seinem Leben in dieser Welt als von einem Äußerlichen. Die in der angeführten Predigt gebrauchte Metaphorik von Wanderschaft bzw. Fahrt macht das deutlich.

Hier muß auf jeden Fall der Kontext beigezogen werden, am besten so, daß nicht nur über Joh 1,14 gepredigt wird, sondern der ganze Prolog 1–18 mit einbezogen wird. Dabei können die auf den Täufer bezogenen Verse 6–8 und 15 auch weggelassen werden (zur Auslegung vgl. neben dem klassischen Kommentar von Rudolf Bultmann auch Hartmut Gese, Der Johannesprolog, in: Zur biblischen Theologie, BEvTh 78, 1977, 152–201). Hier sind Schöpfung und Offenbarung aufeinander bezogen. Der Gott offenbart, ist der, durch den die Schöpfung geschehen ist. Dabei ist freilich nicht über einen λόγος ἄσαρκος zu spekulieren. »Denn das Gesetz ist durch Mose gegeben; die Gnade und Wahrheit ist durch Jesus Christus geworden.« Aber gerade dann darf Leben als dieses unser Sein in der Welt nicht draußen bleiben, unverstanden, ausgeschlossen aus dem, wovon die Predigt zu sprechen hat. Die Stichworte Leben und Licht, das Leben als das Licht der Menschen, wie es im Eingang des Prologs heißt, weisen ein in das Verstehen des Lebens in dieser Welt. Sicher ist das dann nicht einfach das biologische Leben. Aber unsere fast schon selbstverständliche Trennung eines inneren, geistigen und eines äußeren, leiblichen oder biologischen Lebens ist vielleicht schon der Fehlansatz, der uns dann einen solchen gewaltigen Text wie den Johannesprolog so kümmerlich verstehen und interpretieren läßt, daß da bloß wieder Heil und Rettung für die Innerlichkeit herauskommt. Daß hier Wort ist, und daß dieses Wort dann Fleisch wird, das wehrt der Trennung, weist ein gerade in das leibhafte Leben als die Gegenwart Gottes. So sollte der Johannesprolog ausgelegt werden, daß er das Heil Gottes zusammenspricht mit dem Leben, gerade dem leibhaften Vollzug, den die Reflexion in eine bloße Äußerlichkeit hineintreiben möchte. Aber das wäre schon ein Abweisen des Lichtes, von dem hier die Rede ist: »Das war das wahrhaftige Licht, welches alle Menschen erleuchtet, die in diese Welt kommen.« Ob die Predigt geistesmächtig ist, das kann sich dann gerade daran zeigen, daß es ihr gelingt, dieses Wort zu sagen, das Licht bringt. Freilich mag es auch hier so gehen, wie es uns oft ergeht, daß wir lieber und leichter über Licht und Erleuchten reden, statt Licht und Erleuchtung in unserem Predigen zu vollziehen. Jedenfalls nötigen die Weihnachtstexte zur Reflexion. Was als eine etwas diffuse Stimmung Schwierigkeiten macht, kann hier durchstoßen werden. Dann jedenfalls, wenn einer theologisch zu reden gelernt hat. Im übernächsten Paragraphen muß dazu noch einiges gesagt werden.

6. Advent

Das Weihnachtsfest zieht die Adventszeit in seinen Bann. Nicht nur so, daß die Samstage vor den vier Adventssonntagen zu einer Zeit des Weihnachtsgeschäftes gemacht worden sind. Auch die Adventsbräuche verweisen auf das Weihnachtsfest, machen den Advent zur Zeit vor Weihnachten. Ich erinnere nur an den Adventskalender, der mit den verschlossenen und geöffneten Türchen markiert, wie lange es noch ist bis zum Heiligen Abend. Oder an den Adventskranz, sozusagen den Vorboten des Christbaums, der auch in unsere Kirchen Einzug gehalten hat. Das kann dazu verleiten, hier dann die Problematik des kommenden Festes und der Vorbereitung auf dieses Fest zu einseitig in den Mittelpunkt der Adventspredigt zu stellen. Sicher ist die Adventszeit eben die Zeit vor Weihnachten. Aber das heißt gerade nicht, daß sie nicht ihr eigenes Thema hat. Vielleicht ist es sogar notwendig, dieses eigene Thema des Advents besonders zu betonen, mindestens in der Adventspredigt, damit nicht die ganze Adventszeit in den Sog des so problematischen Weihnachtsfestes gerät. Das kann auch in der Predigt ausdrücklich gesagt werden, etwa so – Text der Predigt, aus der ich zitiere, ist Luk 21,25–33, ein Abschnitt aus der synoptischen Apokalypse (Mk 13 parr): »Morgen wird Christus da sein! Das zu wissen, heißt den Advent begehen. Morgen wird ER herrschen, ER allein. In aller Sichtbarkeit. Werft eure Adventskränze auf den Müll . . . laßt nicht den süßen Duft der Lebkuchen durch das Haus ziehen . . . gebt alles schon Gebackene dem Vieh . . . laßt die Geschenke ungekauft . . . erzählt den Kindern nicht vom Christkind, wenn ihr das nicht wißt! Wenn ihr das vergeßt; das nicht alles sein laßt im Advent! Morgen wird Christus herrschen, ER allein.« Sicher hat auch das seine Schwierigkeiten. Ich weiß nicht, ob ein Hörer dieser Predigt dann wirklich den Adventskranz auf den Müll geworfen hat und seine Geschenke ungekauft ließ. Viel eher ist zu erwarten, daß sie alle bestätigend mit dem Kopf genickt haben: Natürlich, recht hat er. Und wir wissen auch wohl, was uns da gesagt wird: Jesus Christus wird wiederkommen, wie wirs Sonntag für Sonntag im Glaubensbekenntnis sagen. Wie weit also diese ausdrückliche Betonung des Advents mit seiner eigenständigen Aussage ankommt gegen eine vorweihnachtliche Gestimmtheit, läßt sich fragen. Daß die Predigt hier ihre Aufgabe hat, daß sie nicht bloß auf Weihnachten einstimmt, sondern das Kommen Gottes als eigenes Thema hat, das muß der Prediger an den Adventssonntagen wissen.

Wenigstens ganz knapp dazu noch einige Hinweise: Das Evangelium zum 1. Advent ist der Einzug Jesu in Jerusalem nach Matthäus. Derselbe Text ist noch einmal am Palmsonntag Evangelium. Freilich haben die neuen Perikopenordnungen, um die Doppelung zu vermeiden, dann die Geschichte nach dem Johannesevangelium. Aber soviel ist jedenfalls deutlich: Das Kommen, auf das hier hingewiesen wird, ist das verheißene Kommen des Friedenskönigs, wie es in Sach 9,9.10 angekündigt ist. Und es ist zugleich das Kommen dessen, der ans Kreuz geht. Diesem ersten Advent folgt der 2. Advent, das eschatologische Kommen Jesu Christi, das Kommen des Reiches Gottes in Herrlichkeit. Damit verbunden ist die Frage nach der Zeit bis dahin. Darum die Epistel aus Jak 5,7.8: »So seid nun geduldig, liebe Brüder, bis auf den Tag, da der Herr kommt. Siehe, ein Ackermann wartet auf die köstliche Frucht der Erde und ist geduldig darüber, bis sie empfange den Frühregen und Spätregen. Seid auch ihr geduldig und stärket eure Herzen; denn der Herr kommt bald.«

Hier muß ich dann freilich an die Zeitproblematik erinnern. Üblicherweise wird in Dogmatik und Homiletik, aber auch in Predigten, von einem weiteren Kommen Jesu Christi gesprochen – zwischen dem ersten und dem zweiten Advent kommt er im Wort. So richtig das ist, so wenig reicht es zu, um die theologische Frage zu bewältigen, wie denn nun richtig vom Kommen Gottes geredet werden kann, seinem Kommen in Niedrigkeit, seinem Kommen in Herrlichkeit. Wird das Kommen zu einem Datum auf der uns geläufigen Zeitlinie gemacht, dann führt das fast automatisch dazu, daß aus diesem Kommen ein Imperativ abgeleitet wird: Durch dieses Kommen sind wir instand gesetzt zu einem neuen Leben, eben damit aber auch dazu aufgefordert, uns für dieses neue Leben zu entscheiden. Eine Adventspredigt über Röm 5,12–21 – die Gegenüberstellung von Adam und Christus – setzt so ein: »Wer in der Zeit des ›Dritten Reiches‹ die Schule besucht hat, wird sich wohl noch daran erinnern, wie damals den Schülern eingeimpft wurde, daß die Daten der Weltgeschichte nicht mehr nach der Geburt Christi, sondern nach der ›Zeitwende‹ zu zählen seien.« Durch diesen Sprachgebrauch hätten die Ideologen des Nationalsozialismus freilich das Gegenteil von dem erreicht, was sie wollten. »Sie haben nämlich deutlich gemacht, daß das Kommen Jesu in die Welt nicht ein beliebiges Datum unter anderen ist, sondern ein gewaltiger Nagel, den Gott in die Geschichte dieser Welt eingeschlagen hat und an dem nun das Geschick der Menschheit hängt. Mit dem Kommen Jesu Christi ist eine Wende geschehen, eine Zeiten- und Weltenwende. Mit seinem Kommen hat ein Neues auf dieser Erde angefangen.« Es werden dann Adam als der alte und Christus als der neue Mensch einander entgegengesetzt, durchaus im Duktus des Textes. Und es wird darauf hingewiesen, wie wir selbst zwar noch bestimmt sind durch Adam, durch die Zwänge und die Unfreiheit des Sündenlebens, wie aber zugleich Christus als die neue Möglichkeit da ist. Indem so von der neuen Möglichkeit geredet wird, wird die Predigt mit innerer

Notwendigkeit appellativ, auch wenn der Prediger nicht Imperative gebraucht. »Wir leben nach der großen Zeitenwende. Wir haben den neuen Menschen vor Augen und durch ihn die Möglichkeit, auszusteigen aus dem Kreislauf des Bösen, aus dem Teufelskreis der Sünde und des Egoismus und gerade in diesen Tagen die Herzen und Hände weit aufzutun für die vielen Menschen, die Not leiden. In Jesus Christus hat Gott das Neue begonnen, das er an jener letzten Zeitenwende vollenden wird, wenn das Wort seiner Verheißung sich erfüllt: ›Siehe, ich mache alles neu.‹ Zwischen dieser ersten und letzten Zeitenwende liegt unser Leben. In der Spur Jesu Christi können auch wir neue Menschen werden, Menschen, die frei sind von sich selbst, frei für Gott und seine Sache in dieser Welt.« Zugegeben: da ist einigermaßen dezent geredet worden. Aber das ändert nichts daran, daß die Predigt in der Abstraktion des Imperativs bleibt, dem Hörer die Realisierung zuschiebt: »Wir leben nach der großen Zeitenwende. Wir haben den neuen Menschen vor Augen und durch ihn die Möglichkeit, auszusteigen aus dem Kreislauf des Bösen, aus dem Teufelskreis der Sünde und des Egoismus und gerade in diesen Tagen die Herzen und Hände weit aufzutun für die vielen Menschen, die Not leiden.« Wie wenn es dazu die neue Zeit und die Gegenwart des kommenden Reiches brauchte! Als die Jünger die Frau anfuhren, die Jesus in Bethanien salbte, hat sie Jesus in Schutz genommen: »Ihr habt allezeit Arme bei euch, und wenn ihr wollt, könnt ihr ihnen Gutes tun; mich aber habt ihr nicht allezeit« (Mk 14,7). Für Almosen ist immer die Zeit – das ist keineswegs typisch für den neuen Menschen und die neue, durch das Kommen Christi eröffnete Zeit. Die Predigt sollte aber gerade in diese Zeit einlassen, und nicht vertauschen, was unterschieden gehört: Gesetz und Evangelium. Das Gesetz, das auf die Möglichkeiten zum Guten hinweist, und das Evangelium, das einläßt in die Wirklichkeit eines Lebens aus Gott.

Sicher ist solche Unterscheidung von Gesetz und Evangelium nicht leicht, und jeder fällt immer wieder zurück in ein gesetzliches Verständnis des Evangeliums, weil das scheinbar so viel einfacher ist und näher liegt: Das Kommen Gottes in Jesus Christus wird dann in das uns mögliche Tun verlegt. Gott und sein Kommen gerät in unsere Innerlichkeit. Es ist dann ein gedachtes Kommen, das allenfalls noch die Emotion mit sich bringt, wenn der Prediger gut zu reden versteht und die nötige Stimmung da ist. Aber der Weg geht da aus dem Buch, dem Predigttext, in den Kopf des Predigers, und von da in den Kopf des Hörers. Da ist dann vielleicht schon etwas angekommen – ein Gedanke, eine Vorstellung. Aber das ist ja nicht der gekommene Gott in Jesus Christus. Und weil da nun nichts ist, darauf hinzuzeigen, darum der Appell an den Hörer, dieses Vorzeigbare selbst hervorzubringen: Nun mach deine Brieftasche auf und hol den Hunderter für »Brot für die Welt« heraus. Und wenn der dann im Opferteller liegt, dann ist endlich etwas vorzuweisen, was die Predigt hervorgebracht hat. Nicht, daß ich das gering schätzen wollte, das Almosen, und meinte, davon dürfe nicht die Rede sein. Aber da muß einer wissen, in welche Zeit das gehört, daß das nicht die neue Zeit des gekommenen und wiederkommenden Herrn ist. Von der muß erzählt werden. Die kommt nicht von innen heraus als meine Möglichkeit. Sie kommt von außen. Da muß einer wach und bereit sein, wenn der Herr kommt, jetzt und dann. Jetzt: das ist nicht immer, sondern die kostbare Zeit, in der seine Nähe erfahren wird, Zeit des Glaubens und der Liebe. Dann: wenn es soweit ist, wenn das Stündlein kommt, mein Stündlein und das Stündlein der Welt. Nicht umsonst gehört der Aufruf, zu wachen und bereit zu sein, zu dem Grundbestand der Verkündigung Jesu nach den synoptischen Evangelien. Wenn ein Imperativ angebracht ist, dann dieser: »Sehet euch vor, wachet! Denn ihr wisset nicht, wann die Zeit da ist. Gleichwie ein Mensch, der über Land zog und verließ sein Haus und gab seinen Knechten Vollmacht, einem jeglichen seine Arbeit, und gebot dem Türhüter, er solle wachen: so wachet nun, denn ihr wisset nicht, wann der Herr des Hauses kommt, ob am Abend oder zur Mitternacht oder um den Hahnenschrei oder des Morgens, auf daß er euch nicht schlafend finde, wenn er plötzlich kommt. Was ich aber euch sage, das sage ich allen: Wachet!« (Mk 13,33–37). Es ist immer Zeit, zu wachen – Almosen geben gehört zu solchem Wachen dazu, wie Predigen und Hören, wie Beten und Arbeiten. Aber die Zeit des Kommens, den Advent, Jetzt und Dann, bestimmen gewiß nicht wir, sondern der, der kommt.

7. Erscheinungsfest

Das am 6. Januar gefeierte Erscheinungsfest gehört zu den älteren christlichen Festen, hat eine Zeit lang als Termin für die Feier der Geburt Jesu gedient. Wie das Weihnachtsfest hat es ein heidnisches Fest verdrängt. War der 25. Dezember der Tag des Sol invictus, so die Nacht vom 5. auf 6. Januar die Zeit für die Feier der Geburt des Aion, der Zeit (AΩ!), durch die Kore, die jungfräuliche Göttin. Erscheinung, Epiphanie bzw. Theophanie ist das im Namen des Festes angezeigte Thema. Aber dieses Thema ist nicht populär. Ich habe schon darauf hingewiesen, daß das Erscheinungsfest durch das Weihnachtsfest bestimmt ist: Hier kommen die Heiligen Drei Könige zum Kind in der Krippe und vervollständigen damit das uns geläufige Bild. Dabei ist, wie bei Ochs und Esel, der Prophet Jesaja mitbeteiligt an der Konkretion dieses Bildes: »Mache dich auf, werde licht; denn dein Licht kommt und die Herrlichkeit des Herrn geht auf über dir! Denn siehe, Finsternis bedeckt das Erdreich und Dunkel die Völker; aber über dir geht auf der Herr, und seine Herrlichkeit erscheint über dir. Und die Heiden werden zu deinem Licht ziehen und die Könige zum Glanz, der über dir aufgeht« (60,1–3). Da haben wir die Könige, denen die Legende dann ihre Namen gegeben hat. Aber wir haben auch die Heiden. Deshalb ist dann in neuerer Zeit, seit der Erweckung des frühen 19. Jahrhunderts, das Erscheinungsfest mit dem Thema der Heidenmission verbunden worden. Als dieses Missionsfest kenne ich es aus meiner württembergischen Heimatkirche; hier hat man das Erscheinungsfest als diesen Missionstag geschätzt und gehalten.
Wir haben hier eine recht diffuse Bestimmung vor uns, vor allem dann, wenn zugleich die Tradition des Erscheinungsfestes mit bedacht wird: Ursprünglich sind hier drei Evangelientexte beheimatet: die Taufe Jesu durch Johannes, mit der Geistbegabung und der Himmelsstimme: der dreieinige Gott erscheint hier. Dann die Geschichte von der Hochzeit zu Kana und dem Weinwunder, die so schließt: »Das ist das erste Zeichen, das Jesus tat, geschehen zu Kana in Galiläa, und offenbarte seine Herrlichkeit. Und seine Jünger glaubten an ihn« (Joh 2,11). Schließlich dann Matth 2,1–12, die Weisen aus dem Morgenland. Dieser Evangelientext hat die anderen beiden ursprünglich zum Erscheinungsfest gehörigen Texte verdrängt, und sie haben nun am ersten und zweiten Sonntag n. Epiph. ihren Platz gefunden. Freilich hat dann wieder das Evangelium von der Taufe die Geschichte vom zwölfjährigen Jesus im Tempel vom 1. S. n. Epiph. verdrängt. Sie ist nun dem 2. Sonntag nach dem Christfest zugeordnet, der ja nur selten gefeiert wird (dann, wenn der 25. 12. auf einen Mittwoch, Donnerstag oder Freitag

fällt). Man hatte diesem Evangelium dann das Thema »Erziehung« zugeordnet. Aber das ist wohl doch etwas gezwungen, und auf einen »Erziehungssonntag« an diesem Ort des Kirchenjahrs können wir schon verzichten.

Freilich ist damit das Erscheinungsfest und sein besonderes Thema noch nicht genauer bestimmt. Sollen wir es bei der Nähe zum Weihnachtsfest lassen? Mit dem Erscheinungsfest geht die Weihnachtszeit zu Ende. Die Christbäume werden abgeräumt, der Weihnachtsschmuck verschwindet aus den Schaufenstern, und die Schokoladenfabrik gießt die nicht verkauften Weihnachtsmänner in Osterhasen um. Die Weihnachtsferien sind zu Ende, und der Alltag hat uns wieder. Kann das zum Thema oder mindestens zum Einstieg für die Predigt am Erscheinungsfest werden? »Weihnachten liegt hinter uns. Wir haben auch die ersten Schritte ins neue Jahr hinein getan. Ernste Gedanken, Fragen und Sorgen, wie sie uns nun einmal um die Jahreswende beschäftigen, haben vielleicht bei manchem das Weihnachtserlebnis in den Hintergrund gedrängt. Aber nun führt uns der heutige Tag noch einmal an die Krippe von Bethlehem. Hat er der Weihnachtsbotschaft noch etwas hinzuzufügen? Manche glauben, dieses Fest entbehren zu können. Viele wissen nichts mehr davon, daß es eines der ältesten Feste der Christenheit ist und in der alten Kirche hoch in Ehren stand, bevor überhaupt die Feier des Weihnachtsfestes, wie wir sie heute begehen, noch bekannt war. Aber wir können diesen Tag doch nicht missen. Nicht nur, weil uns die Gestalten seines Evangeliums, die Weisen aus dem Morgenlande, so lieb und vertraut geworden sind, daß wir uns ohne sie das Bild von Weihnachten gar nicht denken können, sondern vor allem deshalb, weil wir die Botschaft des Epiphaniasfestes so notwendig brauchen. Wie sie lautet? Sie ist in jenem alten Prophetenwort zusammengefaßt, das wir als Epistel hörten: ›Mache dich auf, werde licht, denn dein Licht kommt und die Herrlichkeit des Herrn geht auf über dir.‹« Damit ist die Predigt dann bei dem Thema: Jesus als das Licht. Ich habe schon erwähnt, daß das ein problematisches Thema ist. Nicht, weil davon nicht viel zu sagen ist. Aber wir stehen gerade hier dann in der Gefahr, über Licht und Erleuchtung zu reden, statt durch unser Reden selbst Licht und Erleuchtung zu bringen. Das müßte dann freilich so geschehen, daß ein solches Wort die Hörer genau dort antrifft, wo sie sind, und zwar so, daß es dabei die Zeit auf Gott hin und von Gott her durchsichtig macht.

Bleiben wir noch beim Evangelium des Erscheinungsfestes. Es kann dazu dienen, hier dann im Nacherzählen den Ort zu zeigen, wo die Gemeinde hingehört. »Keines der Evangelien berichtet davon, daß die Frommen des Volks, die Priester, Schriftgelehrten und Pharisäer, zur Krippe geeilt wären. Zuerst kommen Menschen, von denen man das nicht erwarten kann. Bei Lukas sind es die Hirten; Matthäus berichtet gar von Heiden aus einem fernen Land. Magier sind es noch dazu, tief verstrickt in Zauberei und Aberglauben. Alles spricht dagegen, daß gerade sie die Richtigen sind. Ob sie einen Heiland erwarten, ob sie sehnsüchtig nach ihm Ausschau halten, ist nicht gesagt. Aber es steht da: Sie sehen ein Zeichen; ein Stern erscheint ihnen. Sie erkennen, daß Gott ihnen ein Signal gibt. Sie lassen sich davon aufstöbern und in Bewegung setzen.« So gebe Gott auch uns Zeichen, eine Krankheit, ein Leid, einen Todesfall, eine besondere Freude. Aber wie die Weisen aus dem Morgenland könnten auch wir nur aus der Schrift erfahren, was diese Zeichen sagen wollten. Den Weisen wird dann Herodes als Kontrastfigur gegenübergestellt. »Die Herodesantwort auf Christus ist zu allen Zeiten die gleiche: Heuchelei und Verfolgung, wie es gerade paßt.« Die erschütterndsten Figuren dieser Geschichte aber seien die Priester und Schriftgelehrten. »Sie wissen alles, aber niemand von ihnen rührt sich. Wenn sie schon den Stern nicht bemerkt haben, so müßte sie doch die Botschaft der Weisen aufrütteln. Statt dessen bleibt bei ihnen alles beim Alten.« So kann man umgehen mit dieser Geschichte, den Hörern den richtigen Platz anbieten.

Eine Frage ist dann freilich an diese Nacherzählung zu stellen – wie an viele biblische Geschichten: Sollen wir sie einfach so nehmen und weitererzählen, wie sie dastehen? Oder ist nicht gerade hier die Kritik nötig? Nicht um der bloßen Aufklärung willen. Vielmehr um zu verhindern, daß diese Geschichte samt dem, was sie sagen möchte, ja samt all der weihnachtlichen Folklore und den großen und kleinen Krippen eingepackt und weggestellt wird. Auch Maria und Josef und das Kind in der Krippe braucht man nun nicht mehr – in den alltäglichen Lebensvollzug paßt das alles sowieso nicht mehr hinein. Dem, der historische Arbeit an den Texten gelernt hat, ist Kritik an den Geburtsgeschichten bei Matthäus und Lukas geläufig. Und wer sich nicht grundsätzlich gegen solche Kritik sperrt – mögliche Gründe dafür will ich jetzt nicht erörtern –, kann sich der Evidenz einer Erklärungsweise kaum entziehen, die spätestens seit David Friedrich Strauß geläufig ist. Der Text, etwa diese Erzählung von den Weisen aus dem Morgenland, ist nicht als Bericht über etwas, was wirklich so geschehen ist, verständlich. Wollte man ihn dazu nehmen, um einen in sich stimmigen klaren Ablauf der Ereignisse zu rekonstruieren, würde man sich in unlösbare Widersprüche verwickeln. Ich erinnere nur an die Rolle von Bethlehem als Geburtsort Jesu und Nazareth als seiner bekannten Heimat. Bei Lukas ist Jesus während eines vorübergehenden Aufenthaltes anläßlich der Schätzung in Bethlehem geboren. Bei Matthäus ist offenkundig Bethlehem der Wohnort des Josef. Er verläßt diesen Ort, um der Nachstellung des Herodes nach Ägypten zu entfliehen, und nimmt dann nach der Rückkehr aus Ägypten seinen Wohnsitz in Nazareth. Aber das ist nur eines unter vielen Problemen, die die Geburtsgeschichten, historisch genommen, bieten. Wir legen sie aus als Ausdruck des Glaubens an Jesus als den verheißenen Messias; nicht nur so hat sich dieser Glaube ausgesprochen, daß er Jesus das Messiasprädikat beilegte. Sondern auch so, daß er von seiner Geburt in Bethlehem erzählte – das wußte man ja, wie die Hoftheologen des Herodes zeigen, daß der Christus in Bethlehem geboren werden sollte. Ich will mich nun nicht weiter bei dieser geläufigen Auslegungsmethode aufhalten. Ich frage aber, ob eine solche Auslegung nicht u. U. auch auf die Kanzel gehört. Es gibt sicher Predigthörer, die dann unwillig werden. Aber es gibt sicher auch viele, die erleichtert sind, wenn man ihnen klar sagt, daß es hier nicht darum geht, anzunehmen, daß eine unglaubliche Geschichte wirklich passiert ist. Sondern daß es um den Glaubenssinn dieser Geschichte geht.

Solche Dinge zu sagen, ist eine heikle Angelegenheit; vor allem deshalb, weil sie nicht üblich ist, und darum auch keine Erfahrungen damit vorliegen, wie mögliche Konflikte aufzuarbeiten sind, die sich hier ergeben können. Ich habe eine Predigt über die Geschichte von Kain und Abel damit begonnen, daß ich sagte, es handle sich hier um eine erfundene Geschichte; gerade darum sei sie wahr. Ein gutes Vierteljahr später hat mir das ein Gemeindeglied in einem Predigtnachgespräch entrüstet vorgehalten – das Predigtnachgespräch fand anläßlich eines Seminargottesdienstes statt, ging über eine völlig andere Predigt. Aber die Entrüstung über meine ungehörige Äußerung saß anscheinend so tief, daß die Frau sie noch loswerden mußte. Ich halte die Äußerung freilich nicht für typisch; man kann und muß wohl in dieser Hinsicht auch einiges sagen. Und je stärker das Vertrauensverhältnis von Prediger und Gemeinde ist, desto einfacher wird das auch sein. Ich gebe dazu nun eine Predigteinleitung zu Mt 2,1–12. Sie stammt aus meiner schwäbischen Dorfgemeinde; ich habe die Predigt dort vor 22

Jahren am Erscheinungsfest gehalten. Eingesetzt habe ich damit, daß ich auf den Sprachgebrauch hinwies: Nicht nur die Katholiken, sondern auch viele Evangelische redeten statt vom Erscheinungsfest lieber vom Dreikönigstag. »Das ist nur ein Zeichen dafür, wie sehr sich Phantasie und Einbildungskraft mit dieser Geschichte beschäftigt haben, wie sie daran weitergedacht haben, wie die Geschichte ausgestaltet und ausgeschmückt wurde, so daß man schließlich sogar die Namen der drei Könige wußte, Kaspar, Melchior und Balthasar.« Dem folgt ein Hinweis auf den Kölner Dom und die dort in dem kostbaren Schrein aufbewahrten sterblichen Überreste der drei Könige. Die Geschichte sei sehr volkstümlich geworden. Das zeige sich an der vielfältigen Darstellung in der Kunst, wie an der Popularität, die diese Figuren der Heiligen Drei Könige überall genießen, auch dort, wo man sonst vom Glauben nicht allzuviel hält. »Sie gehören mit dazu, schließen den Zug der weihnachtlichen Gestalten ab, zu denen neben dem Kind in der Krippe auch sein seltsamer Doppelgänger, das Christkindlein, gehört, und neben den Hirten auch der Nikolaus und sein bärbeißiger Begleiter, der Knecht Ruprecht. Das wäre an sich noch nicht schlimm. Denn unsere Phantasie braucht ihre Bilder, und es ist gewiß ein großes und eindrückliches Bild, wie es die frommen Maler des Mittelalters immer wieder festgehalten haben: Auf der einen Seite Maria mit dem Kindlein, und auf der anderen Seite die drei Könige, Repräsentanten der Menschheit aus den drei Erdteilen, welche diesem Kindlein ihre Kronen zu Füßen legen. Es wäre schon recht, wenn wir dieses Bild so auf uns wirken ließen. Es wäre auch kein Schade, wenn wir von den Heiligen Drei Königen redeten, auch wenn das Matthäusevangelium nur von Weisen, von Sterndeutern aus dem Morgenland zu berichten weiß – das alles wäre kein Schade, wenn wir uns gleichzeitig davor hüteten, dies Bild dann ins Märchenhafte, Kindliche, in Halbwahrheit und Unwahrheit abzuschieben, gerade recht für Kinder und solche, die es nicht besser wissen. Ganz gewiß verdankt die Geschichte, von der wir heute reden, der frommen Einbildungskraft ihre Gestaltung. Aber gerade deshalb ist in ihr eine tiefe Wahrheit enthalten. Man hat versucht, diese Wahrheit zu entdecken, indem man fragte, was denn nun wirklich geschehen sei, und was bloß Erfindung sei an dieser Geschichte. Aber mit solch einer Frage kommt man ihrer Wahrheit gerade nicht näher, sondern verliert sich in haltlose Spekulationen oder in unfruchtbare Kritik. Ihre Wahrheit nimmt die Geschichte vielmehr davon her, daß sie an dem Kinde Jesus und denen, die mit ihm zu tun haben, zeigt, wie es uns mit dem Manne Jesus geht. Vielleicht gerade deshalb, weil diese Geschichte eine volkstümliche Erdichtung ist, vermag sie das in besonders klarer und eindrücklicher Weise auszudrücken.« Ich habe dann weiter den Gegensatz des Königtums des Herodes und des Königtums Jesu Christi expliziert, wie auch den Gegensatz der Weisen, die von fernher kommen, um Jesus zu suchen, und der Schriftgelehrten Jerusalems, die lieber bei Herodes bleiben und nicht zu Jesus finden. Das ist hier nicht wichtig. Ich will nur hinweisen auf die Möglichkeit auch einer solchen kritischen Behandlung. Natürlich weiß ich nicht, was die Leute darüber gedacht und dazu geredet haben. Aber mir ist nicht zu Ohren gekommen, daß sich irgend jemand verletzt gefühlt habe durch diese kritischen Ausführungen. Ich lasse es bei diesem Hinweis, der auf seine Weise zeigt, wie die Festzeit von Weihnachten verbunden werden kann mit einer unfestlichen Realität. Ich denke, daß gerade solche Kritik hier eine legitime Funktion hat.

Sicher handelt es sich bei dem, was ich bisher beschrieben habe, auch um Feste im Jahreslauf. Aber das ist dann das Kirchenjahr mit seiner Christusbestimmtheit, auch wenn die gerade im Weihnachtsfestkreis problematisch geworden ist. Nun sind aber in den Jahreslauf auch Festtage eingefügt, die mindestens nicht von vornherein auf Christus bezogen sind: Neujahr samt dem Altjahrabend, das Erntedankfest, das Totengedenken am Ende des Kirchenjahrs samt dem eine Woche vorher begangenen Volkstrauertag, der in meiner Jugend noch Heldengedenktag hieß. Auch das Reformationsfest läßt sich hier nennen, das ich freilich nicht eigens behandeln will. Ich erinnere zunächst nur daran, wie in Israel bestimmte Ackerbaufeste zwar übernommen und gefeiert, zugleich aber auch historisiert worden sind: das Passa, vielleicht ursprünglich ein Nomadenfest beim Aufbruch zu den Sommerweiden, verbunden mit dem Massotfest, dem Beginn der Gerstenernte, wird zum Fest des Auszugs. Das 7 Wochen danach gefeierte Erntefest, bei dem die Erstlingsgaben dargebracht worden sind, »Wochen«fest genannt, ist zum Fest des Bundes und der Gesetzgebung am Sinai geworden. Das Herbstfest, Weinlese und zugleich lange Zeit der Jahresbeginn, ist als Laubhüttenfest auf die Wüstenwanderung bezogen: »Sieben Tage sollt ihr in Laubhütten wohnen. Wer einheimisch ist in Israel, soll in Laubhütten wohnen, daß eure Nachkommen wissen, wie ich die Kinder Israel habe in Hütten wohnen lassen, als ich sie aus Ägyptenland führte. Ich bin der Herr, euer Gott.« Wie weit sich diese Historisierung durchgesetzt hat gegen den Sog des natürlichen Jahresrhythmus, vor allem aber wie lange das gebraucht hat, weiß ich nicht. Jedenfalls werden wir gerade angesichts dieses alttestamentlichen Vorgangs uns zu fragen haben, wie weit wir da sind. Auf die Problematik der Kasualien, der individuellen Daten, will und kann ich hier nicht eingehen. Neujahr oder Erntedank oder Totengedenken haben jedenfalls auch ein Stück weit solchen Kasualcharakter: Nicht die Zeit Jesu Christi ist hier bestimmend, wie das bei dem christologisch strukturierten Kirchenjahr der Fall ist, sondern der natürliche Ablauf – dort bei den Kasualien des individuellen Lebens, hier des gemeinsamen Jahreslaufes. Sicher haben wir auch da unsere biblischen Texte, und das hoffentlich nicht nur dazu, um ein passendes Motto für die Rede zum Kasus zu finden. Aber problematisch ist auch solch ein Reden immer. Denn da droht die Gefahr, die als »natürliche« Theologie nur höchst unzureichend gekennzeichnet ist: daß Gott hier sozusagen unmittelbar erfaßt werden soll, als die Macht der Zeit, des Lebens, des Schicksals. Ich habe über die soteriologische Engführung der Predigt geredet, und gelegentlich auf Beispiele für diese soteriologische Engführung hingewiesen. Hier besteht die Gefahr einer Umkehrung: daß an der Gottesgeschichte vorbei in der Unmittelbarkeit des erfahrenen, insbesondere des gefühlten Lebens Gott erfaßt werden soll. Vielleicht ist das gegenwärtig nicht einmal eine besondere Gefährdung, weil diese Seite religiöser Erfahrung und erst recht religiöser Rede weithin verkümmert ist. Das beweist ja das Gewicht, das in der üblichen Predigt die soteriologische Engführung hat. Dort soll Gottes Nähe gerade in der Unterscheidung von der Welt gefunden werden. Aber so etwas kann sich rasch ändern. Und wir sollten hier wachsam sein. Wer einmal das nationale Pathos in der Predigt unserer Großväter verschmeckt hat – nicht nur in der Kriegspredigt –, weiß, was hier gemeint ist.

Die Gefährdung, die ich genannt habe, kann freilich auch zu einer Möglichkeit für die Predigt werden: dann, wenn gerade diese Situation begriffen und von der Predigt aufgenommen wird; wenn also weder die Unmittelbarkeit unreflektiert das Reden bestimmt, noch auch die übliche Predigt auch in dieser Situation gehalten wird, in der sie schwerlich den Hörer treffen kann. Das fordert freilich, daß gerade die Situation mit besprochen wird. Ein Beispiel dazu, eine Predigt am Altjahrabend. Der Prediger setzt damit ein, daß er über seinen Titel als »Frühprediger« einige Gedanken zum besten gibt. Das müsse wohl etwas mit dem frühen Morgen zu tun haben. Und nun stehe »der Frühprediger am Abend auf der Kanzel, am abendlichsten Abend des ganzen Jahres.« Dieses Spiel mit Frühe und Abend wird dann auch bei der Einführung des Textes aus Sprüche 8,1–4 fortgeführt, dem Ruf der Weisheit auf der Gasse. »Die Stimme der Weisheit paßt in die Abendstunde, in die des letzten Abends zumal. Denn die Weisheit ist alt. Im Buch der Sprüche behauptet sie sogar von sich selber, älter zu sein als Himmel und Erde. Und doch liegt selbst in der ältesten Weisheit etwas ganz Ursprüngliches. Weisheit veraltet nicht. Wenn sie ihre Stimme erhebt, dann spricht der Anfang der Schöpfung mit, dann blitzt im alten Gesicht unserer Welt etwas auf von jenen Worten, die der jungen und unverdorbenen Schöpfung galten, von jenem ›und siehe, es war sehr gut‹. Die Weisheit ist in der Tat eine Frühpredigerin. Sie ist es auch am Abend eines Jahres und wird es noch am Abend der Welt sein. In ihr kommt das Geheimnis der Schöpfung zur Sprache. Wir wollen auf sie hören.« Hier wird also die besondere Situation des Predigers an diesem Abend samt der Textwahl zu dieser Predigt besprochen, um den »weltlichen« Anlaß des Gottesdienstes aufzunehmen, der ernst genommen werden soll, aber doch nicht einfach das Predigtgeschehen bestimmen darf. Damit hier nicht genug. Der Prediger setzt noch einmal ein, um anzudeuten, wie die Predigt, die er nun halten will, mit der Christuspredigt verbunden, und wie sie zugleich doch von ihr unterschieden ist. »Wer auf die Stimme der Weisheit hört, merkt bald, daß das eine andere Stimme ist als die des Evangeliums. Das Evangelium, das Weihnachtsevangelium zumal, redet von einem neuen, einem sehr besonderen Ereignis. Doch kann es unserer weihnachtlichen Aufmerksamkeit … für die Geburt Jesu Christi … nur guttun, wenn wir dabei das Allerweltsgeschehen nicht aus den Augen verlieren, sondern nun erst recht aufmerksam beachten. Inmitten des Allerweltsgeschehens aber geschieht seit eh und je so etwas wie Weisheit.« Das wird dann im Hauptteil der Predigt ausgeführt: Weisheit sei für jedermann da. Und Schüler der Weisheit sei, wer das Selbstverständliche tut. »Man braucht dafür keine besonderen Gaben. Gesunder Menschenverstand, etwas Takt und Fingerspitzengefühl genügen. Man braucht, um weise zu werden, im Grunde nicht viel mehr, als man nötig hat, um Perlen nicht vor die Säue zu werfen. Man muß unterscheiden können: Perlen und Säue. Und eben das traut die Weisheit uns zu, wenn sie auf Gassen und Marktplätzen nach uns ruft. Sie traut uns zu, daß wir nicht alles zusammenmengen und durcheinanderbringen wie eine unflätige Sau. Sie traut uns zu, daß wir menschlich werden. Wir sollten uns Weisheit wünschen zum Neuen Jahr.« Das könnte nun genügen. Aber der Prediger hier ist ein sehr gewissenhafter Theologe, der sich selbst und vielleicht auch seinen Hörern begründen will, daß diese Predigt nicht ein Fehltritt war, allenfalls das opus alienum eines evangelischen Predigers. Darum wird nun noch einmal die Besonderheit dieser Situation, des Kasus und der dadurch geforderten Rede aufgenommen und mit dem zusammengebracht, was sonst Aufgabe der Predigt ist. »Amen – würde ich hier sagen, wenn ich nicht damit rechnen müßte, daß der eine oder andere nun kopfschüttelnd nach Hause geht, weil hier heute abend zwar von allem Möglichen die Rede war, aber mit kaum einem Wort von – Gott. Ist Gottesfurcht nicht der Anfang aller Weisheit? Das ist wohl wahr. Gott ist der Anfang alles Selbstverständlichen und als solcher das Allerselbstverständlichste.

Aber eben deshalb muß man nicht immer und zu jeder Zeit von ihm reden. Es wäre schon viel, wenn wir auf ihn hörten. Und er redet eben auch in der unscheinbaren Sprache der Selbstverständlichkeiten. Und ist entzückt über jeden, der das Selbstverständliche tut. Und so wünsche ich uns denn um Gottes willen ein menschliches Neues Jahr.«

Es mag sein, daß hier ein bißchen zu viel des Guten getan worden ist, um die Ausnahme zu begründen, die in der Situation des Altjahrabends geboten ist, und sie zugleich mit der Regel zusammenzubinden. Aber das Beispiel kann mindestens das einschärfen, was ganz allgemein gilt für die Anlässe zur Predigt, die wir in diesem Abschnitt zu besprechen haben: Wollen wir als Prediger diesen Anlässen gerecht werden, dann müssen wir auf sie eingehen. Es ist nicht gut, wenn das nur in der Negation geschieht. So in einer Predigt zum Altjahrabend über Psalm 90. »Man muß die Kraft der Bilder unseres Psalms auf sich wirken lassen. Wie fragwürdig wird alle menschliche Größe und alles Lob, mit dem wir nicht sparen, weil uns selbst so daran liegt! Hier wird unser stolzes Menschentum vom Thron gestoßen. Die Eiche wird zu Kleinholz verarbeitet. Daß sich der Mensch dagegen wehrt, ist begreiflich. Viele scheuen die Bibel wie Gift. Sie drücken sich kindisch vor einer Wahrheit, die sie doch auf die Dauer nicht unterdrücken können. Nur einer ist ewig und groß und anbetungswürdig. Nur dieser eine kann unserem Leben einen ewigen Sinn verleihen.« Das geht dann so weiter, wobei mir nicht so recht klar ist, wen der Prediger nun eigentlich meint. Redet er zu den Leuten, die ausnahmsweise einmal am Altjahrabend in die Kirche kommen? Oder redet er wie üblich zu seinen regelmäßigen Kirchgängern, die es nicht ungern haben, wenn einer auf der Kanzel so richtig loszieht? Denn das geht dann doch meist gegen die anderen. »Dieses Gegenüber des Geschöpfs zum Schöpfer ist aber mehr als ein Größenverhältnis. Hier stehe ich als der Unheilige dem Heiligen gegenüber. Aber gerade diesen Gegensatz wollen wir ungern erkennen.« Solange ist dieser Prediger wenigstens grammatisch noch bei sich selbst und seiner Gemeinde. Aber diese Grammatik, dieses »ich« und »wir« täuscht. Die anderen sind dran – vielleicht die Sylvesterkirchgänger, aber gewiß erst recht die draußen. »Der Schöpfer ist unser Richter. Er gibt uns Gesetze und Gebote, die wir nicht ungestraft übertreten. Der Mensch will gern selbst über sich urteilen, aber das Gerichtsurteil über unser Leben hat sich Gott vorbehalten. Der vergängliche Mensch ist zugleich der sündige Mensch. Wie mühen wir uns heutzutage« – dieses »wir« ist verräterisch! –, »durch allerlei Mittel der Psychologie und Soziologie die Wirklichkeit der Sünde wegzudisputieren und unsere Verantwortung zu verharmlosen! Wir versuchen, uns selber gerecht zu sprechen. Aber wir verheddern uns durch unsere Selbstgerechtigkeit nur noch tiefer in Sünde und Schande.« Mit solcher Negation, die Leben schlecht macht, ist die Besonderheit des Altjahrabends m. E. nicht aufgenommen. Vielmehr wird die besondere Hörerschaft wenigstens rhetorisch vereinnahmt. Denn zu den anderen, zu diesem durch den Prediger beschworenen Verhalten, mag man ja nicht gehören! Weder so, daß man sich kindisch um die Wahrheit menschlichen Vergehens drückt, noch so, daß man die Verantwortung verharmlosen möchte. Dieses rhetorische Vereinnahmen geht auf Kosten derer, die nicht da sind. Diese Predigt will aus der Hörerschaft am Altjahrabend die übliche Gottesdienstgemeinde machen. Anders das erste Beispiel, das von vornherein die Besonderheit der Situation aufnimmt und dem üblichen Gottesdienstbesucher wie dem seltenen Kirchgänger dazu hilft, sich zurechtzufinden.

Was ich zum Altjahrabend mit den beiden Beispielen zu zeigen versuchte, das gilt in unterschiedlicher Weise auch für die anderen genannten Tage und ihre Gestimmtheit, die sich in besonderen Erwartungen auch an die Predigt äußert. Das freilich dann in recht unterschiedlicher Weise. Gelingt es, einen Gottesdienst so zu feiern, daß auch die selteneren Besucher durch die Liturgie, durch Lieder und Gebete einbezogen werden in den Vollzug, so kann das die Predigt entlasten. Die christologisch bestimmte Normalgestalt des gottesdienstlichen Geschehens ist dann ja präsent, und muß nicht erst in der Predigt mit aufgenommen und in Erinnerung gerufen werden. Der Tübinger Frühprediger mit der ganz auf die Predigt abgestellten württembergischen Gottesdienstordnung ist da in einer schwierigeren Situation als ein Pfarrer, der den Gottesdienst nach der lutherischen Agende 1 halten kann. Freilich wird in jedem Fall für die Predigt der eigentümliche Charakter des jeweiligen Anlasses sorgfältig bedacht werden müssen. Und zugleich ist theologisch über diesen jeweiligen Anlaß Klarheit zu gewinnen. Ich betone: die theologischen Reflexionen brauchen nicht in der Predigt zu erscheinen. Aber sie haben ihr vorauszugehen.

Dazu nun zunächst der Jahreswechsel. Das Datum ist dabei nicht so entscheidend, vielmehr bei uns eher recht willkürlich gewählt. Daß das Jahr mit dem Frühling anfängt, mit dem Beginn der Vegetationsperiode, ist eigentlich sinnvoller, ist auch weithin üblich gewesen. Unsere Monatsnamen ebenso wie die Einfügung des Schalttages am Ende des Februar deuten ja auch noch an, daß das Jahr einmal mit dem März begonnen hat. Doch nicht das Datum ist so entscheidend wie der durch die Begehung gegebene Einschnitt, der eben damit die Zeit erlebbar macht. Auf dieses Erleben der Zeit hat sich die Predigt am Jahreswechsel einzustellen. Es muß auch besprochen werden. Das ist besser, als es nur mit Sekt zu begießen und sich dabei mit allerhand Feuerwerk Stimmung zu machen. Dabei ist Zeit zugleich die individuelle und die kollektive Zeit, mit der wir umgehen. Nicht die Zeit Gottes, nicht die neue Zeit des nahe herbeigekommenen Reiches wird da besprochen. Besprochen wird unsere vergehende Zeit, und mit ihr unser Tun und Erleiden, Erwartung und Enttäuschung, Gelingen und Mißlingen, Gewinnen und Verlieren. Daß dieser unserer Zeit Gottes Zeit benachbart ist, und daß unsere Zeit dadurch gehalten ist, dadurch sogar Jahr des Herrn 1983 heißen kann, das braucht nicht unbedingt in der Predigt gesagt zu werden. Es kann auch durch die Schriftlesung deutlich werden, durch die Lieder, die wir singen. Wir tun aber in jedem Fall gut daran, hier nicht zu vollmundig zu reden. Die einfachen Dinge des Lebens und Tuns sollen da genannt werden. Dabei kann die Gestimmtheit des Zeiterlebens mit aufgenommen werden. Doch ist dann zu beachten, daß es hier höchst unterschiedliche Stimmungslagen gibt; junge Menschen sind anders gestimmt als ältere, die den Großteil ihres Lebens hinter sich haben. Wo der eine Resignation überwinden muß, wird ein anderer gelassen oder gar in Hochstimmung in das neue Jahr hineingehen.

Das Erntedankfest, am ersten Sonntag im Oktober begangen, hat als Thema die Erhaltung des Lebens durch unsere Arbeit und ihren Ertrag. Daß dieser Ertrag von Gott kommt, das wurde einmal gerade im bäuerlichen Leben und Arbeiten sehr unmittelbar erfahren. Der höchst unterschiedliche, vor allem durch die Witterung bedingte Ertrag der Arbeit bestimmte die Lebenshaltung des kommenden Wirtschaftsjahres. Dabei ging es nicht nur um mehr oder weniger Verdienst, sondern um Sattsein oder Hungern. Je nachdem wurde dann auch der Erntedankfesttag gefeiert. In meiner württembergischen Agende waren noch drei Gebetstexte zur Auswahl angeboten, bei guter Ernte, bei mittlerer Ernte, bei Mißernte. Und die alte bayerische Agende bietet für das Erntedankfest auch einen Alternativvorschlag zum Introitus (vgl. EKG Ev-LuthK Bayern 75*). Diese unmittelbare Abhängigkeit von der Witterung und damit von Gott, der Regen und Sonnenschein schenkt, wie es ihm gefällt, erfahren wir nicht mehr so. Der Ertrag der Arbeit bemißt sich nicht mehr unmittelbar nach der Fülle oder dem Mangel des Vorhandenen und dem entsprechenden Gebrauch. Der Markt ist als Zwischeninstanz eingetreten, bestimmt den Wert des Arbeitsertrages (und hat ja auch eine quasi-göttliche Funktion bekommen: auszuteilen und reich zu machen. Und denen der Markt gewogen ist, die verehren und verteidigen ihn dann desto mehr).

Rationalität des Wirtschaftens mag als Kennzeichen des gegenwärtigen Verhältnisses zur Arbeit und ihrem Ertrag gelten. Mindestens in der Theorie und im Mittel-Zweck-Verhalten gilt das. Der Zweck freilich ist dann wieder keineswegs nur rational faßbar. Ein erfolgreiches Wirtschaften geht ja keineswegs auf einen ungestörten Konsum zu. Viel eher sollen da die Produktionsmittel gesichert und vermehrt werden. »Der Betrieb« ist das Ziel – des Bauern, des Handwerkers, aber auch des leitenden Angestellten und Managers. Ist das eine rationale Zielsetzung? Ist da der reiche Kornbauer nicht viel einsichtiger, unmittelbarer und menschlicher in seiner Zielsetzung: »Das will ich tun: ich will meine Scheunen abbrechen und größere bauen und will darein sammeln all mein Korn und meine Güter und will sagen zu meiner Seele: Liebe Seele, du hast einen großen Vorrat auf viele Jahre; habe nun Ruhe, iß, trink und habe guten Mut!« Dieses Evangelium zum Erntedankfest zeigt den Menschen, der seinen Vorrat an Leben hat, und den nun auch zu Ende leben möchte. Und der erinnert wird daran, daß gerade nicht dieses gesammelte Gut sein Leben erhält: »Du Narr! Diese Nacht wird man deine Seele von dir fordern; und wes wird's sein, das du bereitet hast.« Und das Fazit ist dann: »So geht es dem, der sich Schätze sammelt und ist nicht reich in Gott.« Das sieht bei uns ja anders aus. Der eine, der sich »Schätze« sammelt, der sammelt Produktionsmöglichkeit in Gestalt des Betriebes an. Davon kann er nicht leben, wenn der Betrieb nicht läuft, wenn nicht andere ihm ihre Arbeitskraft verkaufen. Und die sammeln in aller Regel keine Schätze an. So ist es gar nicht einfach, in einer Predigt am Erntedankfest durchzukommen bis dahin, wo dann von Gott selber die Rede sein kann. Es ist eine Gelegenheit, bei der Gesetz gepredigt werden muß. Ich warne freilich davor, da nun Dinge zu sagen, bei denen uns der nötige Sachverstand fehlt. Und dazu gehören weithin die Probleme der modernen Arbeitswelt und jene Zusammenhänge und Deutemuster, die wir mit dem Stichwort »Wirtschaft« bezeichnen (Marktwirtschaft, oder dagegen auch Planwirtschaft). Das ist zwar eine Veranstaltung, die Menschen machen, ohne Zweifel. Aber es ist zugleich eine Veranstaltung, deren Funktionieren kaum durchschaubar ist. Das zeigt sich gerade in einer Krisensituation wie der gegenwärtigen.

Vielleicht ist da dann das Beste, sich an die Devise zu halten, die der Apostel Paulus in der Epistel ausgibt. Die stammt aus dem Kollektenkapitel des 2. Korinther, 9,6–15. Da heißt es: Durch Mitteilen werdet ihr reicher! »Der aber Samen reicht dem Säemann und Brot zur Speise, der wird auch euch Samen reichen und ihn mehren und wachsen lassen die Früchte eurer Gerechtigkeit. So werdet ihr reich sein in allen Dingen, zu geben in Lauterkeit, welche durch uns wirkt Danksagung an Gott. Denn die Handreichung dieses Liebeswerkes füllt nicht allein den Mangel der Heiligen aus, sondern ist auch überschwenglich darin, daß viele Gott danken.« Das ist eine fast schon kapitalistische Anschauung. Volkstümlich heißt es ja: Solange einer allein arbeitet, wird er nicht reich. Reich wird einer erst, wenn andere für ihn arbeiten. So ist das hier: Solange einer bloß selbst Gott dankt, ist es noch nicht weit her mit der Gnade, die ihm Gott zuwendet. Wenn andere für ihn danken, dann erst macht ihn Gott reich. »Denn für diesen treuen Dienst preisen sie Gott über euren Gehorsam im Bekenntnis zum Evangelium Christi und über die Lauterkeit eurer Gabe an sie und alle. Und in ihrem Gebet für euch verlangen sie nach euch um der überschwenglichen Gnade Gottes willen bei euch. Gott aber sei Dank für seine unaussprechliche Gabe.« So wird hier Gemeinschaft, Solidarität eingeübt. Paulus ist dabei sehr viel deutlicher, als wir das in der Regel zu sein wagen, wenn es gilt, zum Mitteilen aufzufordern. Aber das ist hier Hinweis auf den Dank. Vielleicht kommen wir dabei dann sehr viel weiter, als mit Warnungen vor dem weltlichen Reichtum und der Mahnung zur Genügsamkeit, wie sie in anderen Texten des Erntedankfestes ausgesprochen wird. Reichtum ist keine Schande – wenn es dieser Reichtum ist, von dem Paulus redet: Reichtum an Dank. Daß wir damit an der gegenwärtigen wirtschaftspolitischen Krise keineswegs bloß vorbeireden, bemerke ich nur am Rande.

Schließlich das Totengedenken, am letzten Sonntag des Kirchenjahres allgemein, am vorletzten Sonntag, dem Volkstrauertag, in besonderer Weise für die Opfer der Nation. Darüber gleich noch etwas mehr. Zunächst ganz allgemein zum Totengedenken: Es ist mir in letzter Zeit immer deutlicher geworden, wie gut wir daran tun, hier zunächst bei dem ganz Einfachen zu bleiben: Die Toten sind tot. Darum können wir sie getrost ruhen lassen, bis Gott uns alle auferwecken wird am Jüngsten Tag. Die Toten verdienen ihre Ruhe – und die Lebenden haben es nötig, von den Toten in Ruhe gelassen zu werden. Wo man das nicht mehr oder noch nicht weiß, da kann es zu allerhand Beunruhigung und spiritistischem Unfug kommen. Dann richtet sich die Neugier und die Furcht auf das Jenseits, und es sucht einer von dorther Botschaften zu bekommen, und will ein geheimes Wissen erwerben. Und wer einen scheinbaren Kontakt mit den Toten hat, der nimmt sich damit Macht über die Lebenden. In Israel wußte man davon, und hat sich scharf dagegen gewandt. Vielleicht sollte man am Totensonntag einmal über Saul bei der Hexe von Endor predigen oder über Jes 8,19ff: »Wenn sie aber zu euch sagen: Ihr müßt die Totengeister und Beschwörer fragen, die da flüstern und murmeln – soll nicht ein Volk seinen Gott befragen, die Toten für die Lebenden? Hin zur Weisung und hin zum Zeugnis! Werden sie das nicht sagen, so wird ihnen kein Morgenrot scheinen.« Die Psychologie mit ihrer Bestimmung der Trauer und Trauerarbeit kann etwas zeigen von dieser Nötigung, den Tod als ganz und endgültig zu akzeptieren, um des Lebens willen. Jeder kennt Fälle mißlungener Trauerarbeit, in denen der Tod nicht akzeptiert wurde, und der Tote als Last ein Leben lang mitgeschleppt worden ist.

Neben dieses erste Thema des Totengedenkens kann dann ein zweites treten, mit Psalm 90,12 zu formulieren: »Lehre uns bedenken, daß wir sterben müssen, auf daß wir klug werden.« Ich brauche das hier nicht allzuviel auszuführen. Es geht darum, im Gedenken an die Toten und an den eigenen Tod in das Leben einzuweisen. Es gibt sicher auch eine leichtfertige Einweisung in das Leben – »Nach uns die Sintflut – après nous le déluge« (was die Marquise von Pompadour gesagt haben soll); oder biblisch: »Lasset uns essen und trinken, denn morgen sind wir tot« – so nimmt Paulus 1 Ko 15,32 Jes 22,13 auf: Der Einwand ist sprichwörtlich. Gerade ein solches Sprichwort mag den Widerhalt dafür bieten, wie durch das Totengedenken eine rechte Einweisung ins Leben erfolgen kann: Das heißt hier in das Ganze des Lebens, an dem ich als lebendiges Individuum partizipiere. Auch hier ist Gesetz, und es ist gut, wenn wir das wissen und nicht Gesetz und Evangelium durcheinanderwerfen, wenn wir am Totensonntag vom Leben reden – jenem Leben, das sich dem Tod verdankt und damit dem Tod schuldet. Wieviel Leben mußte kommen und gehen, bis es menschliches Leben gegeben hat; wieviel menschliches Leben mußte kommen und gehen, bis da nun mein und unser

Leben ist! Von der Unterschiedenheit menschlichen und göttlichen Lebens kann da geredet werden – um gerade so dieses Leben als Gottes Gabe wahrzunehmen.

Nur wenn diese beiden Sätze gesagt sind, daß die Toten tot sind, und daß wir tot sein werden, kann auch von der Partizipation unseres Lebens am Leben Gottes und von der Hoffnung geredet werden. Ich meine nicht, daß jede Predigt am Totensonntag diese drei Teile haben muß. Aber die ersten beiden Sätze müssen präsent sein, wenn der dritte Satz sein Gewicht nicht verlieren soll. Ich erinnere dazu an die Bibel und daran, daß uns hier das AT die beiden ersten Sätze einschärft und allenfalls an seinem äußersten Rand etwas von Hoffnung über den Tod hinaus ahnen läßt. Erst das NT geht hier weiter. Und wir sollten nicht meinen, wir könnten gerade hier das AT als überwundene religionsgeschichtliche Stufe hinter uns lassen und nur neutestamentlich predigen. »Wer zu schnell und zu direkt neutestamentlich sein und empfinden will, ist m. E. kein Christ« – diese Äußerung Bonhoeffers stimmt schon (WE 113), sollte gerade auch in Hinsicht auf den Tod und das Todesgedenken bedacht werden. Den letzten Sonntag des Kirchenjahres als »Ewigkeitssonntag« oder als »Sonntag vom Jüngsten Tage« zu begehen, halte ich darum nicht für gut, mindestens solange nicht, wie an diesem Tage das Totengedenken die Erwartung der Gemeinde bestimmt. Dann soll man hier das Proprium (die wechselnden liturgischen Stücke) wie auch die Texte zum Gedenktag der Entschlafenen nehmen.

In den liturgischen Ordnungen wird der »Volkstrauertag« ignoriert. Er ist aber sehr deutlich im öffentlichen Bewußtsein verankert, kann darum kirchlich nicht ignoriert werden. Der Pfarrer wird mit diesem Anlaß am vorletzten Sonntag des Kirchenjahrs in doppelter Hinsicht konfrontiert: Einmal fragt es sich, wie dieser Kasus im Gottesdienst aufgenommen und begangen wird (was tun, wenn der dörfliche Musikverein sich anbietet, den Gottesdienst mitzugestalten, und dabei neben dem einen oder anderen Choral selbstverständlich auch das Lied vom guten Kameraden zu spielen?). Zum anderen wird er aufgefordert, bei der Gedenkfeier der bürgerlichen Gemeinde eine Ansprache zu halten. Dem kann man sich mit Gründen verweigern, wird dann den Konflikt durchzustehen haben. Man kann so reden, daß man ein zweitesmal nicht mehr aufgefordert wird. Man kann sich der Erwartung fügen und versuchen, daraus das Beste zu machen. Darüber kann und will ich jetzt nicht mehr sagen.

Im Gottesdienst wird es nötig sein, auf diesen Kasus einzugehen. Entweder nebenbei; so, daß der Volkstrauertag und die Erwartung, die durch die Publizität dieses Tages geweckt wird, mit in die Überlegungen zur Situation der Gemeinde eingeht. Oder so, daß der Volkstrauertag als eigener Kasus aufgegriffen und bearbeitet wird. Das kann gelegentlich angebracht sein, besonders dann, wenn der Volkstrauertag wie im vergangenen Jahr mit einer kirchlich verordneten Friedenswoche zusammenfällt. Das hieße dann, daß die Predigt selbst ein Stück Trauerarbeit zu leisten hat, die versäumt worden ist, obwohl schon lange dafür Zeit wäre. Dabei muß das Ende der Nation verarbeitet werden, und zwar das selbst durch Überheblichkeit und schließlich durch eine schreckliche moralische Enthemmung verschuldete Ende. Der Volkstrauertag hieß ja einmal Heldengedenktag, und da sollten die Kriegstoten besonders geehrt werden. Was hier in der Vergangenheit geredet worden ist, gerade auch von den Kanzeln herab, und was da an Götzendienst getrieben worden ist, das muß genannt und bearbeitet und so in Sündenbekenntnis und Buße bewältigt werden. Ich erinnere an die Kriegerdenkmäler in unseren Kirchen und an die Inschriften: »Im heiligen Krieg fürs Vaterland gaben ihr Leben . . .« So besonders bei den Denkmälern des Krieges 1870/71. Und beliebt war dann der Hinweis auf Joh 15,13, entweder als Stellenangabe, oder gar so, daß man den

Vers auf das Denkmal setzte: »Niemand hat größere Liebe als die, daß er sein Leben läßt für seine Freunde.«

In einem Vortrag über Kirche und Völkerversöhnung, den der Berliner Pfarrer Günther Dehn 1928 in Magdeburg hielt, sagte er u. a.: »Es ist allgemein üblich, daß von der Kirche der Tod fürs Vaterland unter den Gesichtspunkt des reinen Opfertodes gestellt wird, unter das Bibelwort: ›Niemand hat größere Liebe denn die, daß er sein Leben läßt für seine Freunde‹ . . . Wir wollen ganz gewiß diesem Tod seine Würde und seine Größe lassen, aber ebenso gewiß wollen wir auch die Wahrheit sagen. Es wird bei dieser Darstellung eben auch außer acht gelassen, daß der, der getötet wurde, eben auch selbst hat töten wollen. Damit wird die Parallelisierung mit dem christlichen Opfertod zu einer Unmöglichkeit« (G. Dehn, Die alte Zeit, 1962, 254). Der Vortragende stellte dann auch die Frage, ob es richtig sei, in der Kirche Kriegerdenkmäler zu errichten, oder ob man das nicht lieber der bürgerlichen Gemeinde überlassen solle. Diese Meinung samt einigen anschließenden Äußerungen in einer Diskussion hat damals einen Skandal ausgelöst. Ich nenne das als Hinweis darauf, was seinerzeit üblich gewesen ist. Gerade unsere evangelische Kirche hängt tief drin in den Exzessen des Nationalismus, die schließlich in der nationalsozialistischen Herrschaft und in dem durch Hitler vom Zaun gebrochenen 2. Weltkrieg ihren schrecklichen Höhepunkt und ihr Ende gefunden haben. Ob wir das schon genug betrauert haben? Die Legende vom kirchlichen Widerstand gegen den Nationalsozialismus hat es verhindert, daß hier gerade auch in der Kirche genügend getrauert worden ist. Dazu eine Kanzelabkündigung zum Erntedankfest 1939, verfaßt in der deutschen evangelischen Kirchenkanzlei, auch den Pfarrern der Ev.-Luth. Kirche in Bayern mitgeteilt und zur Vorlesung befohlen (ich zit. nach K. Steinbauer, Einander das Zeugnis gönnen, 1976, 24f):

»In tiefer Demut und Dankbarkeit beugen wir uns am heutigen Erntedankfest vor der Güte und Freundlichkeit unseres Gottes: Wieder hat Er Flur und Feld gesegnet, daß wir eine reiche Ernte in den Scheunen bergen durften; wieder hat Er seine Verheißung an uns wahr gemacht, daß Er uns Speise geben wird zu seiner Zeit. Aber der Gott, der die Geschicke der Völker lenkt, hat unser Volk in diesem Jahr noch mit einer anderen nicht weniger reichen Ernte gesegnet. Der Kampf auf den polnischen Schlachtfeldern ist, wie unsere Heeresberichte in diesen Tagen mit Stolz feststellen konnten, beendet, unsere deutschen Brüder und Schwestern in Polen sind von allen Schrecken und Bedrängnissen des Leibes und der Seele erlöst, die sie lange Jahre hindurch und besonders in den letzten Monaten ertragen mußten. Wie könnten wir Gott dafür genugsam danken!

Wir danken Ihm, daß Er unseren Waffen einen schnellen Sieg gegeben hat. Wir danken Ihm, daß uralter deutscher Boden zum Vaterland heimkehren durfte und unsere deutschen Brüder nunmehr frei und in ihrer Zunge Gott im Himmel Lieder singen können.

Wir danken Ihm, daß jahrzehntealtes Unrecht durch das Geschenk seiner Gnade zerbrochen und die Bahn freigemacht ist für eine neue Ordnung der Völker, für einen Frieden der Ehre und Gerechtigkeit.

Und mit dem Dank gegen Gott verbinden wir den Dank gegen alle, die in wenigen Wochen eine solche gewaltige Wende heraufgeführt haben; gegen den Führer und seine Generäle, gegen unsere tapferen Soldaten auf dem Lande, zu Wasser und in der Luft, die freudig ihr Leben für das Vaterland eingesetzt haben.

Wir loben Dich droben, Du Lenker der Schlachten, und flehen, mögst stehen uns fernerhin bei.«

Wer den Text in der Kirchenkanzlei in Berlin verfaßt hat, weiß ich nicht. Seine Verlesung in der Evang.-Luth. Kirche in Bayern wurde durch den Evang.-Luth. Landeskirchenrat mit Unterschrift seines Vorsitzenden D. Meiser angeordnet. Und wie in Bayern ist der Text wohl überall in Deutschland verlesen worden, wenn nicht Pfarrer in eigener Verantwortung diese Verlesung unterlassen haben.

Zweierlei will ich dazu noch bemerken: Ein solcher Text mag deutlich machen, wie hier gerade auch die christliche Kirche es nötig hat, Trauerarbeit zu leisten. Wir haben ein gerütteltes Maß an Verantwortung und Schuld zu tragen angesichts der Exzesse nationaler Überheblichkeit und völkischen Wahnes, zu dem eben auch die Kirche und ihre Predigt beigetragen hat. Natürlich wollte niemand das, was dann gekommen ist. Aber die Kirche hat fleißig dazu beigetragen, daß dem Götzen Vaterland geopfert wurde, daß er gemästet wurde mit Hingabe und Stolz, bis er schließlich zerplatzt ist. Und weiter: Die Behauptung, mit einer solchen Trauerarbeit betrete die Kirche das politische Feld und vernachlässige ihre eigentliche Aufgabe, wird mindestens so lange nicht gelten dürfen, als die Folgen des seinerzeitigen, keineswegs unpolitischen Geredes noch nicht ausgeräumt sind.

So weit die Ausführungen über die Predigt im Lauf des Kirchenjahres. Der Paragraph ist etwas unförmig geraten. Aber ich hoffe, daß doch einiges deutlicher geworden ist, was den Inhalt christlicher Predigt anbelangt.

§ 6 Die Bedeutung des Alten Testaments für die Predigt

Das Alte Testament, von Anfang an die Bibel der christlichen Gemeinde, und längere Zeit ihre einzige Heilige Schrift, hat ebenso von Anfang an die hermeneutische Bemühung verlangt. Das ist leicht verständlich: Einmal stand hier Auslegung gegen Auslegung, jüdische gegen christliche Auslegung. Und weiter war von Anfang an die Frage danach gestellt, wie weit das ganze Alte Testament, und also gerade das Gesetz, verbindliches Wort Gottes auch für die christliche Gemeinde sein konnte. Ich kann das hier nur erwähnen, kann nicht auch nur in Ansätzen auf die wechselvolle Geschichte der Auslegung des Alten Testaments in der christlichen Kirche eingehen (dazu vgl. Ludwig Diestel, Geschichte des Alten Testaments in der christlichen Kirche, 1869). Hier geht es auch nicht um eine allgemeine alttestamentliche Hermeneutik, sondern um die Frage, wie wir das Alte Testament in seiner Bedeutung für die christliche Predigt einschätzen. Ich rede hier nicht einfach über die Predigt alttestamentlicher Texte – wie wenn das ein Spezialproblem wäre, während die Predigt neutestamentlicher Texte demgegenüber problemlos oder mindestens weniger problematisch wäre. So wird die Frage in der Regel angesetzt: Z.B. hat Wolfgang Trillhaas in seiner Evangelischen Predigtlehre innerhalb seiner materialen Homiletik einen Paragraphen über »Die Verbindlichkeit des Textes« (88–96) und dazu einen Zusatz »Die Predigt über alttestamentliche Texte« (96–107). Hier beginnt er so: »Unter den biblischen Texten bieten nun die alttestamentlichen ohne Zweifel eine besondere Schwierigkeit. Ihre ›hermeneutische Situation‹ ist dadurch eine andere als die neutestamentlicher Texte, daß sie, wenn schon ›Christuszeugnis‹, jedenfalls indirektes Christuszeugnis darstellen« (96 f). Das ist unbestreitbar so: Das Alte Testament bezeugt nicht Jesus als den Christus. Darum ist hier die Frage nach dem Christuszeugnis oder Evangelium sicher anders zu stellen. Ich werde darauf noch einzugehen haben. Doch genügt es m. E. nicht, nur eben die besondere Schwierigkeit einer christlichen Predigt alttestamentlicher Texte theologisch zu erörtern. Vielmehr muß doch auch danach gefragt werden, was es für die Predigt neutestamentlicher Texte bedeutet, daß sie im Zusammenhang mit dem Alten Testament stehen und in diesem Zusammenhang gepredigt werden.

1. Das Alte Testament als Kontext christlicher Predigt

In meiner Grundlegung habe ich mich gegen ein synthetisches Modell der Predigt ausgesprochen. Also dagegen, daß Predigtarbeit als der Versuch verstanden wird, Botschaft und Situation, den Text und die Gemeinde, das Evangelium und den modernen Menschen zusammenzubringen. Das kann nie gelingen; es ist eine verfehlte Interpretation des Predigtgeschehens. Vielmehr ist Gottes Wort immer schon bei den Menschen. Die Predigt hat das durch ihren Text aufzudecken. Das ist eine dogmatische Behauptung, die ich jetzt nicht lange begründen kann: Gottes Wort, das uns als Licht nahe kommt, ist der Grund der Welt, ist dasselbe Wort, durch das alles geschaffen ist. Ist da eine Ferne zwischen dem Wort und den Menschen, ist da Finsternis statt Licht, dann liegt das nicht daran, daß das Wort nicht nahe wäre. Es liegt daran, daß die Nähe dieses Wortes nicht wahrgenommen wird. »Denn das Gebot, das ich dir heute gebiete, ist dir nicht zu hoch und nicht zu fern. Es ist nicht im Himmel, daß du sagen müßtest: Wer will für uns in den Himmel fahren und es uns holen, daß wir's hören und tun. Es ist auch nicht jenseits des Meeres, daß du sagen müßtest: Wer will für uns über das Meer fahren und es uns holen, daß wir's hören und tun? Denn es ist das Wort ganz nahe bei dir, in deinem Munde und in deinem Herzen, daß du es tust« (Dt 30,11–14). Im Mund und im Herzen ist dieses Wort – als das artikulierte, von Menschen ausgesprochene, vernommene, gelernte, weitergesagte Offenbarungswort. Paulus greift ja diese Stelle in Röm 10,6–8 auf: »Aber die Gerechtigkeit aus Glauben spricht so: Sprich nicht in deinem Herzen: Wer will hinauf gen Himmel fahren? – nämlich Christus herabzuholen – oder: Wer will hinab in die Tiefe fahren? – nämlich Christus von den Toten heraufzuholen –, sondern was sagt sie: Das Wort ist dir nahe, in deinem Munde und in deinem Herzen. Dies ist das Wort vom Glauben, das wir predigen.« Aber dieses nahe Wort – als gesprochenes und geglaubtes nahe Wort – ist eben dieses Wort Gottes, durch das er die Welt wirksam bestimmt. »Denn so er spricht, so geschieht's; so er gebietet, so steht's da« (Ps 33,9). Was also da steht, das steht aufgrund dieses Wortes da. Darum kann es die Predigt auffinden und mit diesem selben Wort in ihrem Text zur Sprache bringen.

Die hier von mir genannte theologische Bestimmung des Wortes ist umstritten. Das synthetische Predigt- und Theologiemodell, das sich gerne auf Paul Tillich beruft und von Korrelation redet (Tillich wird dabei mißhandelt), will die Selbigkeit von Bibelwort und Gottes Schöpferwort mindestens praktisch nicht gelten lassen. Es sucht darum eine eigene Artikulationsmöglichkeit, um Menschsein in der Welt zur Sprache zu bringen. Und es will dann das so Sprache gewordene Menschsein mit dem biblischen Wort zusammenbringen. Es holt also Christus sozusagen vom Himmel herab – in Gestalt einer Schöpfungsmetaphysik und Anthropologie, die Menschsein so zu beschreiben sucht, daß möglichst jeder Mensch sich darin wiedererkennt. Das kann sehr vorsichtig geschehen, und mit einem nicht ganz guten Gewissen – etwa bei Emil Brunners Suche nach dem Anknüpfungspunkt, den er in der formalen Gottebenbildlichkeit des Menschen, in seiner Wortfähigkeit und Verantwortlichkeit, finden will. Es kann sehr viel vollmundiger geschehen, etwa so, daß Menschsein beschrieben wird als ein Transzendieren aller vorfindlichen welthaften Horizonte. Wenn dieses Transzendieren nicht ins Leere gehen soll, und damit Menschsein ins Sinnlose hinaussteht, braucht es die Transzendenz bzw. den transzendenten Gott, in dem sich dieses Menschsein endgültig verwirklichen kann. Die Versuche, so das Schöpfungswort Gottes allgemeingültig und allgemeinverständlich nachzusprechen, also Gott, Welt und Mensch mit der Vernunft wenigstens vorläufig zu erfassen, gibt es in Fülle. Hat man so vorgeblich Christus vom Himmel herabgeholt, dann fährt man in die Tiefe der Vergangenheit, um mit Hilfe der Historie Christus von den Toten heraufzuholen, also die vergangene Geschichte zur gegenwärtigen Botschaft zu machen. Ich halte das nicht für eine gute methodische Anweisung, um das nahe Wort zu entdecken und nachzusprechen.

 Gerade deshalb braucht es aber dieses Wort dann in seiner ganzen Fülle und Welthaltigkeit. (Dazu verweise ich auf zwei Arbeiten holländischer Theologen: Arnold A. van Ruler, Die christliche Kirche und das AT, BEvTh 23, 1955; Kornelis Heiko Miskotte, Wenn die Götter schweigen. Vom Sinn des AT, München 1963. Insbesondere diese Arbeit halte ich für sehr hilfreich, gerade wenn es um eine homiletische Anwendung des AT geht.) Diese Fülle und Welthaltigkeit bringt gerade das Alte Testament in das biblische Wort hinein. Ich will gleich noch ausdrücklich von dem Überschuß des Alten Testaments reden. Hier verweise ich zunächst nur darauf, wie unsere historische Denkweise leicht geeignet ist, dafür den Blick zu verstellen. Sicher erlaubt es die historische Methode, schärfer, differenzierter, umfassender wahrzunehmen, was die biblischen, gerade auch die alttestamentlichen Texte zu sagen wissen. Insofern bin ich froh darüber, daß es diese historische Methode gibt, und freue mich, daß ich das Handwerk dieser historischen Auslegung einigermaßen beherrsche. Das muß sein, damit wir dann gerade über die bloß historische Auslegung hinauskommen können. Viel schwieriger macht es uns die historische Denkweise dort, wo sie dann zusammenfassen will, wo sie hinweist auf Entwicklung und Veränderung. Denn da kommt dann mit einer fast unreflektierten Selbstverständlichkeit die Wertung mit herein: Das Spätere ist das Reichere, es ist höher entwickelt, es ist besser. Das Neue Testament steht auf einer höheren Stufe als das Alte. Man kann das an den verschiedensten theologischen Loci dann nachweisen. Etwa so, daß man zeigt, wie das Gottesverständnis des Alten Testaments immer mehr die anthropomorphen Züge verliert, wie Gottes Jenseitigkeit immer klarer erfaßt wird, wie die scheinbare Willkür Gottes, wie der Gedanke des Zornes Gottes zurücktritt. Zwar verschwindet dieser Gedanke von Gottes Zorn auch im Neuen Testament nicht ganz. Aber er tritt doch deutlich hinter Gottes Liebe zurück, bis hin dann zu Spitzensätzen wie 1 Joh 4,16, wo Gott und Liebe identifiziert werden: »Gott ist Liebe; und wer in der Liebe bleibt, der bleibt in Gott und Gott in ihm.« So gut dieser Satz uns eingeht, und so schön er sich theologisch, trinitätstheologisch ausführen läßt: Hier ist die konkrete Welthaltigkeit des Redens von Gott doch fast verschwunden. »Furcht ist nicht in der Liebe . . . wer sich aber fürchtet, ist nicht völlig in der Liebe . . .« Das ist abstrakt, und der Autor hat das auch gemerkt, sucht darum wenigstens ein Stück Welt doch wieder einzuholen über den Hinweis auf die Konkretion der Gottesliebe in der Bruderliebe: »So jemand spricht: Ich liebe Gott, und hasset seinen Bruder, der ist ein Lügner. Denn wer seinen Bruder nicht liebt, den er sieht, wie kann er Gott lieben, den er nicht sieht? Und dies Gebot haben wir von ihm, daß, wer Gott liebt, daß der auch seinen Bruder liebe« (1 Joh 4,18–21).

Wäre dieser Text und ähnliche einziger Predigttext, dann ließe sich in der Tat über solche Formulierungen nicht Welt und Leben in seiner Fülle in die Predigt hereinholen. Aber sehen wir einen solchen Text im Kontext der ganzen Bibel, dann wird er schon zurechtgerückt. Freilich muß dieser Kontext dann auch mit gehört werden, muß er auch selbst zum Text werden. Ich berichte dazu einiges aus einer Predigt über 2. Samuel 24, Davids Volkszählung. Die Geschichte beginnt so: »Und der Zorn des Herrn entbrannte abermals gegen Israel, und er reizte David gegen das Volk und sprach: Geh hin, zähle Israel und Juda.« Der Feldherr des Königs, Joab, wehrt sich dagegen – Gottes Segen soll man nicht zählen und organisieren. Aber David beharrt auf seinem Befehl, und erst nach der Zählung schlägt ihm das Gewissen – er bekennt seine Schuld, und bittet, Gott möge sie wegnehmen. Da kommt das Wort des Herrn zum Propheten Gad, Davids Seher, und er richtet es aus: »Willst du, daß drei Jahre lang Hungersnot in dein Land kommt oder daß du drei Monate vor deinen Widersachern fliehen mußt und sie dich verfolgen oder daß drei Tage Pest in deinem Lande ist? So bedenke nun wohl, was ich antworten soll dem, der mich gesandt hat. David sprach zu Gad: Es ist mir sehr angst, aber laß uns in die Hand des Herrn fallen, denn seine Barmherzigkeit ist groß; ich will nicht in der Menschen Hand fallen.« Da kommt dann die Pest über Israel, und 70000 sterben. Als der Pestengel aber die Hand über Jerusalem ausstreckt, reut es den Herrn – und er sagt: »Es ist genug; laß nun deine Hand ab! Der Engel des Herrn aber war bei der Tenne Arawnas, des Jebusiters. Als aber David den Engel sah, der das Volk schlug, sprach er zum Herrn: Siehe, ich habe gesündigt, ich habe die Missetat getan; was haben diese Schafe getan? Laß deine Hand gegen mich und meines Vaters Haus sein.« Es geht dann so weiter, daß David dem Arawna seine Tenne abkauft, und dort einen Altar errichtet und opfert. »Und der Herr wurde dem Land wieder gnädig, und die Plage wich von dem Volk Israel.«

Die Predigt nennt zunächst die Motive dieser Geschichte. »Undiskutierbare, schicksalhafte Gewalt bestimmt das Gottesbild, Furcht vor unseligem Verhängnis, Angst vor Unheimlichem lähmt den Menschen, zwingt ihn erbarmungslos in Passivität und nötigt ihm als ultima ratio das Bekenntnis zur Barmherzigkeit ab, die Kapitulation vor Gott aus Furcht vor Menschengewalt.« In diesen »Urthemen der Menschenseele« liege eine anziehende, aber auch gefährliche Kraft; darum könne es sein, daß wir uns schwer zurechtfinden in dieser Geschichte. »Denn gemeinhin sind wir an klarere, für unser zahmes Empfinden erträglichere und wohltätigere Linien gewöhnt als wir hier finden, und es widerspricht vielleicht nicht allein unserer herkömmlichen Gepflogenheit, sondern erscheint bereits als befremdlich, eine solche ungefüge Masse schwerster Rohstoffe in aller Ausführlichkeit im Gottesdienste zu Wort kommen zu lassen. Muß denn das sein? Es gibt doch Ebenmäßigeres unter den Stoffen der Heiligen Schrift, das uns leichter gestattet, dazu ein Verhältnis zu gewinnen, geläuterte Botschaft, wie wir es gern nennen, in Formen, die wir ohne sonderliche Mühe aufnehmen, ohne daß die ewige Wahrheit dabei Gefahr liefe, verkürzt zu werden, auch im Alten Testament. Dagegen hier in diesem bizarren Kapitel bewegt sich alles hart um die Grenze zum Unerträglichen und Unzumutbaren, und der Schwerpunkt, worin es hängt, der vage Begriff Barmherzigkeit, ist nicht, wie wir es vielleicht lieber vernehmen, an starkem Beispiel menschlicher Tat demonstriert und ethisch lehrbar, sondern ganz und durchaus passiv als letztes, endgültig letztes Motiv einer Zuflucht zu Gott, der Zuflucht in der Katastrophe. Uns ahnt, dies kann nur begreifen, wer es begreifen muß, und so etwas gehört zum Schwersten in der Schrift.« Der Prediger redet vom Zorn Gottes, nimmt die Hörer in die Geschichte hinein, indem er sie an ihr eigenes Erleben erinnert: »Brüder, es ist doch noch nicht gar so lange her, da waren auch wir in der Tiefe erschüttert und aufgewühlt und warteten geduckt auf den Befehl Gottes an den Würger: ›Es ist genug! Laß nun die Hand ab!‹ Spät kam der Befehl, viel später als in dieser Geschichte; es waren schon hundertmal mehr als Siebzigtausend gefallen, und unsere Zukunft lag vor uns wie der kahle Fels der Tenne Arawnas. Die Erschütterung ist abgeklungen, es ist etwas anderes da: die wache Unruhe unserer Seelen inmitten der geräuschvollen und geräuschlosen Geschäftigkeit der Menschen.« Aber so oder so rücke der Bericht unter Gottes Zorn, die Katastrophe aller Lebenswerte. Das sei schon zu sehen – auch dies, wie David in dieser Katastrophe nur noch eines bleibe: Nicht in der Menschen Hände, sondern in Gottes Hände wolle er fallen. Aber das genüge doch wohl noch nicht. »Zum Sehen dessen, was wir hier sehen müssen, gehört nicht das Auge allein, auch das Herz, das Fragen aus der Tiefe der Seele und vielleicht noch etwas Besonderes: vielleicht die Schuld, vielleicht die Angst. Das Auge hätten wir wohl ... Aber jenes andere, was sich nicht sehen, nicht ablesen, nur miterleiden läßt, ist im Bericht auch da als ein Wesentliches, als das Wesentliche und vollends jene ultima ratio des Angefochtenen, die reflexgleiche Wendung von den Menschen zu Gott, vom Grauen zur Tat ...« So wird hier die Schwierigkeit benannt, mit dem Text zurechtzukommen. Daß das stimmt, daß das Wahrheit ist – daß Menschen so preisgegeben sind, wie David und sein Volk, von Gott selbst preisgegeben – läßt sich das überhaupt sagen? Die Erzählung gebe alle Ordnung und Klarheit preis. »Durch das Motiv des tückischen Gottes kennzeichnet sie das seelische Chaos in erbarmungsloser eiskalter Schärfe; es gibt nichts Trostloseres auf Erden als dieses. Wir wissen doch, Brüder, was Nihilismus ist, und wenn wir es nicht wissen, erfahren wir es hier und verstehen auch, daß die grauenhafte Basis dieser Geschichte kein rhetorisches oder technisches Kunstmittel darstellt, sondern eine wahrhaft durchlittene seelische Katastrophe ist ...« Es wird dann auf den Sachverhalt verwiesen, daß der Chronist diesen Bericht aus 2 Sam 24 fast wörtlich übernommen hat. Aber die Worte des Anfangs habe er nicht ertragen. Statt Gott ist da nun von Satan die Rede. Damit sei die Geschichte entschärft. »Eine Dämonologie ist von der Theologie abgezweigt, der alttestamentliche Gott erscheint minder fragwürdig, oder, wie man zu sagen pflegt, minder ›belastet‹, und diese Volkszählungsüberlieferung, an sich schon ein seltsam primitives Thema, gewinnt den reineren und klareren Stil einer teuflischen Farce. So stellt es uns die Chronik vor, und alles darüber zu Sagende wäre handlicher und begreiflicher: David würde sich aus den Fängen des Satans, der ihn aus der Freude an der Krise durch einen blendenden Gedanken zur Sünde bewog, in die Arme Gottes retten. Ohne Anfechtung wäre er gewiß, daß er dort Barmherzigkeit fände ...« Doch nun mute uns der überlieferte Bestand der Heiligen Schrift zu, »daß wir dem furchtbaren nihilistischen Tatbestand unseres Wortlauts in Samuel nicht aus dem Wege gehen.« Er handelt eben nicht von Verführung durch den Satan, sondern von Preisgabe durch Gott, von irreparablem Chaos. »Gibt es das? Ist es gültige Wahrheit?« So fragt der Prediger, und gibt dann Davids Antwort wieder, die das bestreitet: »Laß uns in die Hand des Herrn fallen, denn seine Barmherzigkeit ist groß. Er sieht nichts von Barmherzigkeit, er glaubt sie trotzdem ... Nur die grausame Wahl zwischen Hunger, Krieg und Pest bleibt ihm mit ihrem sadistischen Akzent, und billig hätte er sagen dürfen: Wozu wählen? Es ist eines wie das andere. Er wählt dennoch und entscheidet sich für Gott, indem er die Pest wählt.« Hunger und Krieg – da könne einer durchkommen, wenn er seine Chancen kennt und nutzt. Aber menschliche Chancen im Chaos, das bedeute den Kampf aller gegen alle. »Nur im Pesttod fehlt der Vollstrecker Mensch; alle sind wehrlos, machtlos preisgegeben mit gebundenen Händen. Man wartet auf etwas, das nicht von Menschen kommt, und nicht von ihnen reguliert wird, man fällt durch Gott. ›Ich will nicht in der Menschen Hand fallen.‹ So ist es denn gesagt: Der gottverlassene Mensch kommt zu Gottes Gericht, um dem Menschen zu entgehen! Brüder, was haltet ihr von diesem Weg? Ist es Sieg oder Flucht? Liebe oder Haß? Verachtung oder Furcht? Was ist es? – Wir hören nichts von Gnade, nur von Barmherzigkeit, ihrem gestaltlosen Rohstoff. Massiv gesagt: vom Herzen Gottes hören wir, sogar etwas von seiner Reue. Ich meine, ihr werdet nicht widersprechen, wenn ich nur urteile: was hier steht, ist eines der persönlichsten Worte der Heiligen Schrift, dieser Ausbruch aus der Angst mit dem Richtungspunkt in Gottes Herz als ultima ratio der Menschenseele. Wer hier sucht, der wird finden, und keiner wird hier suchen, der nicht das Wort Angst in seiner ratlosen Wahrheit kennt. Er sieht hier, wie sie die letzte Entscheidung des Ja zu Gott, des Nein zum Menschen hervorbringt und das große Bekenntnis trägt. Darin liegt rettende Gewalt; wer möchte es leugnen!«

So kann ein solcher Text gepredigt werden; sicher nicht in jeder Gemeinde, aber doch in einem Universitätsgottesdienst. Was zu sagen ist, in Ausführung dieses und ähnlicher biblischer, alttestamentlicher Texte, gehört dazu zu dem, was unser Reden von Gott nicht verschweigen darf; verschweigen, weil es scheinbar in Widerspruch steht zu dem klaren, einfachen, einleuchtenden Satz: »Gott ist Liebe; und wer in der Liebe bleibt, der bleibt in Gott und Gott in ihm.« Nur dann kann dieser Satz auch gesagt werden, wenn sein Kontext präsent ist. Sonst wird er billig und leicht, und fällt hin, wenn es im Leben anders kommt. Wenn die Welt schrecklich ist und voller Angst. »Seine Barmherzigkeit ist groß! Das ist … der Glaube im Chaos, der glimmende Docht der Preisgegebenen, die letzte Schanze der Kämpfenden, die ultima ratio der Weltgeschichte, der Urgrund der Wiedergeburt zur lebendigen Hoffnung. Nein, man begreift das nicht leicht. Und keiner darf sich vermessen, dafür zu werben. Ich versuchte nur zu zeigen, wie der Heros David es im schwersten Kampf durchlebt hat. Wir sind keine Heroen und stehen in einer Welt voller Angst vor irgend etwas Schrecklichem, vor dem Preisgegebensein. Nein, wir sind keine Heroen. Aber vielleicht müssen wir es einmal sein um derer willen, die Heroen brauchen im Sinne solcher, die an Gottes Herz zu glauben wagen auch dann, wenn sie nichts davon sehen.« So ist hier das Wort nahe, um ein extremes Bestimmtsein von Welt zu besprechen – die Erfahrung, daß einer preisgegeben ist. Ich brauche das hier nicht weiter auszuführen; das Predigtbeispiel hat dazu genug gesagt. Nur dies will ich noch einmal betonen: Soll unser Predigen nicht in Abstraktion verkommen, die dann allenfalls noch das Gefühl anspricht, dann braucht es die durch Gott bestimmte Welt. Und gerade das Alte Testament kann hier zur Wahrnehmung anleiten.

2. Vom Überschuß des Alten Testaments

Gerade wenn das Alte Testament als Kontext christlicher Predigt wahrgenommen wird, zeigt sich seine Bedeutung neben dem Neuen. Die entwicklungsgeschichtliche Sicht ist geneigt, hier eine Art Defizit anzunehmen: Das Alte Testament ist noch nicht zu einem klaren Gottesverständnis durchgedrungen. Denn es versteht das Gottesverhältnis parti-kularistisch – Gott ist nur der Gott des auserwählten Volkes. Erst das Neue Testament bringt die Entgrenzung auf den Universalismus hin. Das Alte Testament steckt noch in einer gesetzlichen Auffassung des Gottesverhältnisses. Lohn und Vergeltung sind hier für das menschliche Tun von entscheidendem Gewicht. Schließlich fehlt auch der Glaube an die Unsterblichkeit der Seele oder auch an die Auferweckung der Toten; ohne diesen Glauben aber ist wahre Religion undenkbar. So wird eine entwicklungsge-schichtliche Sicht im Alten Testament vor allem das Defizit gegenüber dem Neuen wahrnehmen. Fragen wir danach, wie hier Wort welthaltig ist, Leben in seinen unterschiedlichen Aspekten wie in seiner Fülle zeigt, dann müssen wir viel eher von einem Überschuß reden. Ich will in zwei Hinsichten auf diesen Überschuß hinweisen: In Hinsicht auf das, was Thema des biblischen Wortes ist, und in Hinsicht auf die Redeformen dieses Wortes.

Wenn von einem Überschuß von Themen die Rede ist, dann ist das sicher nur cum grano salis zu nehmen: Welt zwischen Schöpfung und Vollendung ist auch Thema des Neuen Testaments, und damit ist hier alles einbezogen in Gottes Wort, wie das ja nicht gut anders sein kann, wenn es sich wirklich um *Gottes* Wort handelt. Aber hier steht dann die Konkretion noch an. Sicher hat der Prediger die Freiheit zu solcher Konkre-tion in der Ausführung seines Textes. Aber dabei tut er gut daran, in dem Horizont dieses Textes zu bleiben. Und der ist nun einmal mit bestimmt durch das Leben derer, von denen dieser Text stammt und für die er formuliert worden ist. Dieses Leben hat ein anderes Umfeld, andere Fragen, Probleme, Nöte, Anfechtungen, Sünden und gute Werke, wo es sich am Königshof in Jerusalem abspielt, als in der hellenistischen Stadt Korinth. Darum wird hier auch anderes besprochen. Wenn wir nach dem Wort suchen, etwa zu dem uns bedrängenden Thema des politischen Friedens, dann greifen wir ja nicht umsonst nach dem Alten Testament, etwa nach dem Propheten Jesaja, oder halten uns an Micha und seine eschatologische Verheißung. Ich kann nun gewiß nicht anfangen und aufzählen, wo solcher Überschuß an konkreten Themen in alttestament-lichen Texten vorliegt. Ich nenne neben dem Thema der Politik noch das Thema der Natur. Das hat sicher verschiedene Aspekte, nicht nur den, der in der Moderne vornehmlich aufgegriffen worden ist: Natur als der Herrschaft des Menschen unter-worfen, wie man das aus Gen 1,28 herausgelesen hat: »Seid fruchtbar und mehret euch und füllet die Erde und machet sie euch untertan und herrschet über die Fische im Meer und über die Vögel unter dem Himmel und über das Vieh und über alles Getier, das auf Erden kriecht.« Daneben steht die Natur als das Fremde, wunderlich und wunderbar, dem Menschen entzogen und allein Gott dem Schöpfer vorbehalten. So in den Gottesreden des Hiobbuches (c. 38–41). Oder Natur als das, was der Mensch zu respektieren hat, was ihm gerade nicht ausgeliefert, sondern allenfalls anvertraut ist, wie das die Sabbatgesetzgebung bestimmt, gerade auch die Gesetze über Sabbatjahr und Halljahr (z.B. Lev 25). Ich führe Ex 23,10f an: »Sechs Jahre sollst du dein Land besäen und seine Früchte einsammeln. Aber im siebenten Jahr sollst du es ruhen und liegen lassen, daß die Armen unter deinem Volk davon essen; und was übrig bleibt, mag das Wild auf dem Felde fressen. Ebenso sollst du es halten mit deinem Weinberg und deinen Ölbäumen.« Vielleicht ist ganz und gar utopisch, was hier genannt wird. Aber es fasziniert mich: daß da für ein Jahr von sieben nicht gelten soll, was sonst für unser Menschenleben kennzeichnend ist: Keine Arbeit, keine Aneignung der Natur, darum auch nicht das Eigentum und sein Schutz vor anderen Menschen, vor den Tieren, keine Zäune und Grenzen, und nicht die Ungleichheit, die durch Besitz und Arbeit entstanden ist! Und schließlich die eschatologische Versöhnung, die das Paradies erneuert, die messianische Zeit: »Da werden die Wölfe bei den Lämmern wohnen und die Panther bei den Böcken lagern. Ein kleiner Knabe wird Kälber und junge Löwen und Mastvieh miteinander treiben. Kühe und Bären werden zusammen weiden, daß ihre Jungen beieinander liegen, und Löwen werden Stroh fressen wie die Rinder. Und ein Säugling wird spielen am Loch der Otter, und ein entwöhntes Kind wird seine Hand stecken in die Höhle der Natter. Man wird nirgends Sünde tun noch freveln auf meinem ganzen heiligen Berge; denn das Land wird voll Erkenntnis des Herrn sein, wie Wasser das Meer bedeckt« (Jes 11,6–9). Vielleicht wird dieser messianische Friede mit der Natur manchmal schon Gegenwart – ich denke da an die merkwürdige Notiz in Mk 1,12f, wo im Anschluß an die Taufe Jesu durch Johannes berichtet wird: »Und alsbald trieb ihn der Geist in die Wüste; und er war in der Wüste vierzig Tage und ward versucht von dem Satan und war bei den Tieren, und die Engel dienten ihm.« Jedenfalls ist dieser Friede eine große Sehnsucht; und wir freuen uns über die kleine Erfüllung, wenn wir eine schnurrende Katze streicheln. Natur als Thema in diesen verschiedenen Aspekten: Das ist gerade Angebot des Alten Testaments. Ich lasse es bei diesem Hinweis auf den Überschuß an Themen, die sich im Alten Testament finden. Hier ist ein weites Feld für Entdeckungen!

Aber genauso ist auch von einem Überschuß an Redeformen zu sprechen. Ich nenne dazu, auch wieder nur in willkürlicher Auswahl, einmal die Klage. Erst ganz allmählich ist mir klar geworden, um was es da geht. Sicher habe ich seit meinem Theologiestudium gewußt, daß es in den Psalmen die Gattung der Klagelieder gibt, Volksklagelieder, aber vor allem dann die Klage des einzelnen. Und ich habe auch gewußt, daß es das Buch Hiob gibt, wo sich die theologische Reflexion gerade dieser Form der Klage bedient. Aber diese Klage ist mir kaum als eine Form des Gebetes begegnet. Allenfalls im Psalmgebet und in ein paar Kirchenliedern, die den Klagepsalmen nachgedichtet sind, ist diese Sprachform der Klage mir bekannt gewesen. In die Unterweisung zum Beten war sie nicht aufgenommen. Da habe ich gelernt: »Das Gebet ist ein Reden des Herzens mit Gott in Bitte und Fürbitte, Dank und Anbetung.« Dabei kommt die Klage nicht vor. Warum? Ist sie dem Christsein und seinem Gottesverhältnis nicht angemessen, zumal Klage ja leicht in Anklage umschlagen kann? Hat die Eschatologie die Klage verschlungen – wer auf das jenseitige Leben hofft, wird die Bedrohung, das heranstehende Ende dieses Lebens nicht beklagen? Doch ist vielleicht gerade die unmittelbare Gegenwart eine Zeit, um Klage einzuüben. Denn solche Klage läßt dort nicht sprachlos sein, wo das Unheil hereinsteht ins Leben. Was soll einer dann sagen? Vielleicht bieten wir einander Gemeinschaft an, wie die Freunde dem Hiob. Aber was geschieht, das kann nicht auf Gott hin besprochen werden, weil es nicht von Gott her erfaßt wird. Darauf müßte es ja hinauslaufen: nicht nur ein Jammern über das Übel, nicht nur ein Klagen über das Böse und die Bösen, von denen Übel widerfährt. Vielmehr die Richtung der Klage auf Gott hin, der doch genauso der Herr dieses kläglichen und beklagten Lebens ist, wie der Fülle, die ihm verdankt wird. Ich muß es bei diesem Hinweis lassen, kann nun nicht näher auf diese Sprachform der Klage und ihre Umsetzung in einer Predigt eingehen.

Als zweite Redeform, bei der ein Überschuß des Alten Testaments deutlich ist, nenne ich die Weisheit. Weisheit zu predigen, scheint etwa angesichts von 1 Ko 1,21 unangemessen: »Denn weil die Welt durch ihre Weisheit Gott in seiner Weisheit nicht erkannte, gefiel es Gott wohl, durch törichte Predigt selig zu machen, die daran glauben.« Aber einmal heißt törichte Predigt noch lange nicht, daß einer auf der Kanzel dumm daherreden soll. Und weiter ist die alttestamentliche Weisheit, obwohl sie sicher etwas mit der von Paulus dort genannten Weisheit der Welt zu tun hat, deshalb noch lange nicht mit dieser Weisheit identisch. Ich meine sogar, je länger desto mehr brauche es diese Weisheit, und also den gesunden Menschenverstand, um sich nicht von der modernen wissenschaftlichen Weise der Weltwahrnehmung ganz bestimmen und dann sicher verführen zu lassen. Denn wissenschaftliche Wahrnehmung will ja wertfrei sein; ob das ganz gelingen kann, ist eine andere Sache. Aber Weisheit fragt gerade nach dem Wertvollen, das gesucht, und dem Wertlosen, das gemieden werden soll. »Wie ein Hund sein Gespeites wieder frißt, also ist der Narr, der seine Narrheit wieder treibt« (Spr 26,11). Der Narr ist der, der nicht zwischen dem Wertvollen und dem Wertlosen unterscheiden kann. Und genau hier liegen dann ja unsere Probleme, die individuellen genauso wie die gesellschaftlichen. Was der eine für wertvoll und also für ein erstrebenswertes Ziel hält – die Nullösung in den Raketenverhandlungen in Genf z. B. –, das hält der andere für unsinnig, unerreichbar und darum für kein mögliches politisches Ziel. Und wir Bürger sollen dann möglichst unterscheiden, wer da jetzt der Weise ist und wer der Tor. Ich könnte andere Projekte die Fülle nennen. Die wertfreie Wissenschaft entscheidet da nicht, sondern das wertende Interesse, und die politische Aufgabe, das durchzusetzen, was im allgemeinen Interesse ist, das Gemeinwohl, wird nur zu leicht zu einem Kampf organisierter Sonderinteressen. Gerade bei dem, was da in unserer Gesellschaft läuft, als Wirtschaft, als Politik nach innen und nach außen, habe ich den Eindruck, daß es dem gesunden Menschenverstand aus dem Ruder gelaufen ist. Da ist es dann nötig, nach diesem gesunden Menschenverstand zu fragen, nach dem sensus communis. Darum wird mir die Weisheit der Bibel immer wichtiger, und ich habe gemerkt, wie sich solche Weisheit auch predigen läßt.

Das braucht dann freilich einen eigentümlichen Redestil. Aber vielleicht lernt einer gerade an der Weisheit, was ihm dann auch sonst von Nutzen ist: lernt überzeugend zu reden. Oft hapert es damit in unserem Predigen. Und wenn das überzeugende Reden nicht gelingt, dann verfällt der Prediger ins Schimpfen, oder lieber noch in den Appell. Denn, so sagt man dann, der Glaube ist eben nicht jedermanns Sache. Da muß sich einer entscheiden – sonst begreift er nicht, was Gott ihm zu sagen hat, oder was der Herr Christus von ihm will. Das ist immer eine faule Art der Rede, die dort, wo ihr die Argumente ausgehen, den Leuten ein schlechtes Gewissen machen will. Aber häufig geht sie durch, weil es die Predigthörer leider nicht anders gewöhnt sind. Doch hier, wo Weisheit gepredigt werden soll, da geht es gewiß nicht ohne Überzeugen ab. Da ist oft keine schwierige Gedankenführung, sondern die geschliffen formulierte Gnome, der Spruch – häufig mit einer treffenden Metapher. Etwa dies: »Ein neuer Freund ist ein neuer Wein; laß ihn alt werden, so wird er dir wohl schmecken« (Sir 9,15). Oder dies: »Einer mag überwältigt werden, aber zwei können widerstehen, und eine dreifache Schnur reißt nicht leicht entzwei« (Pred 4,12). Sicher sind das nun sehr einfache Beispiele. Aber es geht bei solcher Weisheit ja auch – ich erinnere an die Altjahrabendpredigt – um das Selbstverständliche. Oder, mit Oetinger und seiner Bestimmung des sensus communis: Es geht um das Notwendigste, das Einfachste und das Nützlichste. Es ist gut, wenn einer das herauszuheben weiß, so, daß es überzeugt. Solche Weisheit ist ja drin in dieser Welt, muß nicht erst hineingebracht werden. So spricht die Weisheit: »Ehe denn die Berge eingesenkt waren, vor den Hügeln ward ich geboren, als er die Erde noch nicht gemacht hatte noch die Fluren darauf noch die Schollen des Erdbodens. Als er die Himmel bereitete, war ich da, als er den Kreis zog über den Fluten der Tiefe, als er die Wolken droben mächtig machte, als er stark machte die

Quellen der Tiefe, als er dem Meer seine Grenze setzte und den Wassern, daß sie nicht überschreiten seinen Befehl; als er die Grundfesten der Erde legte, da war ich als sein Liebling bei ihm; ich war seine Lust täglich und spielte vor ihm allezeit; ich spielte auf seinem Erdkreis und hatte meine Lust an den Menschenkindern« (Spr 8,25–31). Das eindringliche Bild der spielenden Weisheit darf freilich nicht den Ernst des Gegensatzes von Weisheit und Torheit verdecken. Was da zu sagen ist, das ist eine Sache von Leben und Tod. »Frau Torheit ist ein unbändiges Weib, verführerisch, und weiß nichts von Scham. Sie sitzt vor der Tür ihres Hauses auf einem Thron auf den Höhen der Stadt, einzuladen alle, die vorübergehen und richtig auf ihrem Wege wandeln: ›Wer noch unverständig ist, der kehre ein!‹ Und zum Toren spricht sie: ›Gestohlenes Wasser ist süß, und heimliches Brot schmeckt fein.‹ Er weiß aber nicht, daß dort nur die Schatten wohnen, daß ihre Gäste in der Tiefe des Todes hausen« (Spr 9,13–18). Weil solche Weisheit eine Sache von Leben und Tod ist, können wir als christliche Prediger sie nicht verschweigen. Haben wir bei solcher Predigt der Weisheit zu überzeugen gelernt, wird das hoffentlich auf unser Predigen überhaupt abfärben. Auch das gehörte dann zu dem Überschuß des Alten Testaments, der in unsere Predigt eingehen kann.

3. Die Einheit der Gottesgeschichte in Kontinuität und Widerspruch

Das Evangelium, das wir zu predigen haben, ist unlösbar verbunden mit dem Namen Jesus von Nazareth. Die neutestamentlichen Texte kennen diesen Namen und gebrauchen ihn. Sie bezeugen diesen Jesus als den Christus Gottes. Wie steht es aber mit den alttestamentlichen Texten, die diesen Namen nun einmal nicht kennen? Bedeutet das, daß hier der Weg zum Evangelium weiter ist, daß jede einzelne Predigt in jedem Fall vom alttestamentlichen Text hinkommen muß zu dem Jesusnamen? Aber das könnte dann leicht zu Verkrampfungen führen! Ich habe es auch so gemacht, wenn ich über alttestamentliche Texte zu predigen hatte, daß ich da einen Bezug zu Jesus Christus suchte und den in der Predigt auch ausgeführt oder mindestens genannt habe. Ich mache das inzwischen nicht mehr. Einmal ist der Bezug zu Jesus Christus ja schon dadurch explizit gegeben, daß die Predigt auch über den alttestamentlichen Text in einem christlichen Gottesdienst gehalten wird, also bezogen ist auf all das, was in diesem Gottesdienst geredet, gesungen, getan wird. Und weiter ist doch auch der alttestamentliche Text ein Stück der christlichen Bibel. Er muß als christlicher Predigttext nicht erst dadurch legitimiert werden, daß sein christologischer Bezug in der Predigt ausgeführt wird. Die Predigt hat sich am Text zu legitimieren, darum braucht sie nicht selbst erst den Text durch dessen Anwendung als kanonisch zu autorisieren. Mit diesem Hinweis ist freilich die Frage noch nicht beantwortet, wie wir alttestamentliche Texte im Kontext des Neuen Testaments und damit des Bekenntnisses predigen: Jesus ist der Christus! Wie umgekehrt die Frage noch offen ist, wie wir neutestamentliche Texte und also das explizite Bekenntnis: Jesus ist der Christus! im Kontext des Alten Testaments predigen. Darum ist noch einmal theologisch nach der Zeit zu fragen. Ich will gerne bei dieser Frage bleiben, auch wenn sie den ermüdet, der noch nicht begriffen hat, welche Bedeutung diese Frage hat. Zwei Überlegungen müssen sich dabei ergänzen: Einmal haben wir das zeitliche Gefüge innerhalb der Gottesgeschichte zu erfassen. Und weiter ist zu fragen, wie die Zeit unseres Predigens und die Zeit, die wir mit diesem Predigen ansagen, sich zu dem Zeitgefüge der Gottesgeschichte verhalten.

Dabei setze ich voraus: Zeit, wie sie hier zu bedenken ist, darf nicht als ein leeres Kontinuum vorgestellt werden, das dann mit beliebigen Abläufen zu füllen ist. So suchen wir ja mit der Zeit zurechtzukommen, mit unserer Zukunft, und vielleicht auch mit der Vergangenheit, die in diesem durch die Zeit gemessenen Kontinuum rekonstruiert wird. Da wird Zeit räumlich vorgestellt; wir sprechen ja auch von einem bestimmten Zeitraum, in dem dieses oder jenes individuelle oder gemeinsame Projekt verwirklicht werden soll. Aber wir wissen auch: diese Zeit, über die einer verfügt, gehört uns nicht fest. Es stimmt schon, was der Jakobusbrief sagt: »Wohlan nun, die ihr sagt: Heute oder morgen wollen wir gehen in die oder die Stadt und wollen ein Jahr dort zubringen und Handel treiben und Gewinn machen –, die ihr nicht wisset, was morgen sein wird. Denn was ist euer Leben? Ein Dampf seid ihr, der eine kleine Zeit währt, danach aber verschwindet. Dafür sollt ihr sagen: So der Herr will und wir leben, wollen wir dies oder das tun. Nun aber rühmet ihr euch in eurem Übermut. All solches Rühmen ist böse« (4,13–16). Lebenszeit ist nicht der Zeitraum, über den einer verfügt. Sie ist nicht die gedachte Zeit, die als Quantität gedachte Zeit. Sie ist von Gott gewährte Zeit, und als solche nicht planbar. Ich will das nun nicht homiletisch ausführen (dazu vgl. Hören und Fragen, hrsg. A. Falkenroth und H. J. Held 2, 1979, 50–57 meine Meditation zur Neujahrspredigt). Hier muß genügen, auf diese kontinuierliche Zeit als die gedachte, abstrakte Zeit hinzuweisen, die Zeiträume, in denen wir konstruieren und rekonstruieren. Es wäre verfehlt, Gottes Geschichte so rekonstruieren zu wollen im Medium abstrakter Zeit. Darin sehe ich die Unzulänglichkeit vieler heilsgeschichtlicher Entwürfe (vgl. Oscar Cullmann, Christus und die Zeit, ³1962; ders., Heil als Geschichte, 1965). Wenn von Gottes Geschichte die Rede ist, dann ist von Zeitinhalten zu sprechen. Nicht Jahreszahlen geben die Struktur dieser Geschichte Gottes wieder, so, wie das bei unserer Historie der Fall ist (und wir meinen dann, eine runde Zahl sei womöglich ein besonders wichtiges Datum. Deshalb feiern wir 1983 ein Lutherjahr, und feiern dabei häufig nur uns selbst).

Vielmehr sind es Geschichten, von denen die Rede sein muß, wollen wir uns diese Geschichte Gottes vergegenwärtigen. Diese Geschichten erzählen, wie es gewesen ist, als Gott dabei war: Sie erzählen von Abraham, von dem Ruf, dem er folgte, von seinen Wanderungen, seiner Anfechtung, seinem Glauben. Wann war das? Im Jahr 1800 vor Christus, oder 1400 – oder vielleicht gar nicht, wenn wir der kritischen Historie trauen sollen, die nicht mehr als den Namen Abrahams, und vielleicht die urtümliche Gotteskennzeichnung »Schild Abrahams« – magen 'äbraham (Gen 15,1) für historisch gesichert hält? Oder war das gestern, ist es heute, morgen – wenn es zur Gerechtigkeit aus Glauben kommt, wie das Paulus schreibt: »Denn er, Abraham, zweifelte nicht durch Unglauben an der Verheißung Gottes, sondern ward stark im Glauben und gab Gott die Ehre und wußte aufs allergewisseste: was Gott verheißt, das kann er auch tun. Darum ist's ihm auch zur Gerechtigkeit gerechnet. Das ist aber geschrieben nicht allein um seinetwillen, daß es ihm zugerechnet ist, sondern auch um unsertwillen, welchen es soll zugerechnet werden, wenn wir glauben an den, der unseren Herrn Jesus auferweckt hat von den Toten, welcher ist um unserer Sünden willen dahingegeben und um unsrer Rechtfertigung willen auferweckt« (Röm 4,20–25). Nicht auf die zeitliche Distanz hebt Paulus ab, sondern auf die Nähe: Mit seiner Glaubensgerechtigkeit ist Abraham denen nahe, die wie er aus Glauben gerecht sind. Der Glaube des Vaters Abraham wird zusammengenommen mit dem Glauben, der uns zur Gerechtigkeit zugerechnet wird. Wie Abraham zu Gott steht, so jetzt die Glaubenden. Gerade weil da die Geschichte ist, von Abrahams Erwählung, von der Verheißung, vom Glauben, ist nicht die Distanz, sondern die Nähe bestimmend – nicht die Distanz der Zeit, die seither vergangen ist, sondern die Nähe des verheißenden Gottes in diesen Geschichten vom Vater Abraham.

Diese Geschichten lassen sich weiter durchgehen: Isaaks Geschichte, und die von Jakob, dem Geliebten, und Esau, dem Gehaßten (vgl. Röm 9,13, wo wieder Mal 1,2f angeführt wird), von Josef und seinen Brüdern, von der Zeit in Ägypten, der guten Zeit und dann der bösen Zeit, von Unterdrückung und Knechtschaft, von der Befreiung, dem Auszug und der Wüstenwanderung, der Landnahme und der Richterzeit, bis hin zum Königtum, zu Saul und zu David, durch den Jerusalem und der Zion zum Ort Gottes geworden ist. Geschichten sind das, wie die Geschichte von Abraham. Vielleicht entdecken wir hier nicht immer so schnell, wie nahe wir diesen Geschichten sind, wie dort, wo vom Glauben Abrahams und dessen Zurechnung zur Gerechtigkeit die Rede ist. Da ist auch vieles fremd und fast unzugänglich: Der Bann z. B., den sie an den besiegten Feinden vollstreckt haben, oder die Selbstverständlichkeit, in der sich die Männer der Frauen bedienen, sei es zum Lustgewinn, sei es zur Erzeugung von Nachkommenschaft. Die Geschichte von Juda und Thamar (Gen 38) hat ihre Pointe ja gerade darin, daß die beiden Zwecke verkehrt werden, daß Juda durch die List seiner Schwiegertochter dazu gebracht wird zu zeugen, wo er nur die Lust suchte. Doch es ist nicht nur diese Fremdheit da, sondern gerade auch die Nähe. Beispielsweise sind wir nahe bei dem Volk auf seiner Wüstenwanderung, in den Hoffnungen und Ängsten, dem Vertrauen auf Mose und dem Schrecken vor dem Unbekannten, in der Zwiespältigkeit, mit der sie sich einerseits nach dem gelobten Land ausstreckten, und andererseits doch immer wieder zurückblickten auf die Fleischtöpfe Ägyptens: Lieber Sicherheit in der Knechtschaft, als immer nur, von Morgen zu Morgen, an dem sie das Manna einsammelten, dem Gott ausgeliefert zu sein, von dem dieser Mose sagte, der habe ihn gesandt.

Es ist fast schon ein Notbehelf, wenn ich diese Geschichten nun doch in einen Begriff zusammenfasse und so auf einen Nenner zu bringen suche: Es handelt sich da um Erwählung dieser Menschen, handelt sich um einen Anfang, den Gott setzt. Es gibt ein Vorher vor diesem Anfang: »Eure Väter wohnten vorzeiten jenseits des Euphratstroms, Tharah, Abrahams und Nahors Vater.« So beginnt der geschichtliche Rückblick Josuas auf dem Landtag zu Sichem (Jos 24,2). Aber dieses Vorher ist geschieden von dem Anfang, den Gott setzt, und in dem er weiterführt, was er begonnen hat mit der Erschaffung der Welt und der Menschen. Die alte, unfruchtbare Sara bekommt den Sohn und damit neues Leben; so etwa markiert die Erzählung die Zäsur. Zum Lachen ist das, weshalb dieser Sohn ja auch Isaak heißt – »Gott hat mir ein Lachen zugerichtet; denn wer es hören wird, der wird über mich lachen«, so deutet seine Mutter seinen Namen (Gen 21,6). Und so weiter, bis hin zu dem kleinen Hirtenjungen David, der der große König seines Volkes werden soll. Von Gott kommt dieser Anfang, und läßt sich auf die Formel bringen: »Ihr sollt leben – mit mir und durch mich.« So umschreibe ich die Formel: »Ich will euer Gott sein, und ihr sollt mein Volk sein« (Lev 26,12). Mit mir und durch mich leben – das ist die Zusage des erwählenden Gottes. Und so weist diese Zusage zugleich zurück auf den Anfang, wie er durch die Schöpfung gesetzt worden ist: »Am Anfang schuf Gott Himmel und Erde. Und die Erde war wüst und leer, und es war finster auf der Tiefe; und der Geist Gottes schwebte auf dem Wasser. Und Gott sprach: Es werde Licht! Und es ward Licht« (Gen 1,1–3). Dieser Anfang, der allererste Anfang, ist ja ungeschieden von der Zusage des erwählenden Gottes: »Im Anfang war das Wort, und das Wort war bei Gott, und Gott war das Wort. Dasselbe war im

Anfang bei Gott. Alle Dinge sind durch dasselbe gemacht, und ohne dasselbe ist nichts gemacht, was gemacht ist« (Joh 1,1–3). Der erwählende Ruf Gottes ergeht in diesem selben Wort des Anfangs.

Dieses göttliche »ihr sollt leben, mit mir und durch mich« als Zuspruch des Anfangs, den Gott gemacht hat, schließt freilich auch den Anspruch Gottes auf dieses Leben ein. Es ist nicht einfach ein Vegetieren oder Existieren nach Lust und Laune, dieses Leben. »Und Mose stieg hinauf zu Gott. Und der Herr rief ihm vom Berge zu und sprach: So sollst du sagen zu dem Hause Jakob und verkündigen den Kindern Israel: Ihr habt gesehen, was ich mit den Ägyptern getan habe und wie ich euch getragen habe auf Adlersflügeln und euch zu mir gebracht. Werdet ihr nun meiner Stimme gehorchen und meinen Bund halten, so sollt ihr mein Eigentum sein vor allen Völkern; denn die ganze Erde ist mein. Und ihr sollt mir ein Königreich von Priestern und ein heiliges Volk sein« (Ex 19,3–6). Was mit diesem Bund gemeint ist, den sie da halten sollen, das läßt sich in recht unterschiedlicher Weise konkretisieren. Da ist das Bundesbuch, sepär habbᵉrît (Ex 24,7), die Sammlung von Rechtsnormen Ex 21–23. Und diese Sammlung ist ja nicht die einzige, die wir in der Bibel haben; das Gesetz Israels ist eine recht komplexe Größe. Ist dieses Gesetz der Bund, der gehalten werden soll? Sicher ist auch das gemeint. Aber der Verweis auf diesen Komplex aus Rechtsnormen, religiösen Vorschriften, sittlichen Normen (die lex iudicialis, ceremonialis, moralis) genügt nicht. Auch nicht der Verweis auf den Dekalog oder das Gebot der Gottesliebe (Dt 6,5) und der Nächstenliebe (Lev 19,18), auch wenn hier Zusammenfassungen des Gotteswillens gegeben sind, in denen, nach Jesu Wort, das ganze Gesetz und die Propheten hängt (vgl. Mt 22,40). Es geht um ein Leben, das dem erwählenden Gott Ehre macht und nicht Schande. Davon lassen sich Geschichten erzählen. Etwa die Geschichte von der Moabitin Ruth, die ihrer Schwiegermutter Naemi nach Bethlehem folgte, und dort den Boas zum Gatten bekam, nicht ohne daß neben Gott auch ihre Schwiegermutter ein wenig dazu geholfen hat. Nach dem guten Recht geht es da zu, und zugleich sehr menschlich. Eine gute Geschichte ist das, und ein gutes Leben, wenn schließlich die Naemi, die viel hat durchmachen müssen in der Fremde, ihren Enkel Obed auf dem Schoß hält, der wieder der Großvater Davids werden sollte. So soll das Leben sein, das Gott gewährt, Leben mit ihm und durch ihn.

Es kann auch anders aussehen – etwa in der Geschichte des Königs David, dem es in all seinem Glück zu wohl wurde, und der darum die schöne Frau, die er gesehen hatte, auch haben wollte. Wie das dann lief, mit Bathseba und Uria und dessen geschickt arrangiertem Tod, das brauche ich nicht zu erzählen. Als dann scheinbar alles zum Besten des Königs geregelt ist, da kommt Gottes Wort durch den Propheten Nathan. Er erzählt dem David seine Fabel von dem reichen und dem armen Mann, dem das einzige Schäflein genommen wurde. Da wußte nun David sehr wohl Recht und Unrecht zu unterscheiden; und sprach sich damit sein eigenes Urteil: »So wahr der Herr lebt: Der Mann ist ein Kind des Todes, der das getan hat . . . Da sprach Nathan zu David: Du bist der Mann! So spricht der Herr, der Gott Israels: Ich habe dich zum König gesalbt über Israel und habe dich errettet aus der Hand Sauls, und habe dir deines Herrn Haus gegeben, dazu seine Frauen, und habe dir das Haus Israel und Juda gegeben; und ist das zu wenig, will ich noch dies und das dazu tun. Warum hast du denn des Herrn Wort verachtet, daß du getan hast, was ihm mißfiel?« (2 Sam 12,5.7–9). Da ist die Erwählung auf diesen König zugeschnitten – »du sollst leben, mit mir und durch mich«, das heißt hier dies alles, was dem David gegeben wurde. Und zugleich ist da die Selbstverständlichkeit des Anspruchs. David weiß sehr wohl, daß sein Tun diesem Gott mißfallen hat, daß er selbst dadurch sein Leben mit diesem Gott und durch ihn verwirkt hat: »Da sprach David zu Nathan: Ich habe gesündigt gegen den Herrn. Nathan sprach zu David: So hat auch der Herr deine Sünde weggenommen; du wirst nicht sterben. Aber weil du die Feinde des Herrn durch diese Sache zum Lästern gebracht hast, wird der Sohn, der dir geboren ist, des Todes sterben« (13f). Es gibt andere Geschichten, die nicht mit der Umkehr und Vergebung enden, sondern mit Gottes Gericht. So die Geschichte von Ahab und seiner Frau Isebel und dem Komplott, mit dem sie den Weinberg des Naboth an sich brachten, um den Park des königlichen Palastes zu arrondieren. Da kommt es, wie es kommen muß, wenn einer nicht bereit ist zum Gehorsam.

Mit diesem Gott und durch ihn leben, das heißt in seinem Bund bleiben, und so ihm Ehre machen und nicht Schande. Darum kann es hier nicht beim Leben bleiben: Tod und Gericht sind die Kehrseite dieses Lebens. Als sie seinerzeit meinten, sie müßten sich bei der westlichen Großmacht Ägypten den Schutz holen gegen die östliche Großmacht Assyrien, da hat ihnen der Prophet Jesaja entgegengehalten: »So höret nun des Herrn Wort, ihr Spötter, die ihr herrschet über dies Volk, das in Jerusalem ist. Ihr sprecht: Wir haben mit dem Tod einen Bund geschlossen und mit der Hölle einen Vertrag gemacht.« Ägypten mit seinem Totenkult und mit seinen Totengöttern ist da genannt. Aber das nun gerade in der bitteren Zweideutigkeit – im Gegensatz zu dem Bund mit dem Leben, das der Gott Israels ist und heißt! »Wenn die brausende Flut daherfährt, wird sie uns nicht treffen; denn wir haben Lüge zu unsrer Zuflucht und Trug zu unsrem Schutz gemacht.« Das ist wieder die ironische Verkehrung. So haben die damals genauso wenig gesagt, wie wir heute sagen würden: Betrogen sind wir durch den Schutz der Atomraketen, und sind mit den Pershing 2 angeschmiert. Der Prophet dreht um, was die von ihm Angeredeten sagen. So muß das ja sein, wenn einer sein Leben dem Tod verdanken will: »So wird Hagel die Lügenzuflucht zerschlagen, und Wasser sollen den Schutz wegschwemmen« – das ist ein von Jesaja gebrauchtes Bild für die assyrische Macht (vgl. 8,5–8), »daß hinfalle euer Bund mit dem Tode und euer Vertrag mit der Hölle nicht bestehen bleibe« (Jes 28,14f. 17f). Auch das gehört mit dazu, wenn wir nach dem Bund Gottes fragen und danach, was er gewesen sei, und was mit ihm geschah: daß dieser Bund gebrochen wurde, und sich darum das Leben in Tod verkehrt hat.

Man mag gerade hier nun von Gesetz in seinem Gegensatz zum Evangelium reden. Doch ist es mindestens problematisch, Melanchthons Satz aus der Apologie zur Grundlage des Gesetzesverständnisses und der Gesetzespredigt überhaupt zu machen: »Lex enim semper accusat conscientias et perterrefacit« (AC IV, 39, BSLK 167). Melanchthon legt hier wieder Paulus aus, der Röm 4,15 sagt: »Das Gesetz richtet Zorn an.« So sehr hier einerseits ein hermeneutischer Grundsatz der Reformation anklingt, dem wir uns stellen müssen, so wenig sollte andererseits vergessen werden, daß das Gesetz gut ist, gerecht, daß es Gottes Willen zeigt und daß sich darum jeder an dieses Gesetz halten und sich über dieses Gesetz freuen kann: »Dein Wort ist meines Fußes Leuchte und ein Licht auf meinem Wege« (Ps 119,105). Freilich, hier steht Leben und Tod vor den Erwählten (ich erinnere an das Werben von Weisheit und Torheit um den Menschen). So predigt es Mose im Deuteronomium: »Ich nehme Himmel und Erde heute über euch zu Zeugen: Ich habe euch Leben und Tod, Segen und Fluch vorgelegt, damit du das Leben erwählst und am Leben bleibst, du und deine Nachkommen, indem ihr den Herrn, euren Gott, liebt und seiner Stimme gehorcht und ihm anhanget. Denn das bedeutet für dich, daß du lebest und alt wirst und wohnen bleibst in dem Lande, das der Herr deinen Vätern Abraham, Isaak und Jakob geschworen hat, ihnen zu geben« (30,19f). Das ist eine eindringliche Predigt, gerade durch das ganze Deuteronomium hindurch. Sie darf freilich, wie alle solche Predigt des Gesetzes, nicht aus der unmittelbaren Anrede in die Reflexion übersetzt werden. Die sagt dann so: Da ist Gebot und Verheißung und Verbot und Drohung, und der Mensch steht dazwischen, als der, der wählen kann! Das gerade nicht. Den Ungehorsam wählt sich einer genauso wenig wie den Unglauben, den Fluch wählt sich einer genauso wenig wie den Tod. Wenn er wählen könnte, dann fiele ihm die Wahl nicht schwer. Doch ist diese Wahl ja schon lange getroffen. Sünde, Tod, Gericht – gerade davon ist die Bibel voll, ist das Alte Testament voll. »Höret, was der Herr wider euch redet, ihr Kinder Israel, wider alle Geschlechter, die ich aus Ägyptenland geführt habe: Aus allen Geschlechtern auf Erden habe ich allein euch erkannt, darum will ich auch an euch heimsuchen alle eure Sünde« (Amos 3,1.2).

Dazu gebe ich nun noch einen praktischen Hinweis: Vieles Predigen geht ins Leere, weil der Prediger nicht begriffen hat, was er tun soll. Genau das, was nicht gut ist, soll dann der Predigt zum Leben helfen, die Reflexion und die Wahl, die Entscheidung. Solch ein Reden kann aber allenfalls das Gefühl erreichen, ein gutes oder schlechtes Gefühl machen, je nachdem, ob einer dann bei sich urteilt, er habe solche Wahl und Entscheidung noch vor sich – dann hat er ein schlechtes Gefühl – oder, wie das in aller Regel der Fall ist, er habe diese Wahl und Entscheidung schon hinter sich, und der Appell der Predigt gelte den anderen – dann hat er ein gutes Gefühl. Wenn wir Gesetz predigen, dann predigen wir den konkreten Zuspruch: dieses Gute tut. Das ist nicht leicht; es braucht da mehr als ein paar allgemeine Normen wie das Liebesgebot. Vielleicht ist solcher Zuspruch am wirkungsvollsten, wenn einer eine Geschichte zu erzählen weiß, so, wie Jesus die Geschichte vom barmherzigen Samariter erzählt hat. Dann weiß jeder, wie er dran ist, und man braucht ihm vielleicht nicht einmal mehr zu sagen, was Jesus dem Schriftgelehrten sagte, dem er erklärte, wie das ist, wenn man am nächsten dran ist: »So gehe hin und tue desgleichen« (Lk 10,37). Wenn einer sich selbst kennt, und die Leute, die er vor sich hat, dann kann so ein Zuspruch sehr wohl an der Zeit sein: Jetzt tu dies! Aber das muß dann genau gesagt werden, und so, daß einer weiß, wie er dran ist. So geht die Predigt mit dem Gesetz um, daß sie es nicht beim Allgemeinen läßt, bei der Norm, sondern nach Möglichkeit zum Gebot kommt. Freilich geht sie auch so mit dem Gesetz um, daß sie durch das Gesetz die Sünde straft, ans Licht bringt. Das ist ja der usus elenchticus legis. Und auch der bleibt nicht in Allgemeinheiten stecken, redet nicht von dem, was sein sollte und gut und richtig wäre. Er zeigt hin auf das, was ist, und nennt die Sünde beim Namen – vielleicht sogar den Sünder, wie Johannes der Täufer, als er dem Herodes sagte: »Es ist nicht recht, daß du deines Bruders Frau hast« (Mk 6,18). Da wird ausgesprochen, was der Fall ist, und Gottes Gericht angekündigt. So oder so ist gerade auch die Predigt des Gesetzes konkrete Predigt, die nicht in Allgemeinheiten steckenbleibt und Normen verkündigt. Es geht um den Zuspruch: Dies gebietet Gott, dir, euch, jetzt, hier. Und es geht um die Sünde: Dies da ist Sünde, die Gott strafen wird. Entweder sprechen wir Gottes Gebot zu, so, daß es getan wird, wenn wir Gesetz predigen. Oder wir strafen die Sünde und kündigen ihr das Gericht an. Machen Sie sich das rechtzeitig zur Regel! Dann geraten Sie nicht so leicht in ein falsches gesetzliches Reden hinein, das in Allgemeinheiten steckenbleibt und die Hörer bloß abstumpft und die Predigt in der Belanglosigkeit versumpfen läßt. Gerade zur Predigt des Gesetzes sollen und können uns Geschichten anleiten, die erzählen, was den Erwählten mit Gottes Bund widerfahren ist.

Erwählung und Gesetz gehören so zusammen, wenn wir nach der Struktur von Gottes Geschichte fragen: der Zuspruch: »Ihr sollt leben, mit mir und durch mich«, schließt den Anspruch ein: »Dieses Leben soll mir entsprechen, soll mir, eurem Gott, Ehre machen und nicht Schande.« Darum gehören auch Erwählung und Gericht zusammen. Damit aber kann diese Geschichte sich verkehren: In Unheil und Verderben, in dem Gottes Zorn sich gegen die kehren muß, die ihm Schande machen und nicht Ehre. Wie kann das unheilige Volk vor dem heiligen Gott leben? Gerade von dieser Frage aus kann sich ein Stück weit erschließen, was für unser Verstehen eine recht widerständige Sache ist: der israelitische Kult, gerade in seiner ausgebauten nachexilischen Gestalt. (Dazu vgl. Hartmut Gese, Die Sühne, in: Zur biblischen Theologie, BEvTh 78, 1977, 85–106.) Die vielfältigen Reinheitsvorschriften und Reinigungsriten, vor allem aber die Konzentration der Opfer auf das Sühnopfer zeigt, wie dieses Leben des Volkes durch seine Sünde und Unreinheit aufs äußerste gefährdet ist. Nur durch das Opfer hindurch kann hier die Gottesgemeinschaft gewonnen werden, das Grunddatum der Erwählung: »Ihr sollt leben, mit mir und durch mich«. Zwei rituelle Momente deuten das an: Der Opfernde legt seine Hand auf den Kopf des Opfertieres (Lev 1,4 u. ö.). Damit identifiziert er sich mit dem Opfer, dessen Leben stellvertretend für sein Leben dargebracht wird. Und dieses Leben soll zum Heiligtum gebracht werden: Das Opferblut wird am Altar ausgegossen. »Denn des Leibes Leben (näpäš häbbaśar) ist im Blut, und ich habe es euch für den Altar gegeben, daß ihr damit entsühnt werdet. Denn das Blut ist die Entsühnung, weil das Leben in ihm ist« (Lev 17,11). Durch die Bluthingabe des Opfertieres, so interpretiert Gese, werde so eine Lebenshingabe des Opferherrn zeichenhaft vollzogen. »Für den kultischen Sühnakt ist es nun entscheidend, daß diese Lebenshingabe nicht eine ins Nichts, eine bloße Tötung, sondern eine Lebenshingabe an das Heilige ist, gleichsam eine durch den Blutkontakt zum Ausdruck gebrachte Inkorporation« in das Heilige« (a.a.O. 98).

Der Höhepunkt dieses kultischen Geschehens ist der jährliche große Versöhnungstag, Jom Kippur, und hier wieder die Zeremonie, in der der Hohepriester das Allerheiligste betritt, nachdem er sich selbst gereinigt und entsühnt hat: »Und Aaron soll den Stier seines Sündopfers hinzubringen und sich und sein Haus entsühnen und soll ihn schlachten und soll eine Pfanne voll Glut vom Altar nehmen, der vor dem Herrn steht, und beide Hände voll zerstoßenen Räucherwerks und es hinein hinter den Vorhang bringen und das Räucherwerk aufs Feuer tun vor dem Herrn, daß die Wolke vom Räucherwerk den Gnadenthron (kappōräṯ) bedecke, der auf der Lade mit dem Gesetz ist, damit er nicht sterbe. Und soll etwas vom Blut des Stieres nehmen und es mit seinem Finger gegen den Gnadenthron sprengen; vor den Gnadenthron aber soll er siebenmal mit seinem Finger von dem Blut sprengen. Danach soll er den Bock, das Sündopfer des Volks, schlachten und sein Blut hineinbringen hinter den Vorhang und soll mit seinem Blut tun, wie er mit dem Blut des Stieres getan hat, und etwas davon auch sprengen gegen den Gnadenthron und vor den Gnadenthron, und soll so das Heiligtum entsühnen wegen ihrer Übertretungen, mit denen sie sich versündigt haben« (Lev 16,11–16). Da wird im Ritus Gottesgemeinschaft räumlich vollzogen, freilich in einem sehr sublimen Ritus: Das Räucherwerk verhüllt den Ort der Gottesgegenwart, und der Hohepriester sprengt mit seinem Finger den Blutstropfen dorthin. Zugleich ist ja die Gegenwart der Lade mit ihrem Deckel im Allerheiligsten fiktiv. Diese Lade ist spätestens bei der Eroberung und Zerstörung Jerusalems 587 verlorengegangen. So ist hier erst recht Gottesgemeinschaft gerade durch das Gericht Gottes hindurch angezeigt. Kann ein solcher Zustand dauern? Sicher können wir dann mit dem Hebräerbrief oder mit Paulus darauf verweisen, daß das Sterben Jesu die einmalige und endgültige Versöhnung ist, durch die wir alle den Zugang zu Gott gewonnen haben. Aber auch damit ist nicht einfach aufgehoben, was dieser alttestamentliche Kult anzeigt: daß Leben mit Gott und durch Gott nur so möglich ist, daß es sich an die durch Gott selbst gewährte Versöhnung hält.

Auch die prophetischen Verheißungen gehören in diesen Zusammenhang. Ich kann sie nicht einzeln aufführen und interpretieren, erinnere nur an dieses eine: Da wird nicht einfach Heil angekündigt, eine bessere Zeit, nachdem vorher die böse Zeit des Gerichts durchgestanden wurde. Vielmehr wird zugleich die Voraussetzung des heilsamen Beieinander von Gott und Mensch durch Gott selbst herbeigebracht: Das ist der gerechte König, der Davidssproß, der Frieden und Heil garantieren kann, weil er ein gerechter Herrscher sein wird. Das ist das gerechte Volk, die Leute mit dem Gebot Gottes im Herzen, denen das steinerne Herz aus dem Leib genommen ist, und ein fleischernes, ein wirklich menschliches Herz gegeben ist, so daß sie Gottes Willen tun, wie das Jeremia und Ezechiel ankündigen. Israel hat nicht in sich selbst die Möglichkeit zu der durchgreifenden Erneuerung, die das Leben der Erwählten mit Gott und durch Gott erst zum Ziel kommen lassen könnte. Aber Gott selbst verspricht diese Erneuerung, als seine Gabe, sein Werk, sein neues Tun. Das wird vom Neuen Testament dann ja aufgenommen, und damit wird Leben, Leiden, Sterben, Auferstehen Jesu verständlich gemacht als dieses heilsame Tun Gottes. Hier ist Vollendung; Gott und Mensch sind in diesem Menschen Jesus beieinander: »Dies ist mein lieber Sohn, an dem ich Wohlgefallen habe« (Mt 3,17 parr). Daß diese Vollendung sich gerade im Leiden und Sterben dieses Sohnes ereignet, darauf habe ich schon in meiner Interpretation der Markuspassion hingewiesen: Der Gegensatz dieses einen gottgefälligen Menschen und der Sünder wird nicht so ausgetragen, daß die Sünder den Tod erleiden, sondern dieser Sohn stirbt und eröffnet so denen die Möglichkeit des Lebens mit Gott und durch Gott, die sich auf die Christuspredigt einlassen. Wie der Anfang der Erwählung offen ist auf die Schöpfung, so ist diese Vollendung in Kreuz und Auferstehung Jesu offen auf die endgültige Vollendung hin, den neuen Himmel und die neue Erde, wo dann Gott und Mensch beisammen sind und beisammen bleiben: »Und ich sah einen neuen Himmel und eine neue Erde; denn der erste Himmel und die erste Erde vergingen, und das Meer ist nicht mehr. Und ich sah die heilige Stadt, das neue Jerusalem, von Gott aus dem Himmel herabfahren, bereitet wie eine geschmückte Braut ihrem Mann. Und ich hörte eine große Stimme von dem Thron, die sprach: Siehe da, die Hütte Gottes bei den Menschen! Und er wird bei ihnen wohnen, und sie werden sein Volk sein, und er selbst, Gott, wird mit ihnen sein!« (Offbg 21,1–4).

Es ist gut, sich diese Struktur der Gottesgeschichte einmal genau klarzumachen. Es ist da nicht einfach eine zeitliche Erstreckung vom Anfang bis hin zur Vollendung. Es ist vielmehr ein in sich selbst spannungsvoller Zusammenhang, der sich erschließt, wenn wir dem biblischen Wort, gerade auch den biblischen Geschichten, nachgehen. Ich habe als Aufgabe der Predigt bestimmt, sie solle einlassen in diese Geschichte Gottes. Wir sollten uns dann freilich davor hüten, hier doch noch die Chronologie zum Maß unserer Predigt zu machen, und also zu meinen: Unser Einlaß in diese Geschichte geschieht immer am Ort der Vollendung, geschieht immer unter dem Vorzeichen des gekommenen Christus. So richtig das grundsätzlich ist, und so sehr es in der Gestalt unseres Gottesdienstes bestätigt wird, so wenig kann es doch von der Frage entlasten, die wir uns als Prediger zu stellen haben: Wo läßt dieser Text, den ich da predigen will, die Gemeinde ein in die Gottesgeschichte? Wenn wir das Evangelium zu predigen haben, dann wird es gut sein, wenn wir dabei zugleich den spannungsvollen Zusammenhang der Gottesgeschichte vor uns sehen und so lernen, die Zeit richtig anzusagen: Gegenwart Gottes, die sich heilsam gewährt und heilsam entzieht, Zuspruch des gerechten Tuns wie das Aufdecken unserer Ungerechtigkeit, Belehrung über das, was wir erfahren und von Gott her verstehen sollen, Beispiel und Zurechtweisung: Dies alles in seiner Vielfalt und Einheit ist Gegenstand unserer Predigt. »Denn alle Schrift, von Gott eingegeben, ist nütze zur Lehre, zur Aufdeckung der Schuld, zur Besserung, zur Erziehung in der Gerechtigkeit, daß ein Mensch Gottes sei vollkommen, zu allem guten Werk geschickt« (2 Tim 3,16f). Wer hier nie auslernt, der wird sich auch nicht leerpredigen.

§ 7 Die Predigt des dreieinigen Namens

Hier muß noch einmal zusammengefaßt werden, was wir predigen: Gesetz und Evangelium, mit dieser Formel läßt es sich sagen. Diese Formel gewinnt ihre Konturen, wenn wir an die christologische Entfaltung des Evangeliums denken, wie sie die Feste des Kirchenjahres vergegenwärtigen. Dieses Evangelium ist freilich immer begleitet vom Gesetz, der Zuspruch Gottes von seinem Anspruch. Gerade wenn wir die Struktur der Gottesgeschichte vor Augen haben, in die unsere Predigt einlassen soll, bemerken wir das. Da ist die Spannung von Anfang und Vollendung, von Erwählung und Leben und Tod und Gericht, und doch von Sühne und Verheißung, Leben durch den Tod hindurch. Von Gott ist da die Rede, und mir scheint, wir hätten nun gerade mit diesem Ausdruck unsere besonderen Schwierigkeiten: Gott, wie sagen wir das? Wie reden wir von ihm so, daß er kenntlich wird und nicht in unkenntlicher Ferne verschwindet? Die unkenntlichste Ferne Gottes ist dabei doch wohl die scheinbare Vertrautheit eines Gottesbildes oder Gottesgedankens, mit dem wir umgehen; ein Bilderbuchgott, der liebe Vater, der Lückenbüßer und Nothelfer in all unseren Verlegenheiten; der Herr Christus, mit dem wir leben, bei dem es uns wohl ist, der unsere Sünden vergeben darf und hilft uns und schenkt uns die Gemeinschaft, in der es uns gut geht. Vielleicht, so sage ich, ist das die unkenntlichste Ferne Gottes, wenn er so hineingezogen wird in eine menschliche Innerlichkeit, die sich abgrenzt von der Welt und von dem, was da passiert, und ihren Herzensgott pflegt. Da regt sich dann allenfalls das Gefühl, da wird heftig und viel geredet, und scheinbar kommt der Mensch da mit Gott ins Reine, wenn er sich bekehrt und sich seine Sünden vergeben läßt. Aber der Friede, der da gemacht wird, ist nicht der Friede mit Gott. Es ist der Friede mit der Welt: Die läßt dem Herzen, der Innerlichkeit, den Trost, wenn sie nur in ihrer Trostlosigkeit nicht behelligt wird. Da macht einer in der Tat den lieben Gott zum Opium, das die Welt verklärt und ertragen läßt, wie es in dieser Welt zugeht.
Es läßt sich schwer ein Rezept angeben, wie man dem begegnen kann: Da müßte ja nicht nur das Reden, sondern auch das Hören sich ändern. Ich weiß wohl, wie schwer das ist, weil hier der Name Gottes verkehrt ist: Ein Gottesbild ist an seine Stelle getreten, und wenn wir Gott sagen, dann evozieren wir dieses Bild. Und wenn wir vom Heil reden und vom Frieden mit Gott, dann bestätigen wir den faulen Frieden mit einer gottlosen Welt. Daß da einer nach der Möglichkeit sucht, das scheinbar Vertraute

fremd zu machen, damit neu und anders geredet werden kann, das verstehe ich gut. Allerdings besteht dann die Gefahr, in ein unzeitiges gesetzliches Reden zu geraten: in eine Kritik der Welt und des Weltverhaltens, und in den Ruf zu einem neuen Handeln. Es kann einmal auch dazu Zeit sein; das will ich gerne zugeben. Aber damit ist noch nicht der Name Gottes frei geworden von dem Nichtigen, und das gegossene oder geschnitzte oder gemalte oder gedachte und erfühlte Gottesbild ist noch nicht zerbrochen. So leicht geht das nicht. Als Mose seinerzeit vom Berg kam, »und das Kalb und das Tanzen sah, entbrannte sein Zorn, und er warf die Tafeln aus der Hand und zerbrach sie unten am Berge und nahm das Kalb, das sie gemacht hatten, und ließ es im Feuer zerschmelzen und zermalmte es zu Pulver und streute es aufs Wasser und gab's den Kindern Israel zu trinken« (Ex 32,19f). Da hatten sie ihn nun intus, ihren Gott, nichtig, wie sie selbst geworden waren durch dieses Bild da! Und draußen gerade nicht die Hilfe, die sie gesucht hatten, und das Leben, sondern den zornigen Mose und seine Brüder vom Stamm Levi, die totschlagen sollten, wen sie antrafen. Wir sind sicher nicht immer diese Söhne Levis und zu wenigstens verbalen Kraftakten dieser Art berufen; vor allem dann nicht, wenn solches Strafen nicht in der Unmittelbarkeit des Affektes sich vollzieht und so auch kenntlich ist. Dann mag es durchgehen. Aber da muß einer dann schon ganz sicher sein, daß es nicht den Falschen trifft.

Eben deshalb sollten wir der Verkehrung des Gottesnamens in ein nichtiges Gottesbild mit der rechten Predigt dieses Namens begegnen. Dazu ist immer Zeit. Es ist ja auch immer Zeit, den Gottesdienst damit zu beginnen: »Unsere Hilfe steht im Namen des Herrn, der Himmel und Erde gemacht hat« (Ps 124,8). Vielleicht hilft es schon, wenn wir mit unserem Nachdenken dabei bleiben: »Der Himmel und Erde gemacht hat.« Jeder weiß das; wir bekennen es Sonntag für Sonntag, wenn wir den ersten Artikel des Apostolikums sprechen: »Ich glaube an Gott, den Vater, den Allmächtigen, den Schöpfer des Himmels und der Erde.« Aber das muß dann auch verstanden sein, mindestens bei dem, der den dreieinigen Namen zu predigen hat. Es handelt sich da um eine Allformel, wenn wir sagen: Himmel und Erde. Und zugleich geschieht da ein Stück Entgöttlichung, Depotenzierung. Himmel und Erde sind geschieden, der Himmel ist den Menschen entzogen, ist der Ort der Götter; so sieht das für ein ursprüngliches Denken von Menschen aus, die in solchen dualen Formeln ihre Orientierung suchen. Die biblische Schöpfungsaussage faßt beides zusammen, den Himmel und die Erde, und stellt es Gott, dem Schöpfer, gegenüber: Sein Geschöpf ist das. Ich erinnere daran, wie das Nizänum hier erweitert: »Wir glauben an den einen Gott, den Vater, den Allmächtigen, der alles geschaffen hat, Himmel und Erde, die sichtbare und die unsichtbare Welt.« Da wird nun wieder ein Dual in der Schöpfungsaussage zusammengefaßt: das Sichtbare und das Unsichtbare. Das Sichtbare ist die unseren Sinnen zugängliche Welt des Werdens und Vergehens, die im Dualismus griechischen Denkens als die Welt des Scheins abgewertet werden konnte gegenüber dem Unsichtbaren, dem Gedachten, dem Ewigen, das an der Unsichtbarkeit und Ewigkeit des göttlichen Seins partizipiert. In diesem Dual ist ein Heilsweg mitgesetzt, der Aufstieg der Seele aus der verworrenen Sinnlichkeit bis hin zur denkenden Vereinigung mit dem Göttlichen, wie ihn beispielsweise in Platos Gastmahl Sokrates schildert als die Belehrung, die er von der weisen Diotima empfangen habe. Die christliche Schöpfungsaussage faßt den Dual zusammen und stellt ihn Gott gegenüber.

Wenn wir von dem Herrn reden, der Himmel und Erde gemacht hat, dann so, daß nicht diese Allformel nur eben wiederholt wird. Sie kann aber in ihrem zugleich orientierenden und den Schöpfer proklamierenden Dual aufgenommen werden. Ich erinnere daran, wie Paulus in dem gerade auch rhetorisch sehr eindrücklichen Stück Röm 8,37–39 solche orientierenden Dualformen nennt und in der Gewißheit des Glaubens hinter sich läßt, was hier als Menschsein bestimmende Macht genannt wird: »Denn ich bin gewiß, daß weder Tod noch Leben, weder Engel noch Fürstentümer noch Gewalten, weder Gegenwärtiges noch Zukünftiges, weder Hohes noch Tiefes, noch keine andere Kreatur kann uns scheiden von der Liebe Gottes, die in Christus Jesus ist, unserem Herrn.« Kreatur ist das alles und nicht Gott. Das ist wichtig. Aber es braucht dann neben der Negation die Position: Es ist Kreatur, und darum ist Gott hier dabei. In die Negation sind wir eingeübt. Darum kann uns Gott dann leicht in die Ferne und Ungreifbarkeit geraten, so daß wir nicht mehr sagen können, wer er ist, und ihn dann hineinzuziehen in unsere Innerlichkeit, damit wir seine Nähe wenigstens behaupten, wenn wir sie schon nicht mehr denken können. Das scheint eine Nötigung unseres gegenwärtigen Weltverhaltens zu sein. Aber dieser Nötigung sollten wir widerstehen. Sonst können wir nicht mehr auf Gott hinzeigen in unserer Rede, und geraten in eine soteriologische Engführung hinein, die bloß wieder in den Appell ausläuft, doch ja zu der Heilsgemeinschaft sich zu halten. Selbstbestätigung in sublimer oder auch grober Form ist da nur zu leicht die Folge – und Gott gerät erst recht in die unkenntliche Ferne scheinbarer Vertrautheit.

Ob da der Name Gottes etwas helfen kann, wenigstens unserem Nachdenken etwas weiterhilft? Die Interpretation des Tetragramms in Ex 3,14 ist ja kaum aufgenommen und weitergeführt worden – ein ziemlich glückloses Theologumenon, ließe sich dazu sagen. Erst in der Apokalypse taucht die Formel wieder explizit auf, freilich nicht in der Übersetzung des ᾽äh῾jä ᾽ᵃsär ᾽äh῾jä als Ἐγώ εἰμι ὁ ὤν der LXX, sondern in charakteristischer Erweiterung, die dem ursprünglichen Sinn der Formulierung näher kommt als die Formel der LXX, die die Interpretation nur zu leicht in eine Metaphysik des zeitlosen Seins Gottes abführt. Die Grußformel, die uns aus den paulinischen Briefen geläufig ist, wird da erweitert und abgewandelt: »Johannes den sieben Gemeinden in Asien: Gnade sei mit euch und Friede von dem, der da ist und der da war und der da kommt, und von den sieben Geistern, die da sind vor seinem Thron, und von Jesus Christus, welcher ist der treue Zeuge und Erstgeborene von den Toten und Herr über die Könige auf Erden« (1,4f). In einem grammatisch ganz harten, fast unmöglichen Griechisch, das den Namen nicht deklinieren will, heißt das so: χάρις ὑμῖν καὶ εἰρήνη ἀπὸ ὁ ὢν καὶ ὁ ἦν καὶ ὁ ἐρχόμενος. Der Name wird da nicht dekliniert, aber dafür wird das Sein Gottes in den drei Zeitformen konjugiert, freilich wieder in einer charakteristischen Unregelmäßigkeit. Im Futurum heißt es nicht: »Der sein wird« – sondern: »Der kommt.«

Solch eine biblische Redeweise kann hilfreich sein zum genaueren Denken und dann auch Reden. Es geht da wieder einmal um die Zeit, und ihr Verhältnis zu Gott. Zeit als die einmalige Geschichts- oder Lebenszeit, also nicht als das leere Kontinuum, die gedachte Zeit, die wir mit unseren Projekten und Rekonstruktionen füllen. Die gedachte Zeit läßt uns kalt, wie alles, was wir bloß denken. Die Lebenszeit, das, was da ist, und was gewesen ist, und was kommen wird, das geht uns an: als die Zeit, die wir fühlen! Ich gebe dazu einige Passagen aus einer Predigt über diesen Text, Offbg 1,4–6. Diese Predigt führt zunächst aus, was ist, und was war, und was kommt, und weist darauf hin, wie solche Zeit da ist in unserem Fühlen: Was war kann da sein in Dankbarkeit und Erleichterung, aber auch im Druck des Vergeblichen oder der Angst ungelöster Schuld. Was ist kann da sein im Glück, in der Freude, aber auch im Schmerz, oder in der Leere des alltäglichen Ablaufs, der Langeweile oder der Hetze, in der nur eines um das andere abgehakt werden kann. Was kommt ist da mit der Hoffnung, aber auch mit der Sorge, die uns bestimmt. So ist Zeit da. »Und nun setzt der Seher Johannes dem seinen Zuspruch entgegen: Gnade sei mit euch und Friede von dem, der da ist, und der da war, und der da kommt. Was ist und war und kommt, und bei uns ist in dem, was wir fühlen, ist nur vordergründig all dies, was uns Glück bringt und Freude, oder Schmerz und Trauer, worauf wir dankbar und erleichtert oder voll Angst zurückblicken, was wir hoffend, aber auch besorgt und voll Schrecken erwarten. Es ist in Wahrheit dieser Gott, der so heißt: der ist – der war – der kommt. Und weil die Zeit, die wir fühlen, seine Zeit ist, darum ist sie voll Güte und Heil, voll Gnade und Frieden. So erklärt uns der Seher Johannes, wer der Gott ist, von dem er uns Gnade und Frieden zuspricht. Dieser Gott ist mit der Zeit da, er ist diese Zeit.«

Diese platte Identifikation von Gott und Zeit kann eine Predigt natürlich nicht stehenlassen. Sie interpretiert zunächst einmal im Zug des Textes, was der Name Gottes ist, der hier genannt wird. Indem auf die gefühlte Zeit hingewiesen wird, wird die Nähe Gottes angeführt. Der allgemeine Satz vom Schöpfer des Himmels und der Erde kann seine Konkretion gewinnen. Nähe Gottes ist dann faßbar in dem Gefühl, in dem ich mein Leben fühle, Zeit in ihren drei Dimensionen, die hier doch zusammengefaßt und so oder so gegenwärtig ist. Doch muß hier dann Verstehen dazutreten. Schon daß darüber gesprochen wird, daß gesagt werden kann, wie Gott mit der gefühlten Zeit nahe ist, das zeigt ein Heraustreten aus der Unmittelbarkeit des Gefühls. Die Predigt muß hier christologisch fortfahren. »Was eben durchgeführt wurde, ist schwer zu verstehen und noch schwerer ist es zu glauben. Darum braucht es die Vergewisserung; darum redet der Seher nicht bloß von diesem Gott, der unsere Zeit und alle Zeit ist und erfüllt. Darum redet er von Jesus Christus ... Dreifach wird seine Würde genannt: Der treue Zeuge; der Erstgeborene von den Toten; der Fürst über alle Könige auf Erden ... Ich käme nicht zu Ende, wollte ich das nun Stück für Stück auslegen und ausmalen. Ich kann nur dies eine nennen: wie uns dieser Jesus Christus der Nähe Gottes gewiß macht. Dazu erinnere ich noch einmal an das, was ich zunächst sagte: Daß Gott selbst es ist, der unsere Lebenszeit erfüllt, mit seiner Gnade und mit seinem Frieden, mit seinem Heil und mit seiner Zuwendung, das ist schwer zu verstehen und noch schwerer zu glauben. Denn ich fühle diese Lebenszeit ja in ihrer Zweideutigkeit. Was war, ist da als Erleichterung und Dankbarkeit, aber auch als die Angst, Versagen und Schuld dieser Vergangenheit könnten mich einholen. Was ist, das ist doch nicht nur Glück und Freude, sondern auch Schmerz und Trauer. Was kommt, ist nicht nur in der Hoffnung da, sondern auch in Sorge und in Schrecken. Soll das alles Gott sein? Das kann doch nicht stimmen. Und wenn es stimmte, dann könnte ich es erst recht nicht verstehen und glauben! Doch da tritt nun dieser Zeuge ein, der Erstgeborene von den Toten, der Fürst über alle Könige auf Erden. An ihn kann mein Verstehen sich halten, und lernt an ihm durchbuchstabieren, was Gnade und Frieden heißt. Angesichts dessen, was gewesen ist und mich einholen will: Aber da steht er – zwischen mir und meiner Schuld. Angesichts dessen, was ist, vielleicht der bösen Zeit, vor der mir angst war; und nun ist sie da und geht vorbei, weil ich nach dem Heil rufen kann, dem Frieden vom Vater.« Die Reflexion wird hier also gerade nicht die Reflexion des abstrakten Subjektes bleiben, das sich von der gefühlten Zeit distanziert und in seiner Unangreifbarkeit birgt: Si fractus illabatur orbis, impavidum ferient ruinae (Horaz). Sie hat ihren Halt an Jesus Christus, seinem Leben, seinem Wort, seinem Evangelium, und ist von daher möglich. Freilich besteht da dann die Gefahr, daß Christologie zur Möglichkeit der Reflexion degeneriert, und zwar einer entlasteten Reflexion, die von der stoischen Haltung kaum noch zu unterscheiden ist. Das wäre Christologie als Denkmodell, das Wirkliches in seine positive Eindeutigkeit bringt.

Das nötigt, hier noch einmal zurückzukommen auf das, was über Gott zu sagen ist. Nun in einer pneumatologischen Passage, die freilich in dieser Predigt nicht durch eine explizite Nennung des Hl. Geistes im Text gedeckt ist. Zwar ist da von den sieben Geistern vor dem Thron Gottes die Rede. Aber die sind mindestens hier nicht genauer faßbar, so daß die Predigt besser auf einen Hinweis auf diese dunkle Stelle verzichtet. Sonst müßte zu viel erklärt werden, was den notwendigen Gedankengang unterbräche. Der Zeuge Jesus Christus vergewissert der Nähe Gottes in der Zeit, die unser Lebensgefühl bestimmt. Nun fährt die genannte Predigt fort: »Ja, wir wollten gerne alles Gute und alles Glück auf einem Haufen haben, und die Einsicht, das Verstehen und den Glauben dazu. Wir wollten alle Zeit zusammen und in einem Nu überschauen und begreifen, und zugleich erleben und genießen. Gott selbst wollten wir so mit aller Zeit überschauen und erleben und genießen! Aber das ist nicht unsere Sache. Unser Leben geht Schritt für Schritt weiter. Wir leben in der Zeit und nicht über der Zeit. Doch wir können uns sagen lassen, daß der da ist und der da war und der da kommt, der A und O, die Zeit, daß dieser unser Vater ist; denn Jesus Christus steht uns dafür als der treue Zeuge. Das ist unsere Gewißheit: Wenn wir es brauchen, nötig haben, in der Erleichterung oder in der Angst, im Schmerz oder in der Freude, im Glück oder in der Trauer, in der Furcht, im Schrecken, in der Sorge oder in der Hoffnung – von Zeit zu Zeit werden wir das Stück für Stück verstehen, und stehen eine solche Zeit durch im Glauben und wundern uns nachher vielleicht, daß es so gut ging, und daß es überhaupt ging. Und werden dann erst recht auf Jesus Christus blicken und auf das Licht, das von ihm aus auf die Zeit fällt, unsere Zeit mit Gott, Gottes Zeit mit uns.«

Dogmatik und Predigt sind gewiß zu unterscheiden. Die dogmatische Formel gehört allenfalls in Ausnahmefällen einmal auf die Kanzel. Das gilt gerade von der Trinitätslehre. Sie ist im Gottesdienst in den doxologischen Formeln der Liturgie da, hat hier sicher einen ihr gemäßen Ort. Doch sie sollte in der Reflexion, in der sich der Prediger mit seinem Text und seiner Gemeinde befaßt, auf gar keinen Fall fehlen. Denn in dieser trinitarischen Reflexion kann man lernen, von Gott zu reden. Die Formulierung der Trinitätslehre ist ja eine für das Verstehen zunächst recht schwierige Sache. Wer freilich schon bei dem Problem kapituliert, wie eigentlich drei einer und einer drei sein kann, den muß man in die Grundschule des Denkens zurückverweisen, dahin, wo er lernt, daß Wirklichkeit Geschehen und Bewegung ist. Das hilft dann vielleicht gegen die anscheinend uns Menschen unausrottbar anhaftende Sucht, Gottesbilder zu machen, Gott festzustellen. Dieser festgestellte Gott ist dann immer ein Teilgott, und es ist ganz konsequent, wenn neben diesen festgestellten Teilgott andere festgestellte Teilgötter treten. In einer polytheistischen Religion geht das dann, freilich so, daß nicht nur Friede, sondern auch Streit dieser Götter bestimmend ist: Der Göttervater Zeus hat in der homerischen Ilias alle Mühe, seinen Willen durchzusetzen – sozusagen die kosmische Staatsräson, weil die olympischen Götter je nachdem Griechen oder Troer unterstützen. Und daß da Athene, der klare Gedanke, und Hera, Gattin des Zeus und Schützerin der Familie, auf der einen Seite stehen, und auf der anderen Ares, der Krieg, und Aphrodite, die Liebe, ist nicht verwunderlich. Festgestellte Gottesbilder, das sind Teilgötter für Teilbereiche des Lebens; das kann man gerade an diesem poetischen Polytheismus der homerischen Epen sehen. Wird aber der eine Gott ein festgestelltes Gottesbild, dann entgleitet unserem Reden von Gott die Welt, dieses und jenes Stück Welt, vielleicht die ganze Welt, das ganze Leben, abgesehen von der Innerlichkeit und ihrem Gefühl des Trostes und der Begnadung. Da heißt es dann noch einmal zurück zum Namen Gottes, den einer ausspricht: »Unsere Hilfe steht im Namen des Herrn, der Himmel und Erde gemacht hat.«

Dieser Name ist nicht ein feststellbares Bild; auch nicht das Bild eines allmächtigen Schöpfers, oder das Bild des liebenden Vaters. Gerade weil er Himmel und Erde gemacht hat, und also nichts, was ist und geschieht, aus der Bestimmung durch ihn entlassen werden kann, läßt sich dieser Gott nicht im Bild fassen. Seine Nähe ist die Nähe des Lebens, ist Geschehen. Doch ist solches Leben und Geschehen nun doch nicht unberechenbare Willkür – Fortuna, das Glück, das wandelbare und launische. Wir fragen nach dem Glück, suchen es, brauchen dieses Glück. Das will ich gerne zugeben. Aber das heißt noch lange nicht, daß wir aus Gott Vater oder aus dem Herrn Jesus Christus unsere Fortuna machen – einmal glücklich, immer glücklich, einmal hat er geholfen, immer wird er helfen, einmal hat er erhört, immer wird er erhören! Denken Sie dabei nun ruhig an Geschichten, die Sie selbst schon gehört haben, an das Zeugnis dieses oder jenes Frommen vom Glück der Bekehrten. Natürlich hat er von Gott oder von Jesus geredet – aber was er erzählte, das klang eher nach einer Beschwörung der launischen Fortuna und ihres Beistandes. Das Glück ist und bleibt unberechenbar. Aber Gott ist nicht dieses Glück. Er läßt sich nicht beschwören, wie wir das vielleicht gerne tun wollten. Er tritt in seinem Wort ans Licht: als der Sohn, der den Vater zeigt. Ein festgestelltes Gottesbild, und sei es diese falsche Fortuna, die ihre Gläubigen zu glücklichen Menschen macht, das hat man. Das ist da, und paßt dann zur Welt, oder auch nicht. Der lebendige Gott, den wir bei seinem Namen anrufen, als den Vater und den Sohn und den Hl. Geist, der will immer neu gefunden werden. Das Licht des Lebens, das Wort, das mir Gott zeigt, das ist gerade nicht etwas, was ich in der Hand habe. Das muß gesucht werden, und vielleicht findet sich dieses Wort, läßt es sich finden. Gewiß ist das gut, daß wir vom festgestellten Bild, von unserem Gottesgedanken weggewiesen sind, und hingewiesen darauf, wie Gott sich ausgesprochen hat, in seiner Geschichte, durch sein Wort, im Zeugnis der Schrift, wo wir ihn suchen und finden können. Aber das Hören auf dies Wort kann ja genauso in ein Feststellen hineingeraten, und das Licht kann verlöschen. Gottes Wort, Jesus Christus, ist kein Dauerbrenner, an dem einem schön warm wird und warm bleibt, wenn draußen der kalte Wind weht. Es kann sein, daß wir in die Nacht geraten. Auch das kann einer dann sagen. Es ist besser, als wenn er davon redet, wie schön warm und hell wir es doch haben, und jeder sieht und spürt genau: das stimmt nicht. Es muß beides zusammen: das Leben und das Wort, die Macht des Lebens und das Licht des Lebens, wie ich das lieber sagen will. Aber daß beides zusammenkommt und beieinander ist, das erzwingen wir nicht. Das geschieht; solches Geschehen schreiben wir dann Gott selbst, dem Hl. Geist, zu.

Gott beim Namen nennen – so ließe sich die Aufgabe der Predigt auch umschreiben. Das heißt also gerade nicht, nun die feste Formel zu haben, auch nicht die Formel der Trinitätslehre. Die mag die Reflexion anleiten, damit wir nicht zu rasch beim festgestellten Gottesbild oder Gottesgedanken landen. Dazu kann sogar das anstößige drei ist einer und einer sind drei tauglich sein, aus diesem festgestellten Gottesgedanken herauszutreiben. Aber damit fängt die Aufgabe erst einmal an. Und dann ist Gott anzusagen, wie er da ist, im Gesetz, im Evangelium, wie es das erleuchtende Wort gebietet. Das kann zum harten Geschäft werden, und jeder, der predigen muß, weiß, wann und wo und wie er sich schon vor diesem harten Geschäft gedrückt hat. Aber es kann auch zu einem guten Werk werden, bei dem Gott selbst ist. So soll es sein.

III. Die Wahrnehmung der Predigt

formale Homiletik

Auch in der formalen Homiletik soll die Perspektive des Predigers bestimmend sein: Jetzt muß eine Antwort auf die Frage gesucht werden, wie zu predigen ist. Doch soll dabei das Stichwort »Wahrnehmung«, das ich als Thema dieses Abschnitts gewählt habe, noch einmal ausdrücklich auch den Hörer der Predigt mit einbeziehen: Predigen als ein Sprechen ist nicht nur vom Prediger her, sondern auch vom Hörer her zu erfassen. Es kann freilich ein Sprechen geben, das bei denen nicht ankommt, die es hören. So bei Jesaja: »Priester und Propheten sind toll von starkem Getränk, sind vom Wein verwirrt. Sie taumeln beim Weissagen und wanken beim Rechtsprechen. Denn alle Tische sind voll Gespei und Unflat an allen Orten. Wen, sagen sie, will er denn Erkenntnis lehren? Wem will er Offenbarung zu verstehen geben? Denen, die entwöhnt sind von der Milch, denen, die von der Brust abgesetzt sind? Zawlazaw zawlazaw, kawlakaw kawlakaw, hier ein wenig da ein wenig! Jawohl, Gott wird einmal mit unverständlicher Sprache und mit einer fremden Zunge reden zu diesem Volk, er, der zu ihnen gesagt hat: Das ist die Ruhe; schaffet Ruhe den Müden, und das ist die Erquickung! Aber sie wollen nicht hören. Darum soll so auch des Herrn Wort an sie ergehen: Zawlazaw zawlazaw, kawlakaw kawlakaw, hier ein wenig, da ein wenig, daß sie hingehen und rücklings fallen, zerbrochen, verstrickt und gefangen werden« (28,7–13). Paulus hat das auf die Zungenrede bezogen und meint dazu: »Darum dient die Zungenrede zum Zeichen nicht den Gläubigen, sondern den Ungläubigen«, um dann freilich gleich auf die Weissagung zu kommen, die den Gläubigen dient (1 Ko 14,22). Er sieht freilich auch einen, der die Zungenrede hört – Gott selbst. »Denn wer in Zungen redet, der redet nicht für Menschen, sondern für Gott; denn niemand versteht ihn, vielmehr redet er im Geist Geheimnisse« (1 Ko 14,2). Daß einer so für Gott predigt, und die ihn hören, verstehen nichts außer daß sie ausgeschlossen sind von dem, was da geschieht, mag als ein Grenzfall immerhin genannt werden. Es ist aber sicher nicht die Regel, an der wir uns mit unseren Überlegungen zur Form der Predigt auszurichten haben.

Hier geht es um Wahrnehmung. Diese Wahrnehmung hat immer einen doppelten Aspekt: Da ist einmal die Predigt als eine Rede, die Sprache in Gebrauch nimmt und ihr eine Gestalt gibt, um etwas zu sagen. Und zugleich ist dieses »etwas« da, das durch das Gesagte wahrgenommen werden soll. Zweierlei muß ich dazu noch vorlaufend sagen: Einmal dies, daß es sich da zwar um einen doppelten Aspekt von Wahrnehmung handelt, um eine Wahrnehmung dessen, was gesprochen wird, und um eine Wahrnehmung dessen, was damit gesagt wird. Aber das kann nicht einfach auseinandergenommen werden, so, daß einer erst einmal weiß, was er sagen will, und dann überlegt er sich, wie er das am besten ausspricht. Sie merken schon an der Widerständigkeit der Sprache gegenüber dieser Unterscheidung: So geht das nicht. Was einer sagt und wie er es sagt, das gehört unmittelbar zusammen. Weiter mache ich darauf aufmerksam, daß wahrnehmen im Griechischen αἰσθάνεσθαι heißt. Sicher ist der Sprachgebrauch von Ästhetik bei uns eingeschränkt: nicht Wahrnehmungslehre, sondern Lehre von der Wahrnehmung des Schönen. Und wenn wir das Adjektiv ästhetisch gebrauchen, dann bezeichnen wir damit eine gewisse Künstlichkeit, ein gepflegtes Äußeres, sei es in der Kleidung, im Benehmen, im Sprechen oder im Wohnen. Aber der Ausdruck ist ambivalent, und darum ist die Maxime: »Du sollst ästhetisch predigen!« problematisch. Genau das meine ich aber mit, wenn ich von der Wahrnehmung der Predigt rede: Die

Predigt soll zur Wahrnehmung dessen führen, was sie sagt. Dazu muß sie aber selbst als eine Rede, ein Stück gesprochene Sprache, so gestaltet sein, daß sie wahrgenommen werden kann. Je besser das möglich ist, desto leichter ist dann auch die Wahrnehmung des Gesagten. Dazu gehören aber deutliche und einprägsame Gestalt wie Gestaltung. Noch einmal Paulus: »Nun aber, liebe Brüder, wenn ich zu euch käme und redete in Zungen, was wäre ich euch nütze, wenn ich nicht zu euch redete Worte entweder der Offenbarung oder der Erkenntnis oder der Weissagung oder der Lehre? Verhält sichs doch auch so mit den Dingen, die da tönen und doch nicht leben, es sei eine Pfeife oder eine Harfe: wenn sie nicht unterschiedliche Töne von sich geben, wie kann man erkennen, was da gepfiffen und geharfet wird? Und wenn die Posaune einen undeutlichen Ton gibt, wer wird sich zum Streit rüsten?« (1 Ko 14,6–8). Eine rechtschaffene Predigt wird das beherzigen und läßt sich wahrnehmen! Ich will das, was ich hier zunächst nur in groben Umrissen angedeutet habe, nun in drei Paragraphen durchführen, rede zunächst von der Sprache der Predigt, dann von ihrer Gestalt und schließlich von ihrem Vollzug.

§ 8   Die Sprache der Predigt

Jeder lutherische Theologe hat schon vom verbum externum gehört, und weiß, wie bedeutsam es ist, an diesem äußeren Wort festzuhalten. »Und in diesen Stücken, so das mündlich, äußerlich Wort betreffen, ist fest darauf zu bleiben, daß Gott niemand seinen Geist oder Gnade gibt ohn durch oder mit dem vorgehend äußerlichen Wort, damit wir uns bewahren vor den Enthusiasten« (so Luther, ASm, BSLK 453). Bei diesen Enthusiasten gibt es freilich nicht das ihrer These eigentlich angemessene Schweigen: Wenn schon der Geist Gottes direkt in ihr Inneres kommen soll, ohne äußeres Wort, müßten sie doch eigentlich schweigen und bei sich selbst und anderen auf diese Wirksamkeit des Geistes warten. Doch das geschieht keinesfalls. Der Teufel hat schon Adam und Eva vom äußerlichen Wort Gottes zu ihrem eigenen Dünkel geführt, »und täts doch auch durch andere äußerlich Wort, gleichwie auch unsere Enthusiasten das äußerliche Wort verdammen und doch sie selbs nicht schweigen, sondern die Welt vollplaudern und schreiben, gerade als künnte der Geist durch die Schrift oder mündlich Wort der Apostel nicht kommen. Aber durch ihre Schrift und Wort muß er kommen. Warumb lassen sie auch ihre Predigt und Schrift nicht anstehen, bis der Geist selber in die Leute ohn und vor ihrer Schrift kompt, wie sie rühmen, daß er in sie kommen sei ohn Predigt der Schrift?« (a.a.O. 454f). Da gibt es also zweierlei Predigt und Rede, schwer zu unterscheiden. Luther nennt die Schrift als das Unterscheidende: Rechte Predigt, durch die Gott kommt, ist eben Predigt der Schrift und nicht Predigt eigener Gedanken. Doch müssen wir m. E. hier noch genauer zusehen. Denn üblicherweise beruft sich ja heutzutage alle Predigt auf Schrift, will es rechtmachen. Doch auf den guten Willen allein gebe ich hier nichts. Es muß schon auch das Können dabei sein, sonst wird bestimmt nichts daraus. Dazu muß einer wissen, wie es gemacht wird, und muß das dann auch eingeübt haben.
Doch meine ich, wir könnten gerade von diesem Hinweis auf das äußere Wort noch mehr lernen, als dies, daß es sich hier eben um das Schriftwort handle, das ausgelegte und gepredigte Schriftwort. Das äußere Wort holt den Menschen aus sich heraus, es

stößt ihn nicht zurück in sich selbst. Das wäre die Verstockung, die nichts mehr wahrnehmen läßt: »Geh hin und sprich zu diesem Volk: Höret und verstehet's nicht; sehet und merket's nicht! Verstocke das Herz dieses Volks und laß ihre Ohren taub sein und ihre Augen blind, daß sie nicht sehen mit ihren Augen noch hören mit ihren Ohren noch verstehen mit ihrem Herzen und sich bekehren und genesen« (Jes 6,9f). Da hört einer dann nur »Blabla« – »Zawlazaw zawlazaw, kawlakaw kawlakaw«, und bleibt bei sich selbst. Wahrscheinlich ist die Verstockung dann nicht so schlimm, wenn einer weiß: Das ist jetzt bloß Blabla, aber gewiß nicht das äußere Wort Gottes. Aber wenn da gepredigt wird, wie soll er das wissen? Er hört doch die Worte, und versteht etwas. Ob er versteht, was er verstehen will, oder ob er versteht, was der Prediger sagt, das ist dann noch einmal eine andere Sache. Jedenfalls ist er bewegt in seinem Innern, fühlt sich gut oder schlecht, und wenn man es ihm oft genug sagt, wird er dann auch glauben, das sei der Hl. Geist, was er da fühlt. Doch er bleibt allein; alle bleiben allein, wo sie das Wort nicht aus sich herausholt und versammelt, einläßt in Gottes Zeit und Geschichte und Gottes Heil. An der Sprache läßt sich da vieles wahrnehmen – ob sie den Hörer in sich hineintreibt, in sein Fühlen, in seine Vorsätze, in seine so oder so bewegte Innerlichkeit, oder ob sie ihn herausholt, daß er wahrnehmen kann! Ich will einige charakteristische Momente einer solchen Sprache nennen, die herausholt, den Hörer auf das weist, was ihm zukommt als das Leben, das er nicht selbst hervorbringt, sondern das ihm gewährt wird.

1. Die Sprache der Predigt weist hin

Ohne mich jetzt auf den uralten und ehrwürdigen Universalienstreit einzulassen, gehe ich einmal von dem mindestens für unsere alltägliche Erfahrung geläufigen Sachverhalt aus: Die Begriffe, nomina universalia, die haben wir im Kopf. Und die Dinge, die sind draußen. Und das, was wir im Kopf haben, ist etwas bloß Gedachtes; was aber draußen ist, das ist die eigentliche Realität. Es ist mit dieser Zuteilung der Realität freilich eine vertrackte Sache, wie einer lernen muß, der sich mit Hegels Phänomenologie des Geistes zu beschäftigen beginnt, und merkt dann, wie ungenau das ist, wenn er den Dingen draußen die Realität zudenken will, während die Begriffe oder Namen, die er im Kopf hat, etwas bloß Gedachtes sein sollen. Die Sprache der Predigt ist nicht die Sprache einer solchen idealistischen Wissenschaft, die alles in den Prozeß des Geistes hineinziehen will, und darum eine unmittelbare Gewißheit nicht gelten lassen kann. Deshalb erscheint diese Wissenschaft ja dem gesunden Menschenverstand als ein Verkehrtes. »Daß das natürliche Bewußtsein sich der Wissenschaft unmittelbar anvertraut, ist ein Versuch, den es, es weiß nicht von was angezogen, macht, auch einmal auf dem Kopfe zu gehen; der Zwang, diese ungewohnte Stellung anzunehmen und sich in ihr zu bewegen, ist eine so unvorbereitete als unnötig scheinende Gewalt, die ihm angemutet wird, sich anzutun« (Theorie-Werkausgabe 3,30). Die Sprache der Predigt nötigt nicht zu dieser Gewaltsamkeit. Darin ist sie dem alltäglichen Sprechen nahe. Sie darf freilich auch nicht beim natürlichen Bewußtsein und seinem alltäglichen Sprechen bleiben; unter diesem alltäglichen Sprechen verstehe ich dabei die Art und Weise, wie wir über die Dinge verfügen, sie an ihren Ort stellen und zu unserem Gebrauch bereithalten. Diese Art des alltäglichen Sprechens setzt sich dann ja mindestens in dem

Teilmoment des verfügenden Bereitstellens in unsere Wissenschaft hinein fort. Darüber muß die Predigtsprache hinaus.

Doch bleiben wir zunächst beim alltäglichen Selbstverständlichen: Die Begriffe sind im Kopf und die Dinge sind draußen. Will die Sprache der Predigt nicht im Kopf bleiben, die Leute in sich selbst hineinstoßen, sondern sie herauslocken zu dem, was als gewährtes Leben von Gott her da ist, hat sie zu bedenken: Je mehr Begriffe, desto mehr stößt sie den, der das hört, in sich hinein. Je abstrakter, desto innerlicher wird der durch die Predigt angestoßene Denkprozeß. Die Wahrnehmung tritt zurück, es bleibt der Gedanke und allenfalls sein abstraktes Korrelat, das Gefühl. Sie kennen wohl alle die Forderung, in der Predigt müsse man anschaulich sprechen, nicht abstrakt. Man kann das dann mit der Fassungskraft der Hörer begründen, gerade im Blick auf die soziale Unterschicht mit ihrem restringierten Code. Sicher ist diese Schicht für unsere normale Gottesdienstgemeinde nicht repräsentativ. Aber wenn über die Verständlichkeit unserer Predigt nachgedacht wird, dann muß danach gefragt werden, ob diese Predigt auch dort ankommt. Dazu ein Hinweis: »Arbeiter sprechen in der Regel Dialekt, Pfarrer dagegen die ›Hochsprache‹: ›gutes Deutsch‹. Geradezu ein Test, um die distanzierte Kühle dieser akademisch-abstrakten Sprache zu erfahren, besteht darin, etwa eine Predigt, die man halten will, bzw. die Intention und Argumentation der Predigt, vorher in dem Dialekt zu sprechen, den man (noch) beherrscht. Einer direkten Übersetzung in den Dialekt sperren sich nämlich Begriffe, Abstrakta, Fremdwörter. Ein solcher Versuch kann für den Pfarrer ein heilsamer Zwang sein, seinen theologischen Fachjargon in konkretes Leben, in Vollzüge zu übersetzen« (Ernst Öffner, Pastoralsoziologische Grundlegung: Der Pfarrer und sein Kommunikationsproblem, in: Kommunikation in der Kirche, hrsg. B. Klaus, 1979, 87). Sicher wird da etwas verzeichnet. Daß gutes Deutsch, die Hochsprache, akademisch-abstrakt sei, ist eine Unterstellung, die die Hochsprache und eine mit Begriffen überladene Bildungssprache identifiziert. Hochsprache lernt man aber nicht im Hörsaal oder auf einer Akademiediskussion, sondern beispielsweise aus schöner Literatur. Doch hier interessiert nicht so sehr, ob die Behauptung Öffners stimmt. Seine Begründung ist von Interesse: Um der Verständlichkeit willen ist der theologische Fachjargon in konkretes Leben, in Vollzüge zu übersetzen.

Eine solche Begründung mag dem genügen, der weniger nach der Sache fragt, die er zu sagen hat, und die anscheinend auch in dem abstrakt-akademischen Fachjargon gedacht und gesagt werden kann. Sondern dem daran liegt, damit nun beim Hörer anzukommen. Aber wenn unsere lutherische Tradition recht hat, dann muß doch eher der Hörer bei der Sache ankommen, beim Evangelium. Und das verlangt ein anderes Modell als das der Kommunikationstheorie. Es ist da das Eigengewicht des nachzusprechenden (der Schrift nachzusprechenden) Wortes mit zu bedenken, verbum externum als Wort, in dem der Glaube Fuß fassen kann. Vielleicht meint das Manfred Seitz, wenn er in seinem homiletischen Exerzitium die Predigt so beschreibt: »Unter interpretierender Darlegung verstehen wir die auf den Hörer zulaufende, die Deutung mit enthaltende Schilderung der im zerbrechlichen Gehäuse des Textes beschlossenen geheimnisvollen Wirklichkeit. Sie vollzieht sich im Gegensatz zur gedanklichen Abhandlung in bildhaft-erzählender Weise durch das persönlich gedeckte Wort des Predigers.« Der Gegensatz von gedanklicher Abhandlung und bildhaft-erzählender Weise muß dann freilich deutlich sein: Möglichst wenig Abstrakta, möglichst viele Vorgänge und Einzeldinge. Es läßt sich natürlich nicht vermeiden, daß wir in der Predigt Prädikatoren benutzen. Aber die sollten dann keinen zu hohen Abstraktionsgrad haben, sondern vorstellbar

122

sein (»bildhaft«, wie Seitz sagt). Also nicht: Diese Welt, die Gott geschaffen hat, ist schön und gut; und damit hat es sich dann. Sondern: Ist sie nicht schön, diese Welt? Der blaue Himmel und die Sonne, aber auch die Wolken, der Wind, der Regen; die Bäume, die Blumen, das grüne Gras, das so gut riecht, wenn es frisch geschnitten ist usw.

Doch das allein genügt nicht; so zu sprechen lernt sich leicht. Ein bißchen Übung, etwas Disziplin, und natürlich auch die nötige Wahrnehmungsfähigkeit gehört freilich dazu. Wer nicht weiß, wie gut frisch geschnittenes Gras riecht, wird kaum davon reden können, und wer sich noch nie gegen Wind und Wetter gestemmt hat, daß der klatschende Regen im Gesicht brannte, weiß nichts von der intensiven Erfahrung der eigenen Leiblichkeit, die sich da erschließt. Doch die Sprache der Predigt weist nicht nur so hin auf das, was uns das Leben bringt. Sie kann nicht nur die alltägliche Erfahrung besprechen, im Dialekt oder in der Hochsprache. In diesem, worauf sie hinweist, weist sie darüber hinaus. Seitz redet von der »geheimnisvollen Wirklichkeit«. Hier liegt in der Tat eine Grundfrage der Predigtsprache vor. Wie kann ich hinweisen auf dieses »Darüber hinaus«? Also auf das, was sich einem Hinzeigen dort gerade entzieht, wo einer versucht, es dingfest zu machen? Ich habe eben schon ein »Darüber hinaus« angezeigt, als ich andeutete, wie der Ausdruck »Welt« umschrieben und ausgedeutet werden kann. Ich habe gewertet – ist sie nicht schön, diese Welt? Im wertenden Hinweisen geschieht solches »Darüber hinaus«. Dabei kann die Sprache einen allmählichen Übergang vollziehen von der Umgangssprache in jenes Darüber-hinaus, vom nützlichen Ding zum Guten, zum Wertvollen, das in sich selbst sein Recht hat, nicht erst in einem Gebrauchswert, den wir ihm beilegen. Woher hat es diesen Wert? Nicht nur Menschsein, dieser Mensch da, der Kollege, der mir zuarbeitet; oder das Mädchen, dessen Gestalt und Liebreiz mich fasziniert; oder der Greis, der mühsam Fuß vor Fuß setzt auf seinem täglichen Spaziergang und mich nötigt, auf meinem eiligen Weg innezuhalten, damit ich ihn nicht irritiere. Da sagen wir, vielleicht zu schnell und darum auch nicht eindrücklich genug: Wir sind eben alle Gottes Kinder. Aber nicht nur die Menschen sind zu Gottes Lob da – und haben darum ihren Wert in sich selbst. Gehen Sie dazu einmal den Gesang der drei Männer im Feuerofen durch, die alle Werke Gottes zu seinem Lob auffordern! Da ist gerade nicht nur ein Hinweisen, sondern dieses Hinweisen weist darüber hinaus.

Wertend kann das geschehen. Aber auch so, daß das zum Gleichnis wird oder zur Metapher, worauf hingewiesen wird; und so dann wieder über sich hinaus weist. Dazu ein kurzer Text aus den nachgelassenen Skizzen von Franz Kafka. »Von den Gleichnissen. Viele beklagen sich, daß die Worte der Weisen immer wieder nur Gleichnisse seien, aber unverwendbar im täglichen Leben, und nur dieses allein haben wir. Wenn der Weise sagt: ›Gehe hinüber‹, so meint er nicht, daß man auf die andere Seite hinübergehen solle, was man immerhin noch leisten könnte, wenn das Ergebnis des Weges wert wäre, sondern er meint irgendein sagenhaftes Drüben, etwas, das wir nicht kennen, das auch von ihm nicht näher zu bezeichnen ist und das uns also hier gar nichts helfen kann. Alle diese Gleichnisse wollen eigentlich nur sagen, daß das Unfaßbare unfaßbar ist, und das haben wir gewußt. Aber das, womit wir uns jeden Tag abmühen, sind andere Dinge. Darauf sagte einer: ›Warum wehrt ihr euch? Würdet ihr den Gleichnissen folgen, dann wäret ihr selbst Gleichnisse geworden und damit schon der täglichen Mühe frei.‹ Ein anderer sagte: ›Ich wette, daß auch das ein Gleichnis ist.‹ Der erste sagte: ›Du hast gewonnen.‹ Der zweite sagte: ›Aber leider nur im Gleichnis.‹ Der erste sagte: ›Nein, in Wirklichkeit; im Gleichnis hast du verloren.‹«

Beim ersten Lesen oder Hören kommt einer sicher noch nicht mit bei diesem Text. Man muß ihn mehrmals lesen, um mit dem Verstehen anfangen zu können. Was zunächst auffällt, ist der Übergang aus der Erzählung in den Dialog. Viele beklagen sich; das sind wir, die nur dieses tägliche Leben haben, in dem die Gleichnisse der Weisen unverwendbar sind. Wir wissen, daß das Unfaßbare unfaßbar ist. Dazu brauchen wir diese Gleichnisse nicht. Doch da ist dann einer, der diese Klage gehört hat, anscheinend auch einer von den Weisen. Der weiß, was es mit den Gleichnissen der Weisen auf sich hat. Sie verwandeln den, der ihnen folgt, machen ihn selbst zum Gleichnis und befreien ihn damit von der täglichen Mühe. Solches »Zum-Gleichnis-werden« ist selber ein Gleichnis. Das hat der andere gemerkt, der dem einen die Wette darüber anbietet. Er hat freilich nicht gemerkt, daß er damit sich selbst den Zugang verstellt hat zu dem »Darüber-hinaus«, auf das die Gleichnisse der Weisen hinzeigen. Darum hat er »in Wirklichkeit« gewonnen. Doch das bedeutet nur, daß er sich damit selbst festgelegt hat auf das tägliche Leben und die Dinge, mit denen wir uns jeden Tag abmühen. Ich nehme diesen Hinweis auf, will jetzt nicht weiter analysieren, wie das von Kafka gesagt ist.

Sprache der Predigt bietet mit ihrem Hinweisen einen Ort, wo der Glaube Fuß fassen kann. Sie zeigt das, was ist, und zwar gerade so, daß es in seiner Bestimmtheit durch Gott besprochen wird. So will ich einmal das »Darüber-hinaus« benennen. Der Dogmatiker bekommt spätestens hier allerdings eine Gänsehaut. Ist das nicht die berüchtigte analogia entis, die Karl Barth für die Erfindung des Antichrist gehalten hat, deretwegen man nicht katholisch werden kann? Gemeint ist mit einer solchen analogia entis, daß jedes Seiende seine Bestimmung von Gott her an sich trägt, und darum nicht nur unterschieden ist von Gott, sondern auch gleich ist wie Gott. Gott existiert, wie der Mensch existiert. Freilich muß dabei dann neben der Ähnlichkeit auch die jeweils größere Unähnlichkeit genannt werden. Die Ähnlichkeit erlaubt es, den Ausdruck »existieren« auf Gott und Mensch anzuwenden. Aber Gott existiert aus sich heraus (das Merkmal seines Existierens ist die aseïtas). Der Mensch aber existiert allein aus Gott. Ob Kafkas »Von den Gleichnissen« im Sinne einer solchen analogia entis verstanden werden muß, wäre erst noch zu fragen. Sicher ist das bei dem Text der Fall, auf den Kafka anspielt, dem Chorus mysticus am Schluß von Goethes Faust: »Alles Vergängliche ist nur ein Gleichnis; das Unzulängliche, hier wirds Ereignis; das Unbeschreibliche, hier ists getan; das Ewig-Weibliche zieht uns hinan.« Bei Kafka sieht das ja ganz anders aus. Da muß einer erst Gleichnis werden, indem er den Gleichnissen der Weisen folgt. Und das ist ein Vorgang, bei dem der andere, der die Wette schloß, gerade nicht mitkommt.

Das Umfeld einer solchen Anweisung, wie ich sie für die Sprache der Predigt zu geben habe, muß also sorgfältig mit bedacht werden. Was heißt das, daß diese Sprache hinweist, und daß sie in solchem Hinweisen darüber hinaus weist: Wertend, oder so, daß die Dinge und Vorgänge, auf die sie hinweist, zu Gleichnissen werden, zu Metaphern; oder auch so, daß Gott und Welt zusammengesprochen werden, wie beim Gesang der drei Männer im Feuerofen? Was da geschieht, in solchem Hinweisen und Darüber-hinausweisen, das ist schon oft bedacht worden, und hat zu mancherlei Erklärungstheorien geführt. Mit denen sollte sich einer befaßt haben, der dann die Sprache der Predigt bedenkt. Darum die literarischen Hinweise, darum auch der Abstecher in die Dogmatik. Analogia entis ist hier freilich nicht gemeint. Denn die Denkform der analogia entis sieht die Mächtigkeit, die im Seienden selbst liegt, über sich hinaus zu weisen. Da entdeckt das Hinweisen schon im Seienden diese Macht, und bespricht, indem es Seiendes bespricht, sein Verweisen auf Gott selbst. Das tut die Sprache der Predigt, wie ich sie allein verstehen kann, nicht. Hier tritt zu dem, was ist, das biblische Wort dazu. Es nimmt das, was ist, und leiht ihm sozusagen seine Macht, nimmt es auf, so daß dieses, was ist, über sich hinausweisen kann. Das geschieht wieder in vielfältiger Weise, die ich hier nicht in allen ihren Spielarten vorführen kann.

Als Beispiel nehme ich einmal den Gegensatz zwischen dem, worauf wir hinzeigen können, und dem, was dann das Wort daraus macht. Der Auszug aus Ägypten ist für das Alte Testament das Heilsereignis. Davon redet man in Bildern, die uns vielleicht zunächst sehr fremdartig anmuten. Das vor allem dort, wo die bekannte Welt mit ihrer Gesetzmäßigkeit in dieses Auszugsgeschehen hineinverwoben und dann hier neu gestaltet wird. So im Psalm 114, der rückblickend beginnt und dann hineinzieht in die Macht des Gottes, der aus Tod Leben schafft: »Da Israel aus Ägypten zog, das Haus Jakob aus dem fremden Volk, da ward Juda sein Heiligtum, Israel sein Königreich. Das Meer sah es und floh, der Jordan wandte sich zurück. Die Berge hüpften wie die Lämmer, die Hügel wie die jungen Schafe. Was war mit dir, Meer, daß du flohest, und mit dir, Jordan, daß du dich zurückwandtest? Ihr Berge, daß ihr hüpftet wie die Lämmer, ihr Hügel wie die jungen Schafe? Vor dem Herrn erbebe, du Erde, vor dem Gott Jakobs, der den Felsen wandelte in einen See und die Steine in Wasserquellen.« Das ist zunächst einmal für uns eine höchst fremdartige Poesie. Die Predigt muß das ja, will sie hier beim Wort bleiben, auch wörtlich nehmen. Sie zeigt dann auf einen Berg, das Walberla beispielsweise, und sagt: Was wäre, wenn sich das Walberla plötzlich regte, und machte einen Bocksprung, wie ein übermütiges Lamm? Oder nehmen wir uns den Predigttext des Sonntags Sexagesimä vor (V. Reihe OP), Jes 55, 6–12a. Da kommen die bekannten Kernstellen vor: »Meine Gedanken sind nicht eure Gedanken, und eure Wege sind nicht meine Wege, spricht der Herr; sondern soviel der Himmel höher ist als die Erde, so sind auch meine Wege höher als eure Wege und meine Gedanken als eure Gedanken. Denn gleichwie der Regen und Schnee vom Himmel fällt und nicht wieder dahin zurückkehrt, sondern feuchtet die Erde und macht sie fruchtbar und läßt wachsen, daß sie gibt Samen zu säen und Brot zu essen, so soll das Wort, das aus meinem Munde geht, auch sein: Es wird nicht wieder leer zu mir zurückkommen, sondern wird tun, was mir gefällt, und ihm wird gelingen, wozu ich es sende.« Das sind große und gewichtige Worte, theologisch bedeutsam. Aber sie können ja nicht einfach aus ihrem Kontext gelöst werden. Und dieser Kontext redet vom Auszug der Exilierten aus Babylon. Die Perikopenordnung nimmt darum noch einen Halbvers dazu: »Denn ihr sollt in Freuden ausziehen und in Frieden geleitet werden.« Damit reicht es dann aber anscheinend, denn was soll das, was weiter kommt – so mag man sich in der Perikopenkommission gefragt haben: »Berge und Hügel sollen vor euch her frohlocken mit Jauchzen und alle Bäume auf dem Felde in die Hände klatschen. Es sollen Tannen statt Dornen wachsen und Myrten statt Nesseln. Und dem Herrn soll es zum Ruhm geschehen und zum ewigen Zeichen, das nicht vergehen wird.« Da kann man nun hinweisen in der Predigt – wohin? Ich denke, eine Identifikation mit den Adressaten dieses Prophetenwortes sei nicht allzu schwer: Man hat sich eingerichtet, auch wenn man nicht so recht zu Hause ist. Das sind wir ja alle nicht, sind es nicht mehr. Wir spüren, es muß sich etwas ändern. Aber die Gedanken und Wege, die Zielsetzungen, die laufen dann doch lieber unbeirrt in die alten Geleise oder jedenfalls nicht weit davon weg. Ich denke da beispielsweise an die Rezepte unserer Politiker, die uns in diesem Wahlkampf (Frühjahr 1983) doch mehr oder weniger Altbekanntes möglichst unverändert anbieten. Was sollen wir sagen, wie es weitergehen soll? Bleibt da nicht nur der

Ruf zur Umkehr, zur Veränderung? Der Imperativ also: Laßt eure Welt nicht vollends verkommen! Rettet das Leben! Schafft Frieden! Setzt eine alternative Lebensweise durch! »Ihr sollt in Freuden ausziehen und in Frieden geleitet werden« – diese Zusage, Verheißung, verwandelt sich dann in die Forderung, bekannt und erwartet von jedem, der nicht bloß in der religiösen Innerlichkeit sein Heil sucht.

Aber was geschieht denn durch diese Imperative? Da wird doch das Leben gerade auch in die Innerlichkeit hineingestoßen, in unseren Vorsatz und Entschluß und unsere Möglichkeit zu einem alternativen Leben. Ist das nun ein Wort, an das sich einer halten kann, wo ihm deutlich geworden ist: Eine grundlegende Veränderung muß kommen? Eine gottvergessene Frömmigkeit mag sich dabei beruhigen, Heil durch die Rettung aus dieser Welt heraus zu predigen, oder die Rettung an unsere Aktivitäten weiterzugeben. Aber da ist gerade nicht das biblische Wort mit dabei, das dem drohenden Tod Gottes Leben entgegensetzt. Dazu braucht es dieses Wort: Dann kann ich hinweisen auf das Leben, kann der Vision oder auch Prognose des Todes dieses Leben von Gott her entgegensetzen. »Ihr sollt in Freuden ausziehen und in Frieden geleitet werden«: Das bleibt dann sicherlich immer noch ein Gottesgedanke und Gottesweg, höher als unsere Gedanken und als unsere Wege. Aber auf die Berge und Hügel, da kann ich hinzeigen. Etwa auf den Anstieg der Autobahn vom Altmühltal hinauf nach Denkendorf, den Kindinger Berg, den die allermeisten kennen, zu denen ich rede. Erst war da eine Engstelle, wo man oft im Stau festhing. Dann waren es Baustellen, wo man froh war, wenn es halbwegs zügig durchging. Aber jetzt geht es flott, sechsspurig. Wenn das mit dem Auszug losgeht, dann wird dieser Berg seinen Rücken krumm machen und sich dehnen, und der Beton, der ihn drückt, platzt weg. Er wird tief aufatmen, und jauchzen, daß es hallt, von Greding bis Ingolstadt – was sage ich von Greding bis Ingolstadt: von München bis Nürnberg wird mans hören! Und die Bäume, die Tannen, die Fichten, die Buchen – tot und halbtot, dürr oder mit ein paar kümmerlichen Nadeln oder halbverdorrten Blättern stehen sie jetzt da. Aber dann: Lebendig sind sie, so lebendig, daß sie nicht auf einem Fleck stehenbleiben können, festgewurzelt, wie sich das jetzt für einen anständigen Baum gehört. Hochspringen werden sie, werden sich recken und in die Hände klatschen, daß der Wald aussieht wie der Parteitag der russischen Kommunisten, wenn der Genosse Andropow seinen großen Auftritt hat. Aber nicht der Genosse Andropow hat dann seinen großen Auftritt, sondern Gottes Volk, die Leute, die er sich herausholt aus unserer babylonischen Gefangenschaft, damit sie leben, mit ihm und durch ihn!

So kann man das predigen, hinweisen und darüber hinausweisen. In diesem Fall, indem der Gegensatz von jetzt und dann das »Darüber-hinaus« markiert. Ich lasse es bei diesem Beispiel dafür, wie die Predigt sprechen kann, wenn das Schriftwort zu den Dingen hinzukommt, auf die sie hinweist.

2. Die Sprache der Predigt lebt in der Zeit

Dazu erinnere ich zunächst daran, wie der Seher Johannes den Gottesnamen nicht dekliniert, aber durch die Zeiten hindurch konjugiert: Der da ist und der da war und der da kommt. Das Substantiv stellt fest: Gott als die Substanz, als das ens realissimum, das allerwirklichste Ding. Das kann man vielleicht denken; aber sagen kann man es nicht so sagen, daß es nicht im Nebel der Abstraktion verschwindet, in dem alles

Besondere negiert wird. Nur dieses eine Prädikat der Realität bleibt dann. So hat das Parmenides erspekuliert, das genaue Gegenteil vom Elohisten und dem Seher Johannes, der die Erklärung des Gottesnamens durch den Elohisten aufnimmt: Der da ist und der da war und der da kommt. Der Grieche dagegen sagt: »Es war nicht und wird nicht sein, weil es jetzt ganz und gar ist.« Da muß die Zeitlichkeit des Seins ganz und gar verneint werden, da es doch in einem nunc aeternum, in einem ewigen Jetzt gedacht wird. Das bleibt im Kopf, und solches Denken hat sich ja auch ganz bewußt dafür entschieden, die Wahrheit in sich selbst zu finden, und draußen bloß den unwirklichen Schein des Werdens und Vergehens.

Bleiben wir dabei, daß das verbum externum Gottes Heil gewährt, das äußere Wort, dem unser Predigen zudienen soll, dann kann uns die Zeit nicht so suspekt sein. Zwar, unser Denken kann diese Zeit zusammenraffen in das ewige Jetzt, in dem Parmenides das Sein denkt. Aber dieses Sein ist doch nur noch darin vom Nichts unterschieden, daß es gedacht wird. Mehr hat es nicht und darf es nicht haben in seiner äußersten Abstraktion. Alles Leben ist da verschwunden bis auf das νοεῖν, das mit dem εἶναι ein- und dasselbe sein soll: Denken, daß etwas ist. Klar: Wäre nicht etwas, dann wäre auch das Denken nicht. Aber Leben ist mehr als Denken; so setzen wir dem das biblische Wort entgegen. Leben ist mehr als Denken; darum ist Gott mehr als das zeitlose Sein des Parmenides. Die Zeit ist der Bibel nicht suspekt, wie sie das für den Philosophen ist, der alle Zeitwörter wegdenkt bis auf das ist, die Kopula, und die dann zu dem einen gewaltigen Substantiv τὸ εἶναι bzw. τὸ ὄν hypostasiert. Vielmehr sollen gerade die Zeitwörter die Sprache der Predigt bestimmen. Denn der lebendige Gott der Bibel ist ein beweglicher Gott. Nehmen wir noch einmal den Gegensatz zum griechischen Gottesdenken wahr: Aristoteles denkt sich den ersten Beweger selbst unbewegt, ruhende Mitte aller Wirklichkeit, auf den alles zustrebt: »Was erstrebt wird und was erkannt wird, das bewegt, ohne selbst bewegt zu werden« (Met Λ, 7). Stellen wir nun gegen diesen unbewegten Beweger den beweglichen Gott Israels. Ich erinnere dazu nur beispielsweise an das seltsame Gefährt dieses Gottes, wie es der Prophet Ezechiel sah (c. 1;10): Die vier Cheruben, die den Thron tragen, mit den vier Gesichtern, so daß sie sich nicht umzuwenden brauchen, wenn das Gefährt die Richtung ändert. Und die vier Räder bei oder an den Cheruben, je zwei ineinanderliegende Reifen, so daß auch sie ohne Wendung in jeder Richtung fahren können. Und das geht dann hin und her, vor und zurück, auf und ab. Und auf diesem so überaus beweglichen Gefährt ist die Herrlichkeit des Herrn zu ahnen.

Der biblische Gott ist also ein überaus beweglicher und bewegter Gott, ist hier und dort dabei, jetzt und dann, ist auf menschlichen Wegen dabei und in der Zeit, die es braucht, diese Wege zu gehen. Er ist dabei in der Zeit, ist selbst diese Zeit (vgl. § 7). Wir müssen deshalb erzählen, wo wir von diesem Gott recht reden wollen und davon, wie er dabei ist. Geschichtsbücher, die Geschichten von Gott und seinen Menschen erzählen, machen ja im Alten wie im Neuen Testament mehr als die Hälfte des Umfangs aus. Solches Erzählen, »narrative Theologie«, wie man sagt, oder Narrativität, damit doch wenigstens die Theorie solchen Erzählens sich einfügt in unsere mit Substantiven geschmückte Bildungs- und Wissenschaftssprache, ist seit ungefähr einem Jahrzehnt wieder in Mode gekommen: Die Theoretiker, systematische wie praktische Theologen, haben wieder entdeckt, was man dort immer getrieben hat, wo man mit der Bibel umging. Ich kann hier nun nicht eine Theorie des theologischen Erzählens entwickeln oder zu einer Praxis des Erzählens anleiten. Nur zwei Hinweise will ich geben, einen zum mehr Grundsätzlichen und einen zur Praxis des Erzählens.

Zum Grundsätzlichen nenne ich dies: Wer in der Predigt erzählt, sollte authentisch erzählen. Er bringt sich selbst als Erzähler zum Zug, erzählt, was er in Erfahrung gebracht hat, sei es durch eigenes Erleben, sei es durch das, was andere ihm berichtet haben, z. B. erzählende Texte der Bibel. Da irgendwelche fiktiven Erzähler einzuführen, das ist zwar ein literarischer Kunstgriff. Aber hier geht es nicht um Literatur, sondern um Wahrnehmung des Gottes, der da ist und da war und kommt. Und dabei muß dann kenntlich sein, wie und wo das erfahren wurde oder erfahren wird, was einer erzählt. Die Erzählung darf nicht frei schweben, in einem fiktiven Irgendwo und Irgendwann. Dafür steht der Prediger, der jetzt erzählt, und in diesem Erzählen zusammenspricht, was zusammengehört: Diese Zeit der Predigt da, mit ihren Hörern, und die Zeit der Erzählung, und Gott, wie er dabei ist. Da darf nicht einfach loserzählt werden wie in der Märchenstunde. Es muß überlegt sein, welches die Zeit der Erzählung ist, und welches die Zeit, von der erzählt wird, und wie sie zusammengehören, und in ihrer Zusammengehörigkeit das tun, was die Aufgabe der Predigt ist, nämlich in Gottes Zeit einzulassen.

Zur Praxis des Erzählens will ich nur dies sagen: Man wähle die richtige Perspektive auf den Vorgang oder das Geschehen, das erzählt werden soll, und halte diese Perspektive durch, damit die mitkommen können, die zuhören. Man überlege sich sorgfältig die Zeitform, in der erzählt werden soll. Perfekt, oder Präsens, oder das Imperfekt, das eine hochsprachliche Form ist, deshalb an die Beherrschung der Sprache, beim Erzähler wie beim Zuhörer, besondere Ansprüche stellt. Lebendig wird das Erzählen nur dann, wenn die indirekte Rede möglichst vermieden wird. Und es sollte farbig sein. Deshalb muß es Bilder evozieren, mitgehen lassen. Dazu muß der Erzähler ganz dabei sein bei dem, was er erzählt. Er muß die eigene Phantasie so weit einsetzen, daß ihm das Geschehen selbst bildhaft vor Augen steht. Besser noch: daß er nicht nur sieht, sondern auch hört und fühlt, riecht und schmeckt. Erst wenn einer so weit ist, kann er dann wieder weglassen und die Erzählung auf das reduzieren, worauf es ankommt.

Im Hinweisen wird der Predigthörer aus sich herausgeholt. Im Erzählen ist er draußen, bei dem, was erzählt wird. Und es ist dann gut, wenn die Geschichten, die wir erzählen, den Hörer auch draußen lassen. Es ist gut, wenn er dabei ist. Und eine gute Erzählung wird ihm die Betroffenheit durch das Erzählte vermitteln können. Er merkt, daß ihn das etwas angeht. Vielleicht merkt er sogar, daß die erzählten Geschichten ihm das Angebot machen, in ihnen Fuß zu fassen. Da kann sich dann die Zeit herumdrehen. Die vergangene Geschichte wird zur Verheißung; so hat Deuterojesaja die vergangene Geschichte des Auszugs aus Ägypten zur Verheißung für die Zukunft gemacht, freilich nicht erzählend, wie ich gleich dazusetze, sondern in hymnischer Sprache: »So spricht der Herr, der im Meer einen Weg und in starken Wassern Bahn macht, der ausziehen läßt Wagen und Rosse, Heer und Macht, daß sie auf einem Haufen daliegen und nicht aufstehen, daß sie verlöschen, wie ein Docht verlischt: Gedenkt nicht an das Frühere und achtet nicht auf das Vorige! Denn siehe, ich will ein Neues schaffen, jetzt wächst es auf, erkennt ihr's denn nicht? Ich mache einen Weg in der Wüste, und Wasserströme in der Einöde. Das Wild des Feldes preist mich, die Schakale und Strauße; denn ich will in der Wüste Wasser und in der Einöde Ströme geben, zu tränken mein Volk, meine Auserwählten; das Volk, das ich mir bereitet habe, soll meinen Ruhm verkündigen« (43,16–21).

Wozu wir Geschichten erzählen, wenn wir predigen? Damit die Hörer draußen bleiben können, im Wort, und nicht bei sich selbst herumhocken und in ihrer Innerlichkeit sich etwas vormachen. Deshalb ist es dann nicht gut, wenn wir zu der erzählten Geschichte auch noch eine Moral liefern, die den Zuhörer wieder in sich selbst hineinwirft. Da hat einer erzählt, vielleicht recht gut, und man ist dabei gewesen. Und dann kommt die fatale Überleitung: »Und jetzt, liebe Gemeinde, was sagt uns diese Geschichte?« Da läßt sich dann fast eine Wette abschließen: Jetzt kommt er mit einer imperativischen Nutzanwendung. So habe ich das seinerzeit noch in der Katechetik gelernt: Am Schluß einer Erzählung muß der religiös-sittliche Gehalt hervorgehoben und eingeschärft werden, am besten mit einem Bibelspruch, den man memorieren läßt. Habe ich die Geschichte vom kanaanäischen Weiblein erzählt, die mit ihrer Hartnäckigkeit erreichte, daß Jesus ihre Tochter heilte, dann kommt der Spruch: »Bittet, so wird euch gegeben . . .« Ich habe nichts gegen Bibelsprüche, und auch nichts dagegen, daß man solche Sprüche memoriert; wahrscheinlich ist das in den letzten Jahren viel zu wenig geschehen, und deshalb ist unsere religiöse Sprache verarmt. Doch die Erzählung, gerade die gekonnte Erzählung, würde durch eine solche methodische Anweisung totgeschlagen. Denn die gekonnte Erzählung, die hat doch von Anfang bis Ende gezeigt, wie uns das Erzählte angeht, wie wir da mit dabei sind. Gerade dann aber darf der Prediger, der uns eben in die Erzählung hineingeholt hat, uns nicht durch einen Imperativ oder einen abstrakten Sinngehalt, den er als die Pointe der Erzählung ausgibt, wieder herauswerfen. Das vergällt die schönste Geschichte!

3. Die Sprache der Predigt läßt verweilen

Selten einmal passiert, was doch eigentlich die Regel sein sollte: daß der Prediger zu seinem Kanzelsegen ansetzt, und man denkt sich dabei: Schade, daß er schon fertig ist; ich hätte ihm so gerne noch eine Weile zugehört. Solches Zuhören, das Freude macht, ist eine gute Sache. Nicht darauf kommt es an, wieviel Zeit eine Predigt braucht, gemessen mit dem Chronometer. Es ist ein ganz dummer Spruch von faulen Pfaffen, daß man über alles predigen dürfe, nur nicht über zwanzig Minuten. Wenn mir die Predigt eine gute Zeit gewährt, kann sie nicht lange genug dauern. Und eine gute Zeit gewährt sie, wenn sie mich herausholt aus mir selbst, wenn sie mich hinweist auf die Dinge und darüber hinaus, wenn sie mir Geschichten erzählt, bei denen ich dabei bin; und auch Gott ist dabei. Sicher kann man sich auf dem Berg der Verklärung nicht häuslich niederlassen, wie das Petrus gerne getan hätte, als er meinte: »Rabbi, hier ist gut sein. Wir wollen drei Hütten machen, dir eine, Mose eine und Elia eine« (Mk 9,5). Aber ein wenig dort verweilen, das tut schon gut. Und die Sprache der Predigt wird solches Verweilen möglich machen.
Es geht dabei nicht allein darum, verständlich und behältlich zu predigen. Das ist sicher wichtig, und vielleicht kommt einer am ehesten zu einer Predigtsprache, die dann auch verweilen läßt, wenn er versucht, verständlich und behältlich zu predigen. Darum zunächst hierzu einige Anmerkungen: Wer verständlich sein will, muß überdeutlich herausstreichen, worauf es ihm ankommt. Er muß vorbereiten, was er sagen will, und die Hörer nicht unvorbereitet mit der Pointe überfallen. Das gilt für die ganze Predigt genauso wie für den einzelnen Satz. Wenn einer das nicht beachtet, dann wird mißverstanden und überhört, was er sagen will. Da spricht einer in seiner Predigt von dem ebenso heiklen wie abgedroschenen Thema der Friedensbewegung, erwähnt dabei die »Freeze«-Bewegung in den USA und will besonders die Beteiligung der katholi-

schen Bischöfe hervorheben. Natürlich kann man da dann sagen: In den USA gibt es die Freeze-Bewegung, bei der auch die katholischen Bischöfe beteiligt sind. Aber das wird mit hoher Wahrscheinlichkeit überhört werden. Hier muß man vorbereiten: An der Freeze-Bewegung in den USA beteiligen sich nicht nur zahlreiche Politiker und Persönlichkeiten des öffentlichen Lebens, nicht nur Studenten und Wissenschaftler, nicht nur die Frauenbewegungen, die Vietnam-Veteranen und die Gewerkschaften, sondern sogar die katholischen Bischöfe. Solches Bemühen um Verständlichkeit verlangt, daß nicht nur die sprachlichen Schwierigkeiten beachtet werden; da sollte man möglichst gebräuchliche Ausdrücke verwenden und sich nicht scheuen, auch einmal banal zu werden. Auch die Hörgewohnheiten, die Erwartungshaltung, die affektiven Barrieren, die ein Verstehen verhindern können, sollte man mit bedenken, wenn die Predigt ihre sprachliche Gestalt gewinnt. Da beginnt man schon, sich in eine Sprache einzuüben, die verweilen läßt.

Weiter geht es um eine behältliche Sprache. Natürlich ist keiner von uns ein solcher Gedächtniskünstler wie der junge Fichte. Dessen Dorfpfarrer war ein geschätzter Kanzelredner, und eines Sonntags war ein Gutsherr aus der Umgebung hergeritten, um den bekannten Prediger auch einmal zu hören. Leider hatte er sich in der Gottesdienstzeit vertan, und so begegneten ihm die Leute, die vom Gottesdienst kamen, als er gerade bei der Kirche anlangte. Schade, meinte er, nun kann ich die Predigt doch nicht hören. Da sagte man ihm: Sie brauchen bloß den Gottlieb Fichte zu fragen! Er ließ den Jungen, der alltags das Kleinvieh hütete, kommen. Der sagte ihm die ganze Predigt wortwörtlich vor und konnte sogar die Betonung und den rednerischen Schwung des Pfarrers wiedergeben. Sie können sich ausrechnen, wie die Geschichte ausging: Der durch diese Gedächtnisleistung ungemein beeindruckte Gutsherr schickte den Jungen auf die Schule und ließ ihn dann studieren. Hätte der junge Fichte bei dieser Predigt nicht aufgepaßt, dann fehlte unserer idealistischen Philosophie das notwendige Zwischenglied zwischen Kant und Hegel. Nun führte hier sicher in erster Linie das phänomenale Gedächtnis Fichtes dazu, daß die Predigt behalten wurde. Doch auch wenn unsere Predigthörer normalerweise kein solches Gedächtnis haben, wäre es schön, wenn sie nicht nur die Predigt verstünden, sondern auch etwas davon behielten. Dazu kommt es nicht nur auf das an, was gesagt wird, sondern auch darauf, wie es gesagt wird. Beides ist miteinander verbunden, läßt sich nicht so leicht trennen, daß wir das, was gesagt wird, von dem ablösen, wie es gesagt wird, so, wie wir einen Bonbon aus dem Papier auswickeln und in den Mund schieben, und das Papier werfen wir dann weg. Behältlich ist gerade, wie etwas gesagt wird. Dumme Sprüche haften durch ihre präzise und zugleich überraschende Formulierung: »Hauptsache, du bist gesund und die Frau hat Arbeit!« So etwas bleibt im Gedächtnis. Nun gelingt sicher ein solcher Spruch nur selten. Aber die präzise Formulierung kann man sich angewöhnen; und lernt vielleicht auch mit der Zeit, dann mit einer solchen Formulierung sprachlich zu spielen, sie zu variieren. Dann haftet sie vielleicht. Als Beispiel verweise ich auf den Spruch Jesaja 55,8: »Meine Gedanken sind nicht eure Gedanken, und eure Wege sind nicht meine Wege, spricht der Herr; sondern soviel der Himmel höher ist als die Erde, so sind auch meine Wege höher als eure Wege, und meine Gedanken als eure Gedanken.« Das ist behältlich in seiner kunstvollen Form, und ist zugleich eine Sprache, die zum Verweilen einlädt. Man hört dem gerne zu, wie hier die Worte gefügt werden, wie sich Wege und Gedanken verschränken, unsere Wege und Gottes Wege, und in ihrem Gegensatz herauskommen.

Wer daran arbeitet, verständlich und behältlich zu sprechen, der kann zu einer Sprache kommen, die verweilen läßt. Das muß freilich eingeübt werden. Gehen können wir alle; das haben wir schon als kleine Kinder gelernt. So ist es mit dem Sprechen auch. Jeder denkt, er könne doch sagen, was er sagen will. Aber das Tanzen muß einer dann doch noch extra lernen, auch wenn er musikalisch ist. So ist es auch mit dieser Sprache, die verweilen läßt, der man gerne zuhört, die ruhig ihre Zeit dauern kann. Und wie man beim Tanzen erst einmal die Schritte einüben muß, und dann die einzelnen Figuren, und dann ganze Kombinationen von Figuren, bis schließlich Musik und Bewegung zu einem harmonischen Ganzen werden, so ist es mit dieser Sprache auch. Sie wird zunächst einzelne Sätze einüben müssen, verständlich und behältlich, und gerade so für das Hören angenehm. Mancher bringt es kaum dazu, und stolpert mit seinen Worten daher, wie wenn er kaum Sprechen gelernt hätte. Aber man kann schon auf das achten, was da geschieht beim Reden, und sich in die Sprache einüben. Es können dann ganze Redepassagen sein, eine eindrückliche Reihung, ein durchgeführter Vergleich, eine Erzählung, die in die Predigt eingebaut ist. Das Ziel aber, das sich jeder stecken sollte, auch wenn er es dann nicht in jeder Predigt erreicht, das ist das Ganze, eine wahrnehmbare Sprachgestalt, bei der es sich zu verweilen lohnt.

Man hat die evangelische Kirche als Kirche des Wortes bezeichnet, manchmal anerkennend, gelegentlich auch kritisch, weil es da doch viel zu sehr auf den Intellekt ankäme, und der ganze Mensch darum im Gottesdienst oft nicht genügend beschäftigt sei. Sogar für das, wenn man so will, intellektuellste Stück dieses Gottesdienstes, die Predigt, braucht das nicht zu gelten, dann nicht, wenn die Sprache der Predigt leistet, was sie leisten kann: Wenn sie hinweist, und darüber hinausweist, wenn sie in der Zeit lebt, wenn sie verweilen läßt. Man kann es einer Predigt anmerken, ob sie gestaltet ist. Und solche Gestaltung lebt in einer Sprache, die weiß, daß sie verbum externum zu sagen hat, in dem der Glaube Fuß fassen kann.

§ 9 Die Gestalt der Predigt

Das, was gesprochen wird, und das, was damit gesagt wird, läßt sich nicht trennen. Dieser Grundsatz, den ich zum Thema »Die Sprache der Predigt« eingeschärft habe, muß erst recht hier gelten, wo wir uns mit der Predigt als einem durchgestalteten Ganzen befassen. Sicher gibt es die Möglichkeit, in der Reflexion das zu trennen, was im Vollzug verbunden ist und zusammenbleiben muß. In der materialen Homiletik haben wir das für den Inhalt der Predigt ein Stück weit getan. Freilich nur ein Stück weit. Es zeigt sich rasch, daß die Frage nach dem »Was« und die Frage nach dem »Wie« dann doch wieder zusammenfinden und eine gemeinsame Behandlung verlangen. Der Inhalt »Auferstehung Jesu« etwa verlangt zugleich eine ganz bestimmte Sprechweise in dem Zwischenfeld zwischen Univokation und Äquivokation, wenn sagbar bleiben soll, was hier nun einmal gesagt werden muß. So läßt sich umgekehrt auch die formale Seite der Predigt ein Stück weit isolieren und für sich betrachten. Doch wird sich auch hier dann zeigen, wie dieses Formale rasch wieder an den Inhalt zurückgegeben werden muß, wenn die Rede, die wir zu gestalten haben, eine Predigt bleiben soll. Ich gehe in diesem Paragraphen von scheinbar nur formalen Bestimmungen aus, um dann erst auf die Bedingungen zu kommen, die von der Grundbestimmung der Predigt her an ihre Gestalt zu stellen sind.

1. Rhetorische und didaktische Gesichtspunkte zur Gestaltung der Predigt

Wird der formale Gesichtspunkt der Predigt isoliert, dann muß sie als Rede bezeichnet werden. Und die Predigt kann selbstverständlich mit anderen Reden verglichen werden, der Gerichtsrede, der politischen Rede, der Festrede z. B., um gleich die drei Hauptredegattungen zu nennen, mit denen sich die antike Rhetorik befaßt hat. Ich kann hier selbstverständlich nicht über die Probleme der Rhetorik und womöglich noch über ihre Geschichte informieren, dazu dann auch noch über die wechselvollen Beziehungen von Homiletik und Rhetorik, ihre Anziehung und Abstoßung bis hin zu den neuesten Versuchen, der Homiletik durch Rhetorik aufzuhelfen. Zwei Fehleinschätzungen muß ich aber gleich nennen, um anzudeuten, wohin wir uns auf keinen Fall verirren sollten. Das eine ist eine bloß technische Einschätzung der Rhetorik. Es ist ein alter Vorwurf, daß die Rhetorik ein Mittel sei, das zu jedem beliebigen Zweck einzusetzen ist. Um Beispiele für einen Mißbrauch der Rede ist dieser Vorwurf nicht verlegen, bis hin zu den rednerischen Exzessen von Adolf Hitler und Joseph Goebbels. Sicher will jede Rede bei ihren Hörern etwas erreichen. Und sie wird die Mittel für dieses Ziel abwägen und sie möglichst wirkungsvoll einsetzen. Das tut auch die Predigt. Aber die einzelne Rede kann ja nicht aus dem Lebenszusammenhang gelöst werden, in dem Redner und Hörer stehen. Ein Politiker muß glaubwürdig bleiben, ein Seelsorger weiter Vertrauen finden, ein Rechtsanwalt hat neue Prozesse zu führen. Der alte Cato hat darum zu Recht den Redner bezeichnet als einen vir bonus dicendi peritus, einen rechtschaffenen Mann, der reden kann. Der bleibende Lebenszusammenhang, innerhalb dessen die Rede ihren Ort hat, verbietet also ein bloß technisches Verständnis der Rhetorik, verlangt, die Rede mit dem, was sie erreichen will, und wie sie es erreichen will, in diesen Zusammenhang hineinzustellen. Weiter, damit eng zusammenhängend, kann Rhetorik nicht bloß als eine Art Trickkiste aufgefaßt werden, die lehrt, wie man es macht. Das wäre viel zu kurz gegriffen. Sicher ist Sprache und Rede, langue und parole zu unterscheiden. Und Rhetorik wird ihr Schwergewicht dort haben, wo der Umgang der Rede mit der Sprache durchdacht wird. Zugleich aber ist die Sprache, deren sich eine Rede bedient, keineswegs gleichgültig. Das nicht nur in dem Sinn, daß zu bestimmten Gelegenheiten auch der passende Stil gehört. So hat die antike Rhetorik der Gerichtsrede den schlichten Stil zugeordnet, der politischen Rede einen gemischten Stil, der Festrede das genus grande, den erhabenen Stil. Vielmehr ist das, was durch eine Rede erreicht werden soll, an einen vorgehend erschlossenen Sprachraum gebunden, eine in Sprache gefaßte Welt, die Redner und Hörer verbindet. Rhetorik hat das zu berücksichtigen, muß auf den jeweiligen Lebenszusammenhang eingehen, in den eine Rede gehört. Und sie wird dabei gut daran tun, nicht nur auf diesen Lebenszusammenhang einzugehen, sondern darauf zu achten, daß nicht durch die Rede verbraucht, verschlissen wird, was als Sprache diesen Lebenszusammenhang faßbar macht. Wie Sprache verludert werden kann, und dann einen gemeinsamen Lebenszusammenhang verzerrt und entstellt, dafür bietet die Art und Weise, wie gegenwärtig bei uns Wahlkampf geführt wird, ein abschreckendes Beispiel. Die Schlammschlacht verdeckt politische Sachzusammenhänge, statt Einsicht zu vermitteln und so begründete Entscheidung zu ermöglichen. Aber hat die übliche kirchliche Rede, die Sonntag für Sonntag von den Kanzeln tönt, eine höhere Sprachkultur? Der Umgang der Rede mit der Sprache soll diese bereichern, erweitern, verfeinern, nicht sie verarmen lassen (dazu vgl. Josef Kopperschmidt, Allgemeine Rhetorik. Einführung in die Theorie der Persuasiven Kommunikation, 1973).

Jede Rede geschieht in einem Lebenszusammenhang von Redner und Hörer, und jede Rede bedient sich einer bestimmten Sprache. Wer redet, ist darum mit diesem Reden für den betreffenden Lebenszusammenhang und die betreffende Sprache mit verantwortlich. Sicher ließe sich das jetzt rasch wieder auf die Predigt beziehen. Dann wäre als der Lebenszusammenhang, in dem sie geschieht, das Geistgeschehen Kirche zu nennen, von dem ich in der prinzipiellen Homiletik handelte, und als die Sprache der Predigt jenes nahe Wort, in dem alles, was ist, seinen Bestand hat (vgl. § 2,4; § 6,1.). Doch ich bleibe noch im Allgemeinen, setze dabei jetzt voraus, daß dieser Lebenszusammenhang und diese Sprache mit in die Reflexion eingebracht werden müssen, die nach der Gestalt der Predigt als einer Rede fragt. Hier ist sozusagen der Rahmen, der die Überlegungen zur Gestaltwerdung der einzelnen Rede umschließt.

Der genannte Lebenszusammenhang muß nun in der Rede durch den Gebrauch der passenden Sprache aktualisiert und bestimmt werden. Der Redner will etwas erreichen, und tut gut daran, sich genau klarzumachen, was er denn nun erreichen will. Der Politiker etwa sucht Verständnis und Unterstützung für seine politischen Ziele. Vorausgesetzt ist dabei im politischen Lebenszusammenhang die Strittigkeit dieser Ziele. Von hier aus läßt sich dann eine Grundstruktur der Rede entwickeln, die sich seit der antiken Rhetorik durchgehalten hat. Ich nenne das einfachste Modell, bei dem sich fünf Redeteile unterscheiden lassen.

1. Eine Einleitung geht auf die Gemeinsamkeit von Redner und Hörern ein und versichert sich eines allgemeinen Einverständnisses. Wenn wir die Predigt mit »Liebe Gemeinde« oder gar mit »In dem Herrn geliebte Gemeinde« eröffnen, läßt sich das als ritualisierte Form eines solchen Einverständnisses betrachten. Vor allem aber muß in einer solchen Einleitung herauskommen, daß die Sache, von der geredet werden soll, zu Recht das Interesse der Hörer beanspruchen kann.

2. Nun muß die Rede zur Sache kommen. Das so, daß diese nun genauer bestimmt und in ihrer Problematik entfaltet wird. Was selbstverständlich ist, das braucht genausowenig zum Gegenstand einer Rede gemacht zu werden, wie umgekehrt eine solche Rede sich mit allem oder damit eben mit nichts befassen darf. Das Interesse soll also in Hinsicht auf einen bestimmten und zugleich fraglichen Sachverhalt präzisiert werden.

3. Es folgt im Schema der antiken Rhetorik die eigentliche Argumentation, die wieder in zwei Teile, einen positiven und einen negativen, zerfällt. Zunächst wird der eigene Lösungsvorschlag vorgetragen und begründet. Etwa derart, daß zunächst gesagt wird: Die Arbeitslosigkeit kann nur so beseitigt werden, daß neue Arbeitsplätze geschaffen werden. Neue Arbeitsplätze aber gibt es nur dort, wo investiert wird. Die Lösung für unser gemeinsames Problem der Arbeitslosigkeit läßt sich nur so finden, daß die Investitionsfähigkeit und die Investitionsbereitschaft der Unternehmen gefördert wird.

4. In einem vierten Teil befaßt sich die Rede dann mit den Gegenargumenten und widerlegt diese. Da müßte also die Unterscheidung zwischen einem angebotsorientierten und einem nachfrageorientierten Wirtschaftskonzept herausgearbeitet werden. Und der Redner hätte zu zeigen, daß allein das angebotsorientierte Konzept erfolgversprechend ist.

5. Ein Schlußteil faßt noch einmal zusammen. Dabei muß auf jeden Fall die Art und Weise, wie eingangs das Interesse der Hörer geweckt worden ist, aufgenommen werden. Das Lösungsangebot des Redners wird noch einmal verdeutlicht und damit vertieft werden, und das grundsätzliche Einverständnis, von dem die Rede ausging,

wird nun als Einverständnis in der speziellen Lösung des fraglichen Sachverhaltes besprochen.

Das hier vorliegende Aufbauschema kann man natürlich auch mutatis mutandis auf die Predigt übertragen, mit ihrem Einleitungsteil, den drei Hauptteilen, die eine rechte Predigt haben sollte, samt dem Schlußabschnitt. Doch ist mit einem so aufs äußerste formalisierten Redeschema nur wenig gewonnen. Statt dieses Schema nun wieder auf den Lebenszusammenhang und die Sprache der Predigt hin zu konkretisieren, weise ich noch auf eine zweite, derzeit diskutierte Möglichkeit hin, das lerntheoretische Predigtmodell. Ich setze auch hier gleich dazu: Ein solches Modell kann bei bestimmten Predigtzielen durchaus hilfreich sein, paßt aber selbstverständlich nicht immer. Aufgefallen ist mir bei diesem lerntheoretischen Predigtmodell eine starke Ähnlichkeit mit dem traditionellen Redeschema. Anscheinend gibt es viel weniger Neues, als unsere nach Neuem hungrige Zeit haben möchte! Das lerntheoretische bzw. lernpsychologische Predigtmodell geht davon aus, daß auch die Predigt auf Veränderung zielt: Veränderung des Denkens, Veränderung der Einstellung, Veränderung von Wertungen. Alle solchen Veränderungen werden bekanntlich als »Lernen« bezeichnet. Darum kann sich die Predigt allgemeine Erfahrungen mit dem Lernen und die wissenschaftliche Erforschung von Lernprozessen zunutze machen. Die Predigt soll in ihrem Aufbau einen Lernprozeß in seinen unterschiedlichen Stufen widerspiegeln. Ich referiere kurz die einzelnen Stufen:

1. Lernen beginnt mit einer Motivationsphase. Es geht auch hier, wie beim Redemodell, darum, ein Interesse zu wecken. Das gilt dann auch für eine lerntheoretisch aufgebaute Predigt. Auf jeden Fall sollen möglichst viele Hörer dort angesprochen werden, wo sie unmittelbar betroffen sind. Dazu genügt es nicht, bloß irgendwelche Aktualitäten zu nennen. Der Lebenszusammenhang in seiner Problematik muß besprochen werden, so, daß sich die Hörer in dem genannten fragwürdigen Sachverhalt wiederfinden.

2. Die zweite Stufe ist auch hier dann, das Problem abzugrenzen, so daß deutlich wird, um was es jetzt gehen soll. Niemand kann alles auf einmal lernen, auch wenn er interessiert und willig ist. Deshalb muß der Ausschnitt, der jetzt behandelt werden soll, in seiner Begrenzung deutlich werden. Dazu muß natürlich zunächst einmal der Lehrer bzw. der Prediger wissen, was er will. Denn die Problembestimmung soll ja möglichst genau zugeschnitten sein auf das Lösungsangebot, das er zu machen hat (bei einer Predigt dann doch wohl in der Ausführung seines Textes zu machen hat).

3. Die dritte Phase des Lernens besteht in trial and error, Versuch und Irrtum. Hier werden Möglichkeiten einer Problemlösung ausprobiert und verworfen. Könnte man es so machen, oder so? Diese Phase dient dazu, das Lösungsangebot vorzubereiten. Natürlich darf einer dabei nicht den Eindruck erwecken, als sei es ihm mit diesen Versuchen nicht ernst. Man lernt bekanntlich gerade aus seinen Fehlern. Und erst wer seine Fehler gemacht hat, wird dann möglicherweise bereit sein, auch ein zunächst vielleicht gar nicht so naheliegendes Lösungsangebot anzunehmen.

4. Die vierte Stufe ist das Lösungsangebot, in dem zusammenlaufen soll, was bisher erörtert wurde, so, daß kenntlich wird, wie hier nun das fragliche Problem eine mögliche Antwort findet.

5. Die letzte Stufe ist dann eine Lösungsverstärkung, die auf die Motivation zurückkommen muß, in ihrer Konkretion der konkreten Frage zu entsprechen hat.

Die Parallele zur rhetorischen Teilung liegt auf der Hand:

Rhetorik	Lernpsychologie
1. Einleitung und Erzählung	Motivation
2. Präzisierung des Sachverhalts	Problemabgrenzung
3. Positiver Beweis	Versuch und Irrtum
4. Negativer Beweis	Lösungsangebot
5. Schluß	Lösungsvertiefung.

Nur die Punkte drei und vier sind im lernpsychologischen Modell vertauscht: Die richtige Lösung wird bereitwilliger aufgenommen und besser gelernt, wenn der Versuch mit anderen Lösungsmöglichkeiten schon gemacht wurde und negativ ausgefallen ist. Ich brauche nun nicht eine breite Auseinandersetzung mit diesen Modellen des Aufbaus einer Rede bzw. Predigt zu führen. Welche Modifikationen nötig werden, wenn wir den Lebenszusammenhang und die Sprache der Predigt in das Schema einbringen, darauf komme ich noch. Hier verweise ich zunächst einmal darauf, wie nützlich es ist, solch ein Aufbauschema einmal zu erfassen und seine Anwendung beim Entwurf oder auch bei der Analyse einer Predigt zu erproben. Das erleichtert die eigene Predigtarbeit, und es erleichtert doch wohl auch das Erfassen einer so angefertigten Predigt.

Dabei ist zunächst die Grundfrage zu stellen: Was will ich erreichen durch meine Predigt? Natürlich ist das nicht eine freischwebende Zielsetzung; sie ist gebunden an den Auftrag, das Evangelium zu predigen, und damit zugleich an den jeweiligen Text. Für die Predigt wäre diese Frage also in der Regel so zu spezifizieren: »Ich will dieser Gemeinde das Evangelium predigen, in Ausführung und Anwendung dieses bestimmten Textes.« So weit, so gut: Wird diese Frage gestellt, ist schon viel gewonnen. In aller Regel sieht die Frage anders aus. Für den Studenten etwa so: Am kommenden Donnerstag muß ich meine Predigt für das Homiletische Seminar abliefern; wenn mir doch endlich etwas einfiele! Und im Pfarramt kann es so heißen: Jetzt ist schon Freitagnachmittag, oder auch Samstagabend, und ich weiß immer noch nicht, was ich am Sonntag predigen soll. Ob unter solchem Druck dann endlich die richtigen Einfälle kommen, weiß ich nicht. Ich habe mich jedenfalls wenn irgend möglich immer rechtzeitig und methodisch mit der Predigtarbeit beschäftigt. Und dazu gehört nun einmal, daß irgendwann im Laufe der Vorbereitung, der Beschäftigung mit dem Text und der Predigtaufgabe, klar wird, was die Predigt zu sagen hat. Sie hat nicht alles zu sagen, sondern ein Bestimmtes. Wenn ich nicht weiß, was dieses Bestimmte ist, dann wird es auch mit der Predigt nicht viel werden.

Als zweiten Hinweis zum Predigtaufbau: Es kommt viel auf die Einleitung der Predigt an, auf die ersten paar Sätze. Die zeigen, wie das, was jetzt zu sagen ist, die Hörer betrifft. Wie eine solche Betroffenheit zu formulieren ist, ob ich eine Frage stelle, zum Leben oder zum Text, ob ich eine Geschichte erzähle, ob ich auf ein bestimmtes Geschehen hinweise, dafür gibt es kein fertiges Rezept. Doch läßt sich sagen, wann eine solche Einleitung richtig gewählt ist, und wann sie falsch ist. Falsch ist sie dann, wenn die Einleitung bloß als »Aufhänger« dient, ein vorläufiges Einverständnis mit den Hörern erzielen will, die Situation zwar zunächst aufnimmt, aber dann nicht mehr weiterführt. Richtig ist diese Einleitung, wenn sie zur Sache führt, die in der Predigt behandelt werden soll; was als Einleitung diente, kann dann im ganzen Verlauf der Predigt immer wieder vorkommen. Vor allem sollte es im Schlußteil noch einmal genannt werden, mindestens genannt werden können; dann war die Einleitung richtig gewählt. Ich erinnere zu dieser Unterscheidung von falsch und richtig an die Predigt-beispiele zu Weihnachten, die mit dem Stichwort »Überraschung« einsetzten (vgl. o. S. 77–79). Gerade weil am Anfang der Predigt mit einer erhöhten Aufmerksamkeit zu rechnen ist, sollten die ersten Sätze dazu dienen, etwas Wichtiges zu sagen, und nicht bloß irgendeinen Gag zu bringen, der dann im Zusammenhang der Predigt weiter keine Funktion mehr hat.

Noch ein Drittes nenne ich zu den grundlegenden Problemen des Predigtaufbaus: Die Predigt ist zwar ein monologisches Unternehmen und wird das wohl auf absehbare Zeit auch bleiben; eine Dialogpredigt, wie sie gelegentlich versucht wurde, wird sich kaum durchsetzen, und ich weiß auch nicht, ob das wünschenswert wäre. Doch das heißt nicht, daß hier nicht dialogische Elemente eingebaut werden könnten und müßten. Der Hörer soll beteiligt sein am Redegeschehen. Ich erinnere dazu an das rhetorische bzw. lerntheoretische Schema: Fragen, Einwände, Lösungsmöglichkeiten sollen ausdrück-lich genannt und besprochen werden. Dabei ist dann wieder auf die entsprechende Redeform zu achten. Für dialogische Elemente innerhalb der Predigt gilt wie für die Erzählung der Grundsatz: möglichst viel direkte, möglichst wenig indirekte Rede. Es soll also bei dem in der Predigt behandelten Sachverhalt zu einem lebendigen Gegen-über von Argumenten, Einwänden, Erfahrungen, auch Gefühlen kommen. Die Predigt ist dabei in der Regel darauf aus, dieses Gegenüber in ein Einverständnis zu überführen, das Prediger und Hörer verbindet. Doch ist gelegentlich ein offener Schluß vielleicht sogar die bessere Möglichkeit.

2. Die Zeit des Evangeliums im Aufbau der Predigt

Wird von inhaltlichen Bestimmungen abstrahiert, dann läßt sich die Predigt als Rede erfassen. Doch müssen die Hinweise für den Predigtaufbau, die damit gewonnen werden, wieder in den inhaltlichen Zusammenhang der Predigt überführt werden. Dabei ist sicher das schwierigste Problem, wie in der Predigt die Zeit des Hörens, die Zeit der Hörer und die Zeit des Evangeliums zueinander in Beziehung gesetzt werden. Theologische Theorien haben die Frage oft umgangen. Entweder mit der Behauptung: Die Predigt, als die Verkündigung des Evangeliums, schließt die Zeit der Hörer mit der Zeit des Evangeliums zusammen. Das wirksame Wort Gottes trifft und schafft Glau-ben. Dabei kann man dann, um nicht mit der Erfahrung in allzu große Konflikte zu geraten, noch die Formel von CA V als Vorbehalt anführen: Solche Vergegenwärtigung des Evangeliums ist nicht einfach Sache der Predigt; diese ist vielmehr nur glauben-schaffendes Evangelium, ubi et quando visum est Deo. Hier ist nicht der Ort, um sich mit diesen dogmatischen Theorien auseinanderzusetzen. Ich nenne sie nur, damit wir uns von ihnen das Problem nicht zudecken lassen, das jetzt zu behandeln ist: Die Zeit des Hörens, die Zeit der Hörer und die Zeit des Evangeliums sind zu unterscheiden, gerade weil die Wirksamkeit des Hl. Geistes, die diese Zeiten ineinanderfügt, nicht in der Macht des Predigers steht. Eine zweite, freilich nicht so sehr theoretisch-dogmati-sche, sondern eher homiletisch-praktische Umgehung des Problems besteht dann darin, die Zeit des Evangeliums in eine Zeit des Gesetzes zu verwandeln, die den Hörer nötigen will, für sich dieses Evangelium in der Entscheidung für den Glauben zu realisieren. So üblich und verführerisch diese Umgehung des Problems ist – sie ist erst recht nicht unsere Sache!

Zeit des Evangeliums, das hieße: Hier wird in Gottes Zeit Einlaß gewährt. Solcher Einlaß in Gottes Zeit ist der Glaube. Drei unterschiedliche Momente gehören also in der Zeit des Evangeliums zusammen: Gottes Zeit, und die Botschaft von Gottes Zeit im ausgelegten Schriftwort, und der Glaube, der durch diese Botschaft in Gottes Zeit hineingenommen wird. Wir würden als Prediger den Mund zu voll nehmen, wenn wir sagten: Die Zeit des Hörens, und also diese Zeit, die sich der Hörer für die Predigt nimmt, das ist solche Zeit des Evangeliums. Aber es wäre auch zu wenig nachgedacht, wenn wir dann sagten: Es kann sein, daß die Zeit des Hörens für den Hörer zur Zeit des Evangeliums wird. Gerade hier ist viel mehr von uns gefordert als solche Identifikationen. Wir haben die Beziehung des Hörens und des Hörers auf diese Zeit des Evangeliums zu durchdenken. Daß im Geistgeschehen Kirche das Evangelium Glauben findet, ist die Voraussetzung unseres Predigens. Aber Glaube ist ja nicht ein menschlicher Zustand, sondern Geschenk Gottes, in dem Macht und Licht des Lebens in ihrer Einheit erfahren werden (vgl. § 7). Die Zeit des Hörens und also unserer Predigt ist bezogen auf die Zeit des Evangeliums, aber gerade darum unterschieden und unterscheidbar von dieser Zeit.

Das muß noch einmal eingeschärft werden: Da ist die Lebenszeit der Predigthörer. Zu dieser Zeit gehört sicher auch die Stunde mit dazu, in der sie am Sonntagmorgen den Gottesdienst besuchen. Aber diese Zeit des Gottesdienstbesuches ist keineswegs Zeit des Evangeliums. Sie ist auch nicht die hervorgehobene religiöse Zeit, die in besonderer Weise dafür bestimmt wäre, zur Zeit des Evangeliums zu werden. Einlaß in die Zeit des Evangeliums setzt vielmehr voraus, daß Gott selbst dafür in der Zeit des Hörers Raum schafft, die Gelegenheit zum Glauben. Wenn Luther, in einer freilich gewaltsamen und philologisch nicht haltbaren Weise, Jes 28,19 übersetzt: »Denn allein die Anfechtung lehrt aufs Wort merken«, bezeichnet er diese besondere Zeit. Das »ubi et quando visum est Deo« von CA V wäre dann nicht ein unbestimmtes Irgendwo und Irgendwann der göttlichen Willkür, ließe sich vielmehr durch diesen Ausdruck »Anfechtung« näher bezeichnen. Die Zeit des Hörers, in der es zum Glauben kommt, in der er durch das Evangelium eingelassen wird in Gottes Zeit, wäre also genau diese Zeit der Anfechtung. So die Auskunft der Reformation, wobei gerade Melanchthon in der Apologie immer wieder die terrores conscientiae betont als die Zeit, die zum Verstehen des Evangeliums, der Rechtfertigung allein aus Glauben, führt. Ich will gleich dazusetzen: Der Ausdruck »Anfechtung« ist mir in diesem Zusammenhang zu eng. So sehr ich die Hinweise der Reformation achte – sollte die Gelegenheit, bei der uns Gott im Glauben in seine Zeit Einlaß gewährt, nur hier sein, wo das Gewissen durch Schuldangst betroffen ist? Ich will darum lieber von einer Situation besonderer Herausforderung reden, die verstehen läßt, die Gottes Nähe wahrnimmt, die die Zeit des Hörers mit der Zeit Gottes verbindet.

Noch einmal: Diese Herausforderung, in der einer im Glauben in die Zeit des Evangeliums eingelassen wird, das ist nicht die Zeit unseres Predigens und Hörens, jedenfalls nicht in der Regel. Wer die Zeit des Predigens und Hörens mit der Zeit des Evangeliums verwechselt, der nimmt den Mund zu voll. Und wenn er dann noch ein unbedachter Theologe ist, wird er seine falsche Identifikation dem Hörer zumuten, der durch seine Glaubensentscheidung die Zeit des Hörens für sich als die Zeit des Evangeliums realisieren soll. Doch damit wird bloß ein Mißverständnis eingeübt. Prediger und Hörer tun so, wie wenn es in unserer Macht stünde, die eigene Zeit als Zeit des Evangeliums, als Zeit mit Gott zu realisieren. So darf man die Zeiten nicht durcheinanderwerfen. Sonst geht womöglich noch die Unterscheidung und Unterscheidbarkeit von Gesetz und Evangelium verloren; und ist es mit einem einmal so weit gekommen, sollte er das Predigen lieber gleich bleibenlassen. Nur wenn wir unterscheiden, Zeit des Evangeliums, Zeit des Hörers, Zeit des Predigens und Hörens, lernen wir das Wort richtig einschätzen. Wir brauchen dann nicht falsche Postulate, aber auch nicht die Resignation. Falsche Postulate, wie wenn es mit Predigen und Hören nichts gewesen wäre, wenn nicht alle, die da waren, ihre Erfahrungen mit dem Wort (vgl. § 1,1.) gemacht haben. Die Resignation, die dann meint, nur noch unsere kurzweilige Predigt, die auf Hörerbedürfnisse eingehe, müsse es machen. Im Wort ist die Zeit des Evangeliums da. Die Predigt bespricht diese Zeit. Und die Zeit des Hörens übt so ein, auf das Evangelium zu merken. Ich erinnere noch einmal daran, wie die Reformation die Zeit zum Glauben als Anfechtung bestimmt hat. Ich wollte da lieber von einer besonderen Herausforderung reden. Die ist nicht mit der Predigt identisch, weder für den Prediger, noch für den Hörer. Ich halte es für eine kurzschlüssige Identifikation, unbedachte Theologie, wenn man hier nicht unterscheidet. So finde ich das z. B. bei Ernst Lange (a.a.O. 25): »Im Kern ist also, biblisch gesprochen, die homiletische Situation die Situation der Anfechtung, die Situation, in der Gott sich entzieht, als Grund des Glaubens entzogen ist, in der er angesichts der Verheißungslosigkeit der andrängenden Wirklichkeit unaussprechbar wird. Inwieweit diese Situation von den Hörern als Anfechtung *erfahren* wird, mag dahingestellt bleiben. Sie ist Anfechtung im eigentlichen Sinne jedenfalls für den Prediger, der *in* dieser Situation relevant von Gott reden soll. Sie ist es um so mehr, je mehr er an seinen Hörern und ihrem Dasein teilhat. Angesichts der Sprache der Tatsachen verschlägt es ihm die ihm aufgetragene Rede von Gott.« Nur wenn sich einer darauf versteift, den Sonntagmorgen zur Zeit des Evangeliums zu machen, kann er sich so unter Druck bringen, wie das hier geschieht. Aber so hart ein solcher Druck einem gewissenhaften Theologen und Prediger aufliegen mag: ich will und kann ihn doch nicht mit der Anfechtung gleichsetzen, mit der besonderen Herausforderung zum Glauben. Die Predigt macht nicht die Zeit des Evangeliums; wer freilich sein Predigen von einem synthetischen Predigtmodell aus interpretiert, kann zu einem solchen Mißverständnis kommen. Die Predigt macht nicht die Zeit des Evangeliums, sondern sie redet von dieser Zeit, läßt sie in der Rede für die Hörenden gegenwärtig sein (ich erinnere dazu an das, was ich zur Zeit des Sakraments gesagt habe, § 2,1.).

Nach dieser vielleicht doch nicht ganz unnötigen Rekapitulation einiger grundsätzlicher Fragen komme ich nun wieder zum Thema »Die Gestalt der Predigt«. Die Predigt bespricht die Zeit des Evangeliums. Wie geschieht das? Eine Anweisung dafür, die immer und überall paßt, gibt es selbstverständlich nicht. Denn hier muß nun die Zeit des Evangeliums, die Zeit des Hörens und die Zeit der Hörer zusammengesprochen werden. Gelingt das, dann ist die Predigt gelungen; gelingt es nicht, dann wird bei aller rhetorischen und didaktischen Kunstfertigkeit doch keine rechte Predigt herauskommen. Ich muß dazusetzen, damit ich hier ja nicht mißverstanden werde: Solches Zusammensprechen ist nun nicht doch noch eine Synthese von Text und Gemeinde; vielmehr ist im richtig verstandenen und ausgelegten Text schon beieinander, was die Predigt bespricht. Es muß freilich entdeckt werden in diesem Beieinander, und muß richtig besprochen werden. Dazu braucht es die rechte Schriftauslegung, die nicht bloß im Historischen steckenbleibt, die sich aber auch nicht mit einem bloß paraphrasierenden Nachsprechen des Textes begnügt. Welt muß da mit dabei sein im Wort.

Noch einmal: Ein für alle vorkommenden Fälle, oder wenigstens für viele Fälle passendes Schema läßt sich hier nicht vorführen. Auch das rhetorische oder lerntheoretische Schema mit seinen fünf Teilschritten paßt lange nicht überall. Es kann allenfalls zur Kontrolle dienen, ob auch nichts Wichtiges vergessen wurde. Es kann vor allem die wichtige Frage einschärfen: Wo fange ich an mit meiner Predigt, und wo höre ich auf? Ich habe schon gesagt: Es ist gut, wenn das nun nicht zwei ganz verschiedene Orte sind, sondern wenn das Ende den Anfang aufnehmen kann. Der soll dann aber bei den Hörern, in ihrem Lebenszusammenhang, sein. Sicher darf das dann auch einmal die Zeit des Hörens sein, die gegenwärtige Situation. Aber in der Regel wird der Anfang der Predigt hinweisen auf bestimmte Orte und Sachverhalte im Lebenszusammenhang der Predigthörer. Dabei kommt freilich der Text explizit oder implizit schon mit vor. Besser vielleicht explizit – damit die Leute wissen: Er holt uns jetzt nicht bloß irgendwo ab, wo er uns vermutet, um uns dann ganz woanders hinzuführen, nämlich zu seinem Text. Sondern sie merken: Er spricht von vornherein vom Text und von uns, von uns und von seinem Text.

Als ein erstes Beispiel nenne ich eine Predigt zu Röm 5,1–5. Der Text ist zweiteilig, durch den Ausdruck »rühmen« bestimmt: »Nun wir denn sind gerecht geworden durch den Glauben, so haben wir Frieden mit Gott durch unsern Herrn Jesus Christus, durch welchen wir im Glauben den Zugang haben zu dieser Gnade, darin wir stehen, und rühmen uns der Hoffnung der zukünftigen Herrlichkeit. Nicht allein aber das, sondern wir rühmen uns auch der Trübsale, weil wir wissen, daß Trübsal Geduld bringt; Geduld aber bringt Erfahrung; Erfahrung aber bringt Hoffnung; Hoffnung aber läßt nicht zu Schanden werden, denn die Liebe Gottes ist ausgegossen in unser Herz durch den Hl. Geist, welcher uns gegeben ist.« Diese in dem zweimaligen »wir rühmen uns« angedeutete Zweigliedrigkeit nimmt die Predigteinleitung auf: »Es gibt Leute, die wollen den zweiten Schritt des Glaubens vor dem ersten tun. Damit kommt man natürlich nicht vom Fleck. Das sind die, die einmal von ferne etwas läuten gehört haben vom Glauben, daß er etwas ist, was den Menschen erfaßt und überwältigt, sein Leben verändert und neu macht. Nun denken sie: Ich jedenfalls, ich habe das nicht erlebt. Also geht mich dieser Glaube anscheinend nichts an. Es gibt auch Leute, die haben den ersten Schritt des Glaubens gemacht. Und jetzt sind sie mit sich selbst so zufrieden, daß sie gar nicht merken: Das war bloß der erste Schritt. Und mit diesem ersten Schritt sind wir noch nicht am Ziel. Wir erfahren aus den Worten des Apostels Paulus, die ich eben verlesen habe, was es auf sich hat mit dem ersten Schritt des Glaubens, und mit dem zweiten Schritt, und wie der erste und der zweite Schritt des Glaubens zusammenhängen.« Damit ist dann zugleich eine Disposition angegeben. Die Hörer wissen, was sie erwartet.

Ein zweites Beispiel, eine Predigt zum Volkstrauertag über Psalm 82: »Der Herr steht in der Götterversammlung und ist Richter unter den Göttern. Wie lange wollt ihr Unrecht richten und den Gottlosen vorziehen?« Die Einleitung nimmt den Schluß des eben verlesenen Textes auf: »Liebe Gemeinde, gerne wollte ich mir den Gebetsruf zu eigen machen, mit dem der 82. Psalm schließt: ›Herr, mach dich auf und bring diese Welt zurecht; denn dir gehören alle Völker.‹ Ich denke dabei an alles das, womit wir immer weniger zurechtkommen: Die Friedlosigkeit mit den Ängsten, die sie auslöst; die Ausbeutung der Natur wie der Menschen; Rechtlosigkeit und Gewalt, die Opfer über Opfer fordert; die Unfähigkeit, Arbeit und Verdienst auch nur halbwegs vernünftig zu verteilen. Bleibt da anderes als der Ruf: Herr, mach dich auf und bring diese Welt zurecht?« Der Prediger setzt nicht mit dem Indikativ ein: »Ich will mir gerne den Gebetsruf zu eigen machen.« Er deutet an, daß da etwas Schwierigkeiten macht: »Gerne wollte ich mir den Gebetsruf zu eigen machen.« Was hindert dich denn daran?

so wird mindestens der aufmerksame Hörer fragen. Und die Einleitung ist durchaus auf diese Frage angelegt. Denn darüber wird die Predigt dann reden.

Doch nun zur Frage der Zeit: Hier ist zunächst die Zeit des Hörers aufgenommen und mit dem Text verknüpft. Das nicht nur so, daß eine Reihe von gesellschaftlichen Problemen genannt werden. Sondern diese Probleme werden als solche bezeichnet, mit denen wir immer weniger zurechtkommen. »Bleibt da anderes als der Ruf: Herr, mach dich auf und bring diese Welt zurecht?« Die Predigteinleitung unterstreicht diesen Aspekt, unter dem die Zeit der Hörer hier genannt wird, indem sie fortfährt: »Ich sehe jedenfalls nicht, daß wir anders weiterkommen könnten, etwa mit dem hemdsärmeligen Slogan: ›Es gibt viel zu tun! Packen wirs an.‹ Ich sehe viel mehr die Hilflosigkeit, das Unvermögen dem gegenüber, was auf uns eindringt. Wir wissen nicht mehr, wie wir zurechtkommen sollen, wir Menschen – und wir Christen mittendrin.« So wird in der Einleitung die Zeit der Hörer an die Zeit Gottes verwiesen.

Dieser Verweis ist freilich, wie der Irrealis des Eingangssatzes andeutet, problematisch: »Gerne wollte ich mir den Gebetsruf zu eigen machen«, setzt die Predigt ein. Das liegt daran, daß diese Zeit der Hörer eine problematische Zeit ist. Nicht die Zeit zum Guten, zum Glauben, zur Furcht Gottes. Sondern die Zeit des Götzendienstes. Das wird zunächst in Hinsicht auf die nationale Vergangenheit durchgeführt. »Mein Volk« oder »Nation« habe hier der Götze geheißen. »Und weil auch Götzen geliebt werden wollen, und geliebt werden, hat er auch seinen Kosenamen: Unser deutsches Vaterland . . . Was ist da gewesen, daß all dies geschehen konnte? Was hat aus diesem Vaterland den Schrecken für viele Völker gemacht, den Moloch, der tausende und tausende Menschenleben in sich hineingefressen hat, der sich zu gewaltiger Größe aufblähte, und dann so kläglich in sich zusammengesunken ist?« Die Antwort wird damit gegeben, daß dieses Vaterland die Angst und die Hoffnung, das Vertrauen und den Stolz vieler Herzen an sich gezogen habe, und damit immer mehr Macht über die Menschen gewonnen habe. »Was hat uns denn dazu gebracht, mitzumarschieren? Warum haben wir denn auch ›Sieg Heil!‹ gebrüllt? Wie kamen wir dazu, zu singen: ›Wir werden weiter marschieren, wenn alles in Scherben fällt, denn heute gehört uns Deutschland, und morgen die ganze Welt!‹? Was für ein Wahnwitz war das, dies Vertrauen in die eigene Kraft, die es mit einer Welt voller Feinde aufnehmen könne! Welche irre Hoffnung auf die Gunst der Stunde und den Ruf der Vorsehung, die Adolf Hitler so pathetisch zu beschwören wußte: Daß wir es seien, Großdeutschland, dieses deutsche Blut, die nordische Herrenrasse, der die Weltherrschaft bestimmt sei? Es war doch nicht bloß dieser Mensch, Adolf Hitler, und die großen und kleinen Nazis mit ihm, die das deutsche Volk hineingetrieben haben in dieses Entsetzliche, was dann geschehen ist, das meinen deutschen Namen stinkend gemacht hat auf lange hin. Wir selbst waren es, die Angst meines Herzens und die Hoffnung, der Stolz und das Vertrauen vieler Herzen, die sich an den Traum von der deutschen Größe anketten ließen, und hineinreißen ließen in jenes Tun, das wir nun betrauern, und für das wir uns schämen müssen.« Der Prediger lädt dann noch einmal ausdrücklich zur Identifikation ein, die diese vergangene Zeit der Hörer im Gericht an Gottes Zeit bindet: »Ich weiß, was gemeint ist, wenn hier im 82. Psalm vom Unrecht, von der Macht, der Lüge und dem Ende der Götter die Rede ist. Ich habe es erlebt, und erfahren, was das heißt: ›Mach dich auf, Herr, und richte, bring diese Welt zurecht.‹«

Diese Verbindung der Gotteszeit und der Zeit der Hörer im Erleben von Gottes Gericht wird freilich nicht in der Vergangenheit belassen. Die gegenwärtige Zeit wird wie diese vergangene Zeit als Zeit des Götzendienstes bestimmt. Nun heiße der Götze freilich nicht mehr Vaterland, sondern Freiheit. Diese Freiheit, der wir jetzt vertrauen, wird an den Kriterien gemessen, die der Psalm nennt. »Wem schafft sie Recht, wen begünstigt sie, diese Freiheit? Den Armen und Rechtlosen, die Waise und den Elenden und Bedürftigen, den Fremden und Heimatlosen und Verfolgten, die geringsten Brüder, in denen heute Christus gegenwärtig ist?« Die Antwort legt sich nahe, und die Predigt stellt dazu die Frage, was diese unsere Freiheit kostet: Unsere Freiheit hier sei erkauft mit der Unterdrückung dort. Und damit hätten wir uns doch auch abgefunden. »Es soll sich nichts ändern – es darf sich nichts ändern: So steht das mit den Götzen; und meine ›Freiheit‹ ist mit dabei. ›Sie lassen sich nichts sagen und sehen nichts ein, sie tappen dahin im Finstern. Darum wanken die Grundfesten der Erde.‹ Spürt ihr das nicht, dieses Zittern und Beben? Die Trauer heute am Volkstrauertag gilt nicht nur dem, was war, der immer noch unbewältigten deutschen Vergangenheit, mit der wir leben müssen. Sie gilt auch der Gegenwart. Je länger desto weniger ertrage ich die Selbstgerechtigkeit, mit der wir unsere Freiheit in Anspruch nehmen, und fragen nicht danach, was diese Freiheit kostet, andere kostet. Je länger desto weniger ertrage ich die Einfallslosigkeit, mit der diese Freiheit geschützt werden soll, durch Rüstung und Vorrüstung und Nachrüstung in einem stupiden Rechnen, und ich soll dazu bezahlen, nicht nur mit meinen Steuern, sondern mit meiner Angst. Denn nicht nur die Raketen sind auf ihre Ziele programmiert, die hier und natürlich auch die drüben. Auch die Angst ist programmiert, fixiert auf das Feindbild hüben und drüben. Allein so läßt sich ja der Aufwand einer Rüstung rechtfertigen, die diese Welt arm macht und immer ärmer. Je länger desto weniger ertrage ich auch die Aggressivität, mit der wir die Natur ausbeuten, mit der wir meinen, es müsse nun doch bald wieder aufwärts gehen, die Krise könne überwunden werden mit mehr Wachstum, mehr Ertrag, mehr Investitionen, mehr Arbeit, mehr Konsum . . . Was für eine Welt werden wir denen hinterlassen, die nach uns kommen, friedlos und arm!«

Hier kann nun ein knapper Schlußteil ansetzen, der den Eingang wieder aufnimmt. »Ich ahne, was es heißt, wenn ich mir den Gebetsruf zu eigen mache, mit dem der 82. Psalm schließt . . . Ich ahne das, weil ich weiß, was fallen muß, wenn es mit den Göttern zu Ende geht. Da muß das Herz sich losreißen, seine Angst darf nicht mehr dieser unserer Freiheit gehören, und nicht mehr der Stolz, die Hoffnung und das Vertrauen. Das gibt blutende Herzen, das gibt Schmerzen noch und noch. So, wie es blutende Herzen gegeben hat und Schmerzen noch und noch, als sich die Herzen losreißen mußten vom deutschen Vaterland und dem Traum von seiner Herrlichkeit. Ich weiß, daß es weh tut, wenn Gott selbst einen Menschen zurechtbringen muß, viele Menschen. So vergeßlich bin ich nicht, daß ich nicht mehr weiß, wie mir damals zumute war. Ich spüre den Schmerz, und die Scham, dabei gewesen zu sein. Jetzt bin ich wieder dabei, und kann nur hoffen, daß Gott uns zurechtbringt, bald! Daß geschieht, was uns hier im 82. Psalm gezeigt wird: Der Herr selbst richtet!«

Inwiefern ist in dieser Predigt die Zeit des Evangeliums für den Aufbau bestimmend? So kann man mit einigem Recht fragen. Die Antwort kann nicht nur darauf verweisen, daß doch auch diese Predigt im Zusammenhang eines christlichen Gottesdienstes gehalten worden ist. Sie kann auch darauf hinweisen, daß hier gerade im Gericht Gottes heilsame Wirksamkeit erfahren wurde und erhofft wird. Wenn ein Götze stürzt, dann ist das doch allemal eine heilsame und gute Sache, auch wenn es den Götzendienern weh tut. Wird so doch das Leben frei von solcher lebensfeindlichen Macht. Man male sich bloß einmal aus, wie unsere Welt und unser Leben aussehen würde, wenn dieses Großdeutschland zu der angestrebten Weltherrschaft gekommen wäre! Sicher ist eine solche Geschichtsdeutung, wie sie hier in der Predigt vollzogen worden ist, nie eindeutige Heilsverkündigung. Sie bleibt, mit der lutherischen Unterscheidung gesprochen, zunächst im Bereich von Gottes Regiment zur linken Hand, der Durchsetzung des Gesetzes gegen die Frevler. Aber die hier vorliegende Unterscheidung der Regimente, und die Unterscheidung eines usus civilis legis vom usus elenchticus wird bewußt durchbrochen: Gottes Gerichtshandeln macht doch gerade das Herz frei von seinem Götzendienst, befreit es zur Erfüllung des ersten Gebotes, läßt dafür Raum, Gott über alle Dinge zu fürchten, zu lieben und ihm zu vertrauen. Insofern bleibt es hier nicht bei der in der Einleitung genannten Beziehung der Zeit des Hörers auf die Zeit Gottes. Es ist nicht nur so, daß er an Gottes Hilfe verwiesen und zum Gebet um diese Hilfe aufgefordert wird angesichts von Entwicklungen, die ihn selbst mit der ganzen Gesellschaft, in der wir leben, bedrohen. Sondern zugleich wird deutlich gemacht, wie diese Bedrohung auch im Ungehorsam und Unglauben begründet ist, und darum zu Recht Gottes Gericht auf sich herabzieht. Sich mit der Bitte um dieses Gericht an Gott zu wenden, das setzt voraus, daß hier gerade der gnädige Richter gesucht wird, der im Gericht zurechtbringt. Darum ist bei dem immer wieder zitierten Schlußvers des Psalmes ja auch die Aufforderung qûmā 'älohîm šap̄ṭā ha'äräṣ so übersetzt: »Herr, mache dich auf und bring diese Welt zurecht.« An dieses Zurechtbringen wird erinnert, und es wird erwartet. Die Zeit des Hörers als die Zeit der Ungerechtigkeit, des Götzendienstes, ist so verbunden mit der gewissen Hoffnung, daß Gott zurechtbringen wird, wie er zurechtgebracht hat. Diese Hoffnung schließt Erkenntnis der Sünde und Buße mit ein und weist gerade so an das Evangelium von der Rechtfertigung allein aus Glauben.

Das Gefüge der Zeiten muß klar durchdacht sein; dann ist die Gestalt der Predigt eine bestimmte Gestalt. Sie kann dann wahrgenommen werden, und damit zugleich Wahrnehmung ermöglichen, Wahrnehmung der Wirksamkeit Gottes. Ich will das noch einmal kurz verdeutlichen an dem Aufbau der Predigt zu Röm 5,1–5. In der Einleitung waren da die zwei Schritte des Glaubens genannt; man könne nicht den zweiten Schritt vor dem ersten machen. Man dürfe sich aber auch nicht bei dem ersten Schritt beruhigen. Hier wird nun im ersten Teil der Predigt, der vom ersten Schritt des Glaubens handelt, die Zeit des Hörers in Hinsicht auf seine religiöse Selbstwahrnehmung und sein religiöses Verhalten behandelt. Den ersten Schritt des Glaubens muß einer gehen lernen, so, daß er sagen kann: Ich bin stolz darauf, zu Jesus zu gehören. Das geschehe im Absehen von der eigenen Sünde, wie von der eigenen Eitelkeit. Es geschehe so, daß einer auf Jesus blickt, ihn immer besser kennenlernt aus der Schrift, die ihn bezeugt. Es geschehe so, daß einer durch Jesus mit dem Vater im Gebet beredet, was er erfährt, Freude und Kummer, Sorge und Hoffnung. Die Zeit des Hörers kommt hier also in ihrer positiven religiösen Bestimmtheit zur Sprache als dieser erste Schritt des Glaubens. Damit ist ein geläufiges, theologisch gesehen freilich defizientes Glaubensverständnis aufgenommen. Es handelt sich da um die fides als Werk, den Glauben als eine Bestimmung des Subjekts, qualitas in nobis (vgl. Friedrich Mildenberger, Grundwissen der Dogmatik, 1982, S. 166). Dabei geht es um das Wissen von Glaubensinhalten, die notitia in mente, und die willentliche Zustimmung, assensus in voluntate. Diesen assensus nennt die Predigt insbesondere mit ihrem Verweis auf das Gebet, das einen solchen assensus einübt. Auch hier ist also die Zeit des Hörers auf die Zeit Gottes hin ausgerichtet.

Doch muß nun auch die Zeit des Evangeliums, die Zeit des Glaubens im eigentlichen Sinne, die fides iustificans bzw. die fides als Beziehung genannt werden. Dazu redet die

Predigt weiter vom zweiten Schritt des Glaubens. Diesen Schritt könne einer nicht von sich aus gehen, vielmehr müsse er diesen Schritt geführt werden. Da gehe es, wie Paulus beschreibt, aus der Zuversicht in die Angst, aus der Weite in die Enge, aus der Freude in die Trübsal. Aber gerade so werde der Glaube leibhaftig; in der Angst, in der bösen Zeit, die keiner sucht, die er vielmehr meiden will. »Nun ist sie da. Nun preßt es dir fast die Luft ab, und du kannst nur noch stöhnen. Doch gerade dazu sagt der Apostel Paulus: Auf diese Trübsal sind wir stolz. ›Wir rühmen uns der Trübsale, weil wir wissen, daß Trübsal Geduld bringt, Geduld aber bringt Erfahrung, Erfahrung aber bringt Hoffnung, Hoffnung aber läßt nicht zuschanden werden.‹ Solche Erfahrung ist der zweite Schritt des Glaubens. Diesen Schritt geht man nicht selbst, man wird ihn geführt. Da kommst du zusammen mit Christus, so eng, daß nichts mehr dazwischengeht. Wie wenn einer zwei Werkstücke verleimt, so ist das: Je stärker der Druck ist, desto besser hält es dann auch.« So wird hier Zeit des Hörers auf die Zeit des Evangeliums bezogen, indem diese Erfahrung genannt wird. Die fides als Qualität des glaubenden Subjekts wird dabei in der Rede verbunden mit der fides als Beziehung zu Christus: Die Predigt redet da vom ersten und vom zweiten Schritt des Glaubens. Zugleich wird aber auch die Unterscheidung festgehalten: Den ersten Schritt des Glaubens kann einer gehen, den zweiten Schritt dagegen wird er geführt.

Die Predigt versucht nun in einem dritten Teil, auch die Zeit des Hörens, die Zeit des Gottesdienstes mit Predigt und Sakramentsfeier, ausdrücklich in dieses Gefüge der Zeiten einzubeziehen. Zwischen dem ersten Schritt des Glaubens, den wir gehen, und dem zweiten Schritt des Glaubens, den wir geführt werden, stehe dieser Gottesdienst mittendrin: Wir mit unserem Wissen und Wollen und Fühlen, in dem wir bei uns selbst sind, jeder bei sich; und doch zugleich zusammengeführt, höchst unterschiedliche Leute. Die haben wir uns nicht ausgesucht, und gehören nun doch mit ihnen zusammen. Wer stolz darauf ist, daß er zu Christus gehört, der gehört auch zu seiner Gemeinde. Sondere dich nicht ab, innerlich oder äußerlich, weil dir der oder jener nicht paßt: Dieser Imperativ ist hier dann schon am Platz. Und Gottes Nähe ist da, von uns gesucht; wir gehen zum Gottesdienst und zum Tisch des Herrn. Aber zugleich lassen wir uns das Wort sagen, und Brot und Wein reichen.

Sicher darf man daraus nun auch wieder nicht eine Regel machen, daß das Gefüge der Zeiten, wie es in dieser Predigt geschehen ist, so ausdrücklich den Aufbau bestimmt. Aber da wir ja in unserem Predigen die Zeiten unterscheiden und verknüpfen, sollte das auch bewußt geschehen. Und es darf dann ruhig auch so geschehen, daß die Hörer etwas davon wahrnehmen. Denn nur in einer solchen Unterscheidung der Zeiten kann dann Tun und Empfangen, Gehen und Geführt-werden unterschieden werden. Wer darauf nicht achtet, wer mit seinem Denken und mit seinem Reden die Zeiten durcheinanderwirft, der macht den Glauben zur geforderten Entscheidung, weil er meint, der gehöre doch hinein in die Zeit des Hörens und in die Zeit des Hörers. Und er macht erst recht das Evangelium zum Gesetz, weil er so tut, wie wenn jetzt und immer Zeit des Evangeliums wäre.

3. Gedanke und Gestaltung

Was bisher zum Aufbau der Predigt gesagt wurde, hatte Sachentscheidungen zur Voraussetzung: Was will ich erreichen? Wie kann ich es erreichen? Wie lassen sich in

Ausführung des Predigttextes die Zeiten richtig verknüpfen? Wie gewinne ich die Aufmerksamkeit des Predigthörers so, daß das in der Einleitung gesetzte Signal hineinweist in die Ausführung der Predigt, und in seiner Wiederholung im Gang der Predigt, mindestens im Schlußabschnitt, verstärkt und vertieft, was gesagt und gehört werden soll? Diese Sachentscheidungen sind unumgänglich. Und wenn hier klare Alternativen erfaßt worden sind, und die Entscheidung begründet ist, dann muß das der Predigt zugute kommen. Doch ist solches Nachdenken über den rechten Aufbau der Predigt noch nicht zureichend, um über die Gestaltung Rechenschaft zu geben. Mitkommen heißt nicht nur Nach-Denken, was ein anderer vorsagt. Es muß einer ganz und gar dabei sein, wenn er mitkommen will. Das gilt gerade dann, wenn die Zeit des Evangeliums zur Sprache kommt. Darum will ich hier noch einmal ausdrücklich darauf aufmerksam machen, welche Möglichkeiten dazu gegeben sind. Evangelium hat immer ein bestimmtes Geschehen als Inhalt. Es ist Nachricht von dem, was geschehen ist, oder Ankündigung dessen, was geschehen wird. »Denn Evangelium ist ein griechisch Wort und heißt auf deutsch: Gute Botschaft, gute Märe, gute Neuezeitung, gut Geschrei, davon man singet, saget und fröhlich ist. Als da David den großen Goliath überwand, kam ein gut Geschrei und tröstliche Neuezeitung unter das jüdische Volk, daß ihr greulicher Feind erschlagen und sie erlöset, zu Freude und Friede gestellet wären. Davon sie sungen und sprungen und fröhlich waren. Also ist das Evangelium Gottes und neu Testament ein gute Märe und Geschrei, in alle Welt erschollen durch die Apostel, von einem rechten David, der mit der Sünde, Tod und Teufel gestritten und überwunden habe, und damit alle die, so in Sünden gefangen, mit dem Tode geplagt, vom Teufel überwältigt gewesen, ohn ihr Verdienst erlöset, gerecht, lebendig und selig gemacht hat, und damit zu Frieden gestellet, und Gott wieder heimbracht. Davon sie singen, danken, Gott loben und fröhlich sind ewiglich, so sie das anders feste glauben und im Glauben beständig bleiben« (Luther, Vorrede auf das Neue Testament).

Das Geschehen, von dem das Evangelium Nachricht gibt, macht frei, erlöst vom Bösen, läßt mit Gott ins Reine kommen. Darum spricht die Predigt des Evangeliums die Zeit der Hörer mit der Zeit des Evangeliums zusammen. Der Prediger denkt darüber nach, wie er das in der Ausführung seines Predigttextes richtig machen kann. Hoffentlich kommt ihm dann auch der rechte Gedanke. Und hoffentlich faßt er diesen Gedanken zureichend klar, damit er ihn dann auch auszuführen vermag. Predigtvorbereitung ist ein Nachdenken. Sie ist Reflexion, und wenn es zu einer gekonnten Predigt kommen soll, ist sie gekonnte Reflexion, auf jeden Fall theologisch gekonnt. Aber doch auch so, daß dabei die rechte Sprache gefunden und die notwendigen Entdeckungen gemacht werden, die der Predigt Gestalt und Farbe verleihen. Es wäre aber ein fataler Kurzschluß, wenn die Predigt dann so projektiert würde, daß sie selbst eben dieses Nachdenken fortsetzte, nun den gefaßten Predigtgedanken in der Predigt mitteilte. Nun will ich gewiß den Gedanken nicht gering schätzen. Viele Predigten geben mir viel zu wenig zu denken auf. Und die geläufige Klage, der evangelische Gottesdienst spreche nur den Verstand an, ist zwar in bestimmten Hinsichten begreiflich. Aber oft genug wäre es besser, wenn man seinen Verstand vor der Kirchentür zurücklassen könnte; dann müßte ich mich wenigstens nicht so ärgern über das ungereimte Zeug, das da als Predigt ausgegeben wird.

Doch bei aller Schätzung gedanklicher Präzision und logischer Klarheit: Sie allein kann nicht zum Verstehen führen, auf das die Predigt aus ist. Wir fragen uns zu Recht: wie kann der Predigthörer das verstehen, was ich sagen will? Da ist auf die Worte zu achten, die ich wähle; mögliche Mißverständnisse sind einzukalkulieren und man kann sich dann fragen, wie diese Mißverständnisse von vornherein zu vermeiden sind. Doch sollten wir uns hüten, bei unserer Frage nach der Gestalt der Predigt solches Verstehen zu intellektuell zu fassen. Statt vom Verstehen will ich deshalb jetzt vom Mitkommen reden: Wie können die Leute mitkommen, wenn ich predige? Es ist dann gut, wenn diese Metapher vom Mitkommen noch ein wenig ausgeführt wird: Wo muß ich die Leute abholen? Wie kann ich sie einladen, mitzugehen? Wo wollen wir miteinander bleiben? Was ist das Ziel des Weges? Schließlich sollen die Hörer ja dort wieder verabschiedet werden, wo ich sie zunächst abgeholt habe. Sicher ist das in seiner Metaphorik zunächst wieder nur sehr formal gesagt. Doch kann es schon die Überlegungen zum Verstehen weiterführen.

Mitkommen – wohin? Die Antwort läßt sich schon geben: In die Zeit des Evangeliums, in seine Gegenwart sollen die Hörer mitkommen. Sie selbst, so, daß ihre Zeit schon mit dabei ist. Aber doch zugleich so, daß sie in der Zeit des Hörens, in diesen paar Minuten, die die Predigt dauert, eben nicht bei sich verweilen, sondern beim Evangelium. Das soll die Predigt leisten. Und wird darum zu fragen haben, in welcher Gestalt diese Zeit des Evangeliums da sein soll, als Einladung, mitzukommen. Die gedankliche Darlegung, lehrhafte Rede, ist dabei sicher nur eine mögliche Gestalt, und sie wird oft genug nicht zureichen, um die Hörer zum Mitkommen zu bewegen. Vor allem besteht hier dann die Gefahr, daß statt dem Evangelium ein Nachdenken über das Evangelium angeboten wird. Statt zu trösten mit dem Evangelium, redet die Predigt darüber, daß das Evangelium ein Trost sei, statt die Sünde aufzudecken und zu strafen, redet die Predigt über die Sünde, und daß die aufgedeckt und gestraft werden müsse, usw. Alles solche »Reden über«, so schwer es sich oft vermeiden läßt, macht das Mitkommen schwer, fast unmöglich. Unsere theologische Reflexion, auch diese Predigtlehre, die ich hier vortrage, ist ein solches »Reden über«. Und weil wir Theologie als solches Reden gelernt und eingeübt haben, sind wir geneigt, damit dann weiterzumachen, wenn es ans Predigen geht. Aber da wird durcheinandergeworfen, was unterschieden werden muß. Auch wenn es mancher behaupten mag, seine Theologie sei Zeugnis, identifizierende Rede, und die Predigt sei doch auch Zeugnis, identifizierende Rede (vgl. Gerhard Ebeling, Theologie und Verkündigung, HUT 1, 1962, 11 f), und also sei Theologie und Verkündigung das gleiche: Hier wird vermischt, und das bekommt dann weder der Predigt noch der Theologie.

Bleiben wir dabei: Lehrpredigt ist eine schwierige Sache, weil sie immer in der Gefahr ist, über das Evangelium zu reden, statt dieses Evangelium so zu sagen, daß die Hörer wirklich mitkommen. Viel leichter und williger werden sie mitkommen, wenn die Predigt zu erzählen weiß. Da braucht es keine lange Einladung. Wir gehen gerne mit, weil wir doch alle neugierige Leute sind, und nie genug vom Leben erfahren können – gerade wenn das ein gut erzähltes und gekonnt besprochenes Stück Leben ist. Was wir in der Predigt erzählen, muß aber passen. Es soll nicht bloß wahr sein; es muß zu dem stimmen, was einer als Evangelium in der Ausführung seines Textes zu sagen hat. Dazu genügt es nicht, eben irgendeine Story zu bringen, am liebsten als Einleitung, um damit die Hörer zu fesseln. Mancher putzt seine Predigt mit Geschichtchen auf, und nachher fragt man sich: Was sollte das? Ich will dazu einmal ein wenig typisieren: Da gibt es Geschichten, nur eben aus dem Leben genommen, aus der Zeit der Hörer. Diese Geschichten dienen in aller Regel dazu, den Satz: »so sind wir Menschen nun einmal« in bestimmter Hinsicht zu verdeutlichen und zu unterstreichen. Das haben wir aber vorher schon gewußt. Wenn also eine solche Geschichte erzählt wird, dann möglichst knapp und ohne viel Gewicht. Denn wenn von der Predigt dann nur eben diese

Geschichte bleibt, die illustriert, was wir sowieso schon gewußt haben: Das ist zu wenig. Eine zweite Art von Geschichten erzählt von der Zeit des Evangeliums, davon, wie Menschen in die Zeit des Evangeliums Einlaß gefunden haben. Es ist legitim, auch davon zu erzählen. Doch ist es eine gefährliche Sache. Vor allem dann, wenn ein Prediger meint, er müsse in dieser Hinsicht von sich selbst erzählen können; und besonders peinlich kann das werden, wenn einer sich selbst dann in eine Geschichte hineinbringt, die er irgendwo aufgelesen hat. Das soll man nicht tun, auch dann nicht, wenn es eine gute Geschichte ist. Beispielsammlungen für den Prediger wie den Katecheten gibt es schon. Aber ich habe da oft vergeblich nachgesucht. Fromme Geschichten, das ist kein einfacher literarischer Stoff! Und ehe einer eine schlechte Geschichte vorbringt, sollte er lieber darauf verzichten. Er muß ja nicht nur seine Hörer in diese Geschichte hinein mitkommen lassen; sie soll dem Evangelium nahebringen. Schließlich sind hier noch die biblischen Geschichten zu nennen. Das sind oft recht weiträumige Geschichten, auch wenn sie nur ein paar Verse ausmachen. Hier kann das Nacherzählen gerne eine ganze Predigt dauern. Freilich wird gerade dabei dann sorgfältig darauf zu achten sein, daß und wie die Hörer mitkommen. Es gibt eine Art des historisierenden Umgangs mit den biblischen Geschichten, die nur verfremdet. Das gerade in der Betonung des uns nicht Geläufigen, der Betonung von Kulisse und Kostüm, wie wenn es darauf ankäme. Weil wir mit unserer Zeit dabei sind, wenn wir in die biblische Geschichte mitkommen sollen, muß uns das der erzählende Prediger auch ermöglichen. Nicht nur in Gedanken soll einer ja mitkommen, sondern auch mit dem Herzen: Mit dem Affekt soll er dabei sein, ganz dabei sein! Ob es gelingen kann, daß die Leute dann lachen oder weinen, je nachdem, wie die Geschichte gerade läuft? Das ist ja der Vorsprung der Erzählung vor der gedanklichen Darlegung, daß sie gerade auch den Affekt mit beteiligt.

Mitkommen heißt dort, wo Geschichten erzählt werden, in das mitkommen, was gewesen ist. Soweit muß es kommen. Denn es gehört zum Evangelium, daß es die gute neue Mär sagt: »Euch ist ein Kindlein heut geborn.« Und dieses Heute ist ein vergangenes Heute, erinnernd vergegenwärtigt. Es holt in diesem Fall, wenn wir Luthers Kinderlied auf die Weihnacht singen, in die Situation der Hirten hinein, die hören, und dann aufbrechen, und wir mit, und anbeten, und wir mit. Doch nicht nur in der alttestamentlichen Perspektive ist das Evangelium auch Verheißung des noch ausstehenden Tuns Gottes. Da hieße dann mitkommen, daß sich die Hörer mit dem Prediger in die Zukunft hinein aufmachen. Auch das kann erzählend geschehen; denken wir an den Seher der Johannesoffenbarung, der seine Geschichte erzählt, und damit vorwegnimmt, was kommen wird. Wir sind wohl alle keine apokalyptischen Visionäre. Doch wir haben unsere Träume, und ist der Prediger ein guter Träumer, dann darf er seine Hörer schon auch mitnehmen in seine Träume, wie Martin Luther King in seiner berühmten Rede: »I have a dream.« Mitkommen lassen hieße in diesem Fall, daß die Zeit der Hörer in die Zukunft so hineingenommen wird, daß sie ihre Negativität verliert. Was da im Licht des Evangeliums sich verändert, muß und kann besprochen werden, so besprochen werden, daß nicht nur der Kopf mit dabei ist, sondern auch das Herz. Das heißt dann bei M. L. King etwa so: »Ich habe einen Traum, daß eines Tages auf den roten Hügeln von Georgia die Söhne früherer Sklaven und die Söhne früherer Sklavenhalter miteinander am Tisch der Brüderlichkeit sitzen können. Ich habe einen Traum, daß sich eines Tages selbst der Staat Mississippi, ein Staat, der in der Hitze der Ungerechtigkeit und Unterdrückung verschmachtet, in eine Oase der Freiheit und Gerechtigkeit verwandelt. Ich habe einen Traum, daß meine vier kleinen Kinder eines Tages in einer Nation leben werden, in der man sie nicht nach ihrer Hautfarbe, sondern nach ihrem Charakter beurteilen wird ... Ich habe einen Traum, daß eines Tages in Alabama, mit seinen bösartigen Rassisten ..., daß eines Tages genau dort in Alabama kleine schwarze Jungen und Mädchen die Hände schütteln mit kleinen weißen Jungen und Mädchen als Brüder und Schwestern. Ich habe heute einen Traum ... Ich habe einen Traum, daß eines Tages jedes Tal erhöht und jeder Hügel und Berg erniedrigt wird. Die rauhen Orte werden geglättet und die unebenen Orte begradigt werden. Und die Herrlichkeit des Herrn wird offenbar werden, und alles Fleisch wird es sehen. Das ist unsere Hoffnung. Mit diesem Glauben kehre ich in den Süden zurück. Mit diesem Glauben werde ich fähig sein, aus dem Berg der Verzweiflung einen Stein der Hoffnung zu hauen.«

Das ist ja gemeint, wenn von »Mitkommen« die Rede ist, daß wir nicht bloß Gedanken mitteilen, daß vielmehr gerade auch eine affektive Bestimmung mit dabei ist, gemeinsame Ausrichtung auf das Evangelium und auf den Herrn, von dem das Evangelium redet. Läßt die Erzählung mitkommen in Geschehenes, und die Verheißung in Kommendes, so das Lob in Gegenwärtiges. Ich will das ausdrücklich nennen, gerade weil wir solches Reden, solchen Lobpreis, kaum mehr beherrschen. Als Beispiel führe ich einen Abschnitt aus einer Predigt von Ludwig Hofacker an. Gerade bei ihm kann man solches Reden lernen, das ins Loben mitkommen läßt. Die Predigt geht über die Gleichnisse vom verlorenen Schaf und vom verlorenen Groschen, und Hofacker hat als Thema angegeben, daß des Menschen Sohn gekommen ist, zu suchen und selig zu machen, das verloren ist. »O das ist erstaunlich! Die Ewigkeit wird's verkündigen; es wird hinabdonnern in die tiefen Ewigkeiten von dem großen Heile der Sünder, daß Jesus, Gottes Sohn, gekommen ist, sie selig zu machen! Ein Seraph sagt es dem anderen, ein Seliger ruft's dem andern zu, und von des Thrones Stufen rufen sie es mit Hallelujah durch alle Himmel, daß das Lamm erwürgt ist für die Sünder, und gekommen, zu suchen und selig zu machen das Verlorene! Der Apostel kann diese große Liebe nicht ergründen, noch gebührend schildern; der große Paulus verliert sich in der Länge, Breite, Tiefe und Höhe dieser Gnade und erstaunlichen Herablassung, und ruft aus: ›O welch' eine Tiefe; welch' ein Reichtum!‹ Und an einer andern Stelle weiß er's nicht groß genug zu machen, und ruft: ›Das ist ja gewißlich wahr und ein teuer wertes Wort, daß Christus Jesus gekommen ist in die Welt, Sünder selig zu machen!‹ – Ja, liebe Zuhörer! Davon predigen alle Apostel, davon predigen die Himmel – und ich sollte nicht auch davon zeugen? Sollte denn dieses Wort, in eine schlafende Sünderwelt hineingerufen, nicht den Toten das Leben geben können? Sollten nicht Aller Füße sich aufmachen, dem Sünderfreunde, dem Freunde der Verlorenen, zuzueilen? O wie freut es mich, daß auch alle meine verlorenen Brüder und Schwestern von ihm gesucht und selig gemacht werden können, daß Er uns Alle, uns verlorne Sünder erkauft hat! Das kann ich brauchen, daß ein solch hohepriesterlich teures Herz für uns Arme schlägt! ... Es ist anbetungswürdig, daß den armen Geistern das teure Evangelium gepredigt wird, daß die hungrigen, blöden Geister satt werden sollen aus der Fülle Jesu Christi, und daß die satten, stolzen Geister nichts haben.« Da läßt einer seine Hörer mitkommen zum Evangelium, mit dem Herzen mitkommen, indem er selbst aus vollem Herzen die Gnade Gottes in Jesus Christus rühmt. Auch wenn das nicht unsere Sprache ist, wenn wir es anders sagen müßten: Ich sehe hier eine Möglichkeit, die wir viel zu wenig wahrnehmen.

Predigen kommt aus dem Nachdenken. Es ist eine harte Gedankenarbeit, eine Predigt vorzubereiten, und es ist kein Schade, wenn man das einer Predigt auch noch anmerkt, daß sie sorgfältig durchdacht worden ist. Besser ist es freilich, wenn die Mühe des Denkens dort vorbei ist, wo die Predigt gehalten wird, und die Gestaltung der Rede sich frei und selbstverständlich gibt. Auf jeden Fall aber sollte bei solcher Gestaltung das Mitkommen leicht sein. Nicht nur ein Verstehen von Kopf zu Kopf, bei dem die Gedanken zum Text, die dem Prediger gekommen sind, weitergegeben werden. Sondern ein Mitkommen in die Zeit des Evangeliums, das gerade auch die Affekte dessen, dem da gepredigt werden soll, mit beteiligt. Sicher gibt es gerade da dann auch wieder spezifische Gefährdungen der Predigt und des Predigers: daß er es nur noch auf einen affektiven Einklang mit seiner Gemeinde anlegt, und dann vielleicht die Zeit des Hörens mit seinen Hörern beisammen ist. Aber dabei kommen Prediger und Gemeinde nicht von der Stelle, sondern bleiben bloß noch in der Wärme ihrer affektiven Übereinstimmung hocken. Da geht dann nichts mehr. Und Mitkommenlassen hieße ja gerade, zum Gehen zu bewegen.

§ 10   Der Vollzug der Predigt

Wann hat der Prediger seine Predigt fertig? Weil mein Vater immer, wenn er zu predigen hatte, am Samstag bis tief in die Nacht hinein über seiner Predigt gesessen ist, habe ich mir vorgenommen, es anders zu machen. Und von einigen Ausnahmen abgesehen, bin ich mit der Predigt immer schon am Freitagabend fertig gewesen. Das heißt freilich nur so viel, daß da die Predigtvorbereitung so weit gediehen war, daß ein wörtlich ausgearbeitetes Predigtmanuskript vorhanden war. Die Predigt war damit noch lange nicht fertig. Deshalb war es gut, daß dann der Samstag kam, an dem allerhand in Amt, Haus und Garten zu tun war, das selten volle Aufmerksamkeit erforderte. So konnte die Predigt weiter reifen, einzelne Stücke und das Ganze. Fertig ist die Predigt erst, wenn sie gehalten ist. Und da ich in der Regel zweimal zu predigen hatte, habe ich am Sonntagmorgen zwei Predigten verfertigt. Ich erinnere dazu an das, was ich zum Stichwort »Kanzeltausch« schon gesagt habe: Es ist gut, wenn die Predigt im Vollzug erst richtig entsteht, hier ihre wahrnehmbare Gestalt gewinnt, neu und passend in dieser Stunde, an diesem Ort, für diese Gemeinde. Es kann sein, daß ein Prediger sein passend ausgearbeitetes Manuskript so vorliest, daß auch hier die Spontaneität der Gestaltung wahrgenommen werden kann. Es ist ja gewiß nicht gleichgültig, wer ein solches Manuskript vorträgt! Aber ich denke doch, das ist ein Notbehelf, und das Ziel sollte immer der freie Vortrag sein. Auf jeden Fall ist eine Predigt erst fertig, wenn sie gehalten ist. Ich nenne dazu die Arbeitsstadien des Redners, wie sie die antike Rhetorik festgestellt hat: 1. die inventio, 2. die dispositio, 3. die elocutio, die Ausarbeitung, 4. die memoria, bei der die ausgearbeitete Rede dem Gedächtnis eingeprägt wird, 5. pronuntiatio, der Vortrag der Rede. Wer zu predigen hat, sollte sich das merken: Ist er mit dem dritten Schritt am Ende, und hat also seine Predigt ausgearbeitet, so folgen noch zwei wichtige Schritte: Die Vorbereitung des Vortrags, bei der sich der Prediger einprägt, wie er die ausgearbeitete Predigt als hörbare Rede gestaltet, und der Vortrag selbst.

1. Die Predigt als gesprochene Rede

Wenn wir uns miteinander unterhalten, kommt es immer wieder zu Rückfragen: »Was hast du da eben gesagt?« »Habe ich recht verstanden, daß du das so gemeint hast?« »Sag das doch bitte noch einmal; hier bin ich noch nicht ganz mitgekommen.« Das geschieht meist ganz unwillkürlich, und wir bemerken kaum, wie die Verständigung im Gespräch von solchen Momenten durchsetzt ist, in denen wir uns vergewissern, ob wir selbst und unsere Gesprächspartner mitkommen und dabeibleiben. Wenn wir einen Text lesen, dann bestimmen wir selbst das Tempo der Rezeption und haben die Möglichkeit, auf schon Gelesenes noch einmal zurückzukommen, wenn es sich herausstellt, daß wir noch nicht ganz mitgekommen sind. Diese Möglichkeiten gibt es bei der Predigt wie bei jeder Rede nicht. Was muß an ihre Stelle treten, damit die Predigt wahrgenommen und aufgenommen werden kann? Die Antwort geht vom Sprechtechnischen aus, muß dann aber weiterführen zu weiteren Möglichkeiten der Verständigung. Dabei wird gelten: Die Predigt nimmt Rücksicht auf die, die sich mit dem Mitkommen besonders schwer tun.

Eine erste Regel dazu will ich so formulieren: Du sollst deutlich reden! Es ist nicht bloß eine Äußerlichkeit, und auch nicht bloß eine Sache der Schulung, daß einer sauber artikuliert, wenn er auf der Kanzel zu reden hat. Wird hier geschlampt, dann hat das oft genug den Grund, daß einer auch nicht so ganz sicher ist bei dem, was er zu sagen hat. Zwischen dem Achten auf Verständigung im physiologisch-technischen Sinn und dem Achten darauf, ob die Leute dann auch ganz mitkommen, besteht ein sehr enger Zusammenhang. Laut genug und deutlich genug zu reden, will gelernt und eingeübt sein. Es ist wichtig, schon wegen der Zusammensetzung unserer Gemeinden. Wir haben ja viele ältere Leute im Gottesdienst. Und die tun sich mit dem Hören oft nicht leicht. Dazu kommt, daß technische Hilfen zum Hören viel weniger in Anspruch genommen werden als zum Sehen. Eine Brille gehört zu den Selbstverständlichkeiten, mit denen wir leben. Aber wer setzt sich schon gerne in der Kirche auf die Bank für die Schwerhörigen, auch wenn die eingerichtet ist, und stülpt sich dann auch noch einen Kopfhörer über, wenn der Pfarrer mit seiner Predigt beginnt? So schlecht hört man doch noch nicht! Gerade für solche Menschen muß einer laut genug und vor allem überdeutlich reden. Man kann sich dabei komisch vorkommen, weil wir sonst ja auf eine korrekte Artikulation kaum achten und so reden, wie es eben herauskommt. Aber das sollte man dann um der Schwachen willen schon auf sich nehmen. Ich erinnere mich kaum an Prediger und Predigten, bei denen ich gedacht habe: Ein bißchen weniger deutlich und korrekt im Artikulieren hätte es auch getan, und vor allem hätte die Predigt dann natürlicher gewirkt. Ein unnatürliches Kanzelpathos ist eine andere Sache. Ich erinnere mich aber vieler Predigten, die zu leise, und die vor allem auch undeutlich gesprochen wurden. Und darunter waren manche, die es durchaus verdient hätten, laut und deutlich gehalten zu werden.

Deutlich reden heißt aber auch, genügend oft das zu wiederholen, worauf es ankommt. Gerade weil sich der Prediger nicht vergewissern kann, daß er auch wirklich verstanden wurde, tut er gut daran, etwas lieber einmal zu oft als einmal zu wenig zu bringen. Wer seine Predigt auf der Kanzel neu gestaltet und deshalb einen ständigen Blickkontakt zu seinen Zuhörern hat, tut sich da viel leichter, als wer seine Aufmerksamkeit ständig zwischen dem Manuskript und den Hörern teilen muß. Er kann dann bemerken, ob die Leute mitgekommen sind, oder ob er ihnen noch einmal mit ein, zwei Sätzen entgegenkommen muß. Wiederholen, Zusammenfassen, auch die Einteilung der Predigt Markieren gehört zu einem deutlichen Reden! Und auch hier gilt, wie bei der Artikulation: Lieber etwas zu viel als zu wenig. Ich predige ja auch für die, die schwer mitkommen, weil sie das Hören nicht gewohnt sind. Deshalb muß ich darauf achten, was die schon mitbekommen haben; und werde, wenn ich mich auf etwas beziehe, was ich schon gesagt habe, lieber noch einmal wiederholen, als zu riskieren, daß dieser Bezug nicht wahrgenommen werden kann. Das gilt besonders auch dort, wo ich mich auf den Text oder bestimmte Passagen dieses Textes beziehe. Auch da ist es dann gut, wenn ich den betreffenden Wortlaut noch einmal anführe.

Als eine zweite Regel formuliere ich: Du sollst freundlich reden! Natürlich gehört schon das deutliche Reden zu dieser Freundlichkeit. Denn es ist unfreundlich, wenn ich einem Menschen etwas sage, was er nicht mitbekommen kann. Zur freundlichen Rede gehört dann aber zunächst, daß ich dem Zuhörer Zeit lasse, mitzukommen. Das fängt damit an, daß einer nicht zu hastig redet. Es kann natürlich sein, daß der Duktus der Rede auch einmal eine Temposteigerung verlangt; aber das ist dann eine ganz andere Sache. Zeit lassen fängt also bei der Art und Weise an, wie ich spreche, nicht nur deutlich und laut genug, sondern auch langsam genug. Doch handelt es sich auch hier nicht bloß um die Art und Weise des Vortrags, das Tempo, das für die Predigt angemessen ist.

Zeit lassen heißt auch, die Zuhörer nicht überfallen mit einer Fülle von Gedanken, einer Fülle von Bildern; ich habe schon davon geredet, daß die Sprache der Predigt verweilen läßt. Eine solche Redeweise wird dann auch nicht mit der Fülle dessen, was gesagt werden soll, überfordern. Vor allem darf es da nicht zu rasche und abrupte Wendungen geben. Die müssen vorbereitet werden, und dann sollte einer Neues, was er zu sagen hat, Schritt für Schritt einführen. Der Prophet Jona war nicht nur ein unwilliger, sondern auch ein sehr unfreundlicher Prediger. Als ihm nichts mehr anderes übrigblieb, als nun doch Gott zu gehorchen, da marschierte er eben eine Tagereise weit hinein in die große Stadt Ninive. Und das reichte ihm dann – nicht einmal bis in die Mitte bemühte er sich. Und dann sagte er gerade nur sein Sprüchlein: »Es sind noch vierzig Tage, so wird Ninive untergehen.« Der rechte Prophet, der mit dem Herzen dabei ist bei seinem Gotteswort wie bei seinen Hörern, der hat sich da ganz anders Mühe gegeben; Beispiele brauche ich jetzt nicht anzuführen.

Freundlich reden heißt auch die Zuhörer nicht anführen. Wenn einer voll Ironie steckt, hat er es darum nicht leicht auf der Kanzel. Denn ironisch zu werden, das ist ein sehr wirkungsvolles Mittel der Rede; und jeder wird es gerne auch einmal auf der Kanzel einsetzen, wenn ihm dieses Mittel zur Verfügung steht. Aber das ist eine schwierige Sache; die ironische Wendung muß ja so deutlich sein, daß jeder merkt: Aha, da wird er ironisch! Und zwar sollte das jeder Zuhörer rechtzeitig merken. Sonst steht oder sitzt er ja dumm da. Sicher merkt das außer ihm niemand. Aber wenn ich predige, will ich ja nicht, daß einer von denen, zu denen ich rede, irgendwann im Verlauf dieser Rede dumm dasitzt. Ich will, daß meine Zuhörer gerne und willig mitkommen. Es wäre unfreundlich von mir, wenn ich sie dann unterwegs durch irgendeinen flotten Schlenker abschüttelte. Es ist deshalb auch nicht gut, in der Predigt zu schimpfen. Wir haben als Prediger sicher Anlaß genug, auch harte Dinge zu sagen. Wo es um Sünde und Gnade geht, um Tod und Leben, da darf einer nicht bloß loben und seine Zuhörer (zu denen er selbst mit gehört) bestätigen. Doch es ist eine ganz andere Sache, wenn der Prediger zu schimpfen beginnt, auf die, die unter seiner Kanzel sitzen, oder erst recht auf die, die nicht unter der Kanzel sitzen. Sicher gibt es viel Grund zum Ärger. Aber die Predigt ist sicher nicht der Ort, um solchen Ärger dann loszuwerden. Sie soll etwas von der φιλανθρωπία Gottes widerspiegeln, der Freundlichkeit und Leutseligkeit Gottes, unseres Heilandes, die in Jesus Christus, seinem fleischgewordenen Wort erschienen ist, um uns zu retten. Darum soll die Predigt von diesem Gott freundlich reden.

2. Die Predigt als gestaltete Rede

Es ist lästig, wenn einer, wie man so sagt, ohne Punkt und Komma daherredet. Es ist aber auch lästig, wenn einer Komma und Punkt dorthin setzt, wo sie nicht hingehören. Nicht nur das geschriebene Wort verlangt nach einer sinnvollen Gliederung, sondern erst recht das gesprochene Wort. Hier muß die Gliederung in der Sprachmelodie kenntlich werden. Das kann aber nur dann richtig geschehen, wenn es eingeübt ist. Wer nicht frei predigt, sondern sein Manuskript vorliest, ist da in einer schwierigen Lage. Er kann sich die richtige Betonung zwar durch irgendwelche Zeichen auch optisch markieren. Aber das ist immer nur ein Notbehelf. Der Sinn des gesprochenen Wortes soll in der Gestaltung der Sprachmelodie herauskommen. Dazu muß ich selbst ganz dabei sein; sonst wirkt das Reden leicht gekünstelt. Und ganz dabei bin ich, wenn ich mich auf das konzentriere, was ich jetzt gerade sagen will. Da schadet es dann gar nichts, wenn die Zuhörer merken: Jetzt sucht er nach dem richtigen Wort. Auch ein Anakoluth stört da nicht, kann das Zuhören und Auffassen u. U. sogar erleichtern. Nicht einmal ein kurzes Stocken, das anzeigt, wie einer beim Reden nachdenkt, ist lästig. Anders ist es natürlich, wenn der Prediger steckenbleibt, oder wenn er den Faden verliert. Aber das hängt nicht daran, daß einer frei spricht, sondern eher daran, daß er sich nicht genügend vorbereitet hat, vor allem sich nicht genügend Zeit dazu genommen hat, zu memorieren. Wer vorliest, was er sich aufgeschrieben hat, dem wird das nicht so leicht passieren, es sei denn, er vertauscht seine Blätter, oder er verrutscht beim Ablesen um ein paar Zeilen. Bei ihm dagegen besteht die Gefahr, daß die Zuhörer hängenbleiben, nicht mitkommen, stolpern, wenn sich eine sinnwidrige Sprechweise einschleicht. So oder so sollte das Sprechen der Predigt eingeübt werden, im ganzen wie in einzelnen Passagen, auf die es besonders ankommt, oder die besonders schwierig vorzutragen sind. Es soll ja eine wahrnehmbare Gestalt herauskommen, wenn wir reden.
Nicht nur Punkt und Komma sollen am richtigen Ort stehen, wenn wir unsere Predigt gestalten. Die Grammatik hat da ihr Recht; freilich dann eine Grammatik des Sprechens und nicht des Schreibens. Doch die lernt sich schon, wenn wir beim Zuhören auf das achten, was Mühe macht, oder was erleichtert. Und wenn wir uns dann selbst zuhören, beim Einüben der Predigt etwa. Wir werden dann einfachere Sätze bilden; werden das Hauptzeitwort nach vorne ziehen, in die Nähe seines Subjektes, werden es auf keinen Fall durch einen oder gar mehrere Nebensätze von diesem Subjekt trennen; wir werden nicht so viel in einen Satz hineinpacken, sondern lieber zwei oder drei Sätze machen. Wichtiger noch als diese Grammatik der Rede ist es, daß wir für die unterschiedlichen Teilstücke der Predigt jeweils den richtigen Sprechstil finden. Da gibt es ja allerhand unterschiedliche Redeteile nebeneinander: Eine Erzählung; oder Bekenntnis und Lobpreis; oder ein Gebet; oder eine Darlegung; oder einen fingierten Dialog mit dem

Zuhörer, der seinen Einwand vorbringt. Alle diese unterschiedlichen Redegattungen müssen doch wohl auch im Vortrag der Predigt unterschieden werden. Sonst gerät die nicht nur eintönig; sondern der Zuhörer hat es schwer, zu folgen. Eine kleine Story aus dem Leben kann man locker erzählen; das ist ein ganz anderer Tonfall als bei einem Sündenbekenntnis. Gerade auch hier sollte die Predigt in ihrer Gestaltung passen.

Noch auf eins will ich dabei aufmerksam machen: Die Forderung, daß der Prediger hinter dem steht, was er sagt, ist geläufig und selbstverständlich. Doch gibt es, wenn wir genauer zusehen, ein höchst unterschiedliches Maß an Identifikation des Predigers mit dem, was er sagt. Und auch die Aufforderung an die Zuhörer, sich mit dem Gesagten zu identifizieren, ist höchst unterschiedlich. Das nicht nur dort, wo ein fiktiver Einwand vorgebracht wird, mit dem sich der Prediger ja gerade nicht identifizieren will. Das unterschiedliche Maß an Identifikation kann man hören und soll man hören. Wahrscheinlich machen wir das ganz unbewußt richtig, vor allem, wenn wir bei dem, was wir sagen, auch ganz dabei sind, also nicht unsere Gedanken nebenherlaufen lassen, oder uns selbst bei unserem Reden beobachten. Doch sollte man schon wissen, daß die Identifikation dort schwächer ist, wo wir nur mit der Kopfstimme reden, als dort, wo wir auch noch den ganzen Brustkorb als Resonanzraum einsetzen. Wenn ich polemisiere, wenn ich ironisch werde, dann ist eine Distanzierung angezeigt, gerade im Vollzug einer Predigt. Deshalb kann hier dann die Kopfstimme mit ihrem höheren, vor allem aber härteren und flacheren Klang eingesetzt werden. Die Bruststimme dagegen gehört zur identifizierenden Rede. Darum ist sie auch die eigentliche Predigtstimme. Die Unterscheidung ist dabei keineswegs eine Sache der Lautstärke, auch wenn der Einsatz der Bruststimme auf die Dauer mehr Klang bringt. Was ich hier sage, gilt freilich von der durch die Technik nicht verfälschten Stimme. Ein Mikrophon mag gelegentlich fast unentbehrlich sein; aber es reduziert die Stimme und damit die Gestaltungsmöglichkeiten nicht nur dadurch, daß hier dann eine möglichst gleichmäßige Lautstärke notwendig wird. Erst recht werden hier die unterschiedlichen Farben einer Stimme zurechtgestutzt. Man sollte daran denken, daß doch unsere Großväter auch höchst schwierige Räume mit ihrer Stimme zu füllen wußten, obwohl es da noch keine Beschallungsspezialisten gegeben hat.

Noch eine Frage will ich in diesem Zusammenhang der Gestaltung unserer Predigt nennen: die Frage nach Mimik und Gestikulation. Man kann da auch von Körpersprache reden, oder von »nonverbaler Kommunikation«. Hat einer ein Mikrophon vor sich, und soll sich in möglichst gleichmäßigem Abstand davon halten, dann ist da sowieso nicht viel zu machen. Und hat er sein Manuskript vor sich, und hängt daran mit den Augen, dann ist es mit einer passenden Mimik erst recht nichts. Aber es fehlt da dann ein Stück Gestaltung der Predigt. Und wahrscheinlich schlägt solches Fehlen der Körpersprache dann doch auch auf die Rede selbst zurück, macht sie eintöniger, reduziert die Möglichkeiten der Wahrnehmung. Es braucht dabei dann freilich auch wieder den rechten Takt und Geschmack. Nicht die Wirkung auf die Zuhörer kann der Maßstab sein. Solche Wirkung sucht der Famulus Wagner: »Verzeiht! ich hör euch deklamieren; ihr last gewiß ein griechisch Trauerspiel? In dieser Kunst möcht ich was profitieren, denn heut zu Tage wirkt das viel. Ich hab es öfters rühmen hören, ein Komödiant könnt einen Pfarrer lehren.« Faust gibt dem zur Antwort: »Ja, wenn der Pfarrer ein Komödiant ist; wie das denn wohl zu Zeiten kommen mag.« Geht es um solche Wirkung, dann beurteilt der Zuhörer und Zuschauer, ob der da vorne auf der Kanzel seine Rolle gut spielt. Darum geht es gewiß nicht, ob da einer dann eine bessere oder schlechtere Zensur bekommt. Doch die Wahrnehmung der Predigt als einer Rede, und in dieser Rede die Wahrnehmung dessen, was da zu sagen ist, die ist viel zu wichtig, als daß wir da irgendeine Möglichkeit der Gestaltung außer Acht lassen dürften. Darum soll sich einer gewiß nicht scheuen, auch die Möglichkeiten der Körpersprache einzusetzen. Dazu gehört in diesem Fall vor allem die Beweglichkeit des Gesichtsausdrucks, aber auch die Ausdrucksfähigkeit der Hände und Arme. Auch der Bewegungsspielraum, den die Kanzel bietet, kann ruhig eingesetzt werden. Je besser die Gestaltung der Predigt in allen diesen Hinsichten gelingt, desto leichter wird ihre Wahrnehmung. Ich hielte es für eine Mißachtung der »lieben Gemeinde«, wenn wir ihr diese Hilfen zur Wahrnehmung nicht so gut wie irgend möglich anböten.

3. Die viva vox evangelii

Nicht geschriebenes Wort ist das Evangelium, sondern lebendige Stimme. Das besagt jedenfalls auch, daß dieses Evangelium erst dort Evangelium im eigentlichen Sinn ist, wo es beim Hörer angekommen ist. Man kann deshalb im Grunde gar nicht sagen: das oder das ist das Evangelium, diese bestimmten Inhalte. Sicher brauchen wir solche Formeln, wie die von CA IV, »daß wir Vergebung der Sunde und Gerechtigkeit vor Gott nicht erlangen mogen durch unser Verdienst, Werk und Genugtun, sonder daß wir Vergebung der Sunde bekommen und vor Gott gerecht werden aus Gnaden um Christus willen durch den Glauben, so wir glauben, daß Christus fur uns gelitten habe und daß uns umb seinen willen die Sunde vergeben, Gerechtigkeit und ewiges Leben geschenkt wird.« Aber gerade das gehört hier ja dazu, daß das Evangelium beim Hörer angekommen ist. Darum kann Paulus von der ἀκοὴ πίστεως reden: »O ihr unverständigen Galater! Wer hat euch bezaubert, denen doch Christus vor Augen gemalt war als der Gekreuzigte? Das allein will ich von euch erfahren: Habt ihr den Geist empfangen durch des Gesetzes Werke oder durch die Predigt vom Glauben?« (Gal 3,1 f). Auf das Hören kommt es an, darauf, daß die Predigt ankommt und aufgenommen wird. Denken wir über den Vollzug der Predigt nach, dann so, daß dieses Ankommen mit bedacht wird. Diesem Ankommen dient das Sprechen und das Gestalten. Ich habe diesen letzten Paragraphen begonnen mit der Frage: Wann hat ein Prediger seine Predigt fertig? Ich muß darauf nun eigentlich die Antwort geben: Fertig ist die Predigt erst, wenn sie beim Hörer angekommen ist. Also kann der Prediger auch im Vollzug der Predigt mit ihr im strengen Sinn gar nicht fertig werden. Und wo es eine rechte Predigt gewesen ist, da wird sie auch nicht fertig werden, sondern weitergehen. Es ist zwar nicht die Regel, aber doch auch nicht bloß eine seltene Ausnahme, daß die Predigt weitergeht. Etwa in der Äußerung eines, der sie gehört hat, und nun mit ihr umgeht. Oder in einer Frage, die sich an die Predigt anschließt und zum Gespräch führt. Das sind ermutigende Anzeichen dafür, daß der Vollzug der Predigt hineingenommen ist in die Wirksamkeit des Wortes, dem die Predigt zu dienen hat.

Anhang

Vorschlag zu einer ordentlichen Predigtvorbereitung

Die Pfarrer der Ev.-Luth. Kirche verpflichten sich, »das Evangelium, wie es in der Heiligen Schrift gegeben und im Bekenntnis unserer evangelisch-lutherischen Kirche bezeugt ist, lauter und rein zu predigen«. Wir machen uns diese Verpflichtung als Ziel der Predigtvorbereitung zu eigen. Das heißt:

1. Wir predigen das Evangelium als Zeugnis bestimmter biblischer Texte.
2. Wir predigen das Evangelium der zum Hören versammelten Gemeinde.
3. Wir predigen das Evangelium im evangelischen Gottesdienst.

Aus dieser Zielsetzung ergeben sich drei grundlegende Fragen, die in einer ordentlichen Predigtvorbereitung zu beantworten sind:

1. Inwiefern ist der Text, den ich predigen will, Bezeugung des Evangeliums?
2. Wo kommt die versammelte Gemeinde im Text vor?
3. Wie wird die Wirksamkeit des dreieinigen Gottes in der Gemeinde bzw. im Leben ihrer Glieder durch den Text angesprochen?

Gelingt auf die zweite und dritte Frage keine Antwort, dann ist vermutlich schon die erste Frage nicht zureichend bedacht.

Die drei grundlegenden Fragen begleiten jeden einzelnen Schritt der Predigtvorbereitung bis hin zur Niederschrift der Predigt.

Die Vorbereitung einer Predigt läßt sich nicht so methodisieren, daß eine Reihe von in sich abgeschlossenen Arbeitsschritten in einer festgelegten Reihenfolge nacheinander abgemacht werden könnten. Doch lassen sich unterschiedliche Denkvollzüge benennen, die als einzelne Schritte der Predigtvorbereitung in eine bestimmte Abfolge gebracht werden können, die dann auch die Niederschrift der Predigtvorbereitung bestimmt: *Entdecken, Beurteilen, Bestimmen.* Eine ordentliche Predigtvorbereitung braucht Vollständigkeit des Nachdenkens; zu solcher Vollständigkeit soll die folgende Aufstellung anleiten. Dabei kann natürlich nicht in jedem Fall jedem einzelnen Hinweis und jeder Frage nachgegangen werden; doch hilft genaues Fragen dazu, Antworten aufzufinden.

1. Entdecken

1.1 *Der Text:* Um mir den Text in dem Wortlaut, der dann der Predigt zugrundeliegt, einzuprägen, lese ich diesen Text nicht nur sorgfältig, sondern schreibe ihn. Dazu ist zu fragen: Wie lautet der Luthertext von 1545? Welche Änderungen hat der revidierte Text vorgenommen? Was sind die vermutlichen Gründe? Schon hier sollte der Urtext beigezogen werden; das verlangt eine erste Übersetzung. Dazu sollte man sich wenigstens vorläufig über den historischen Ort des Textes informieren.

Die grundlegenden Fragen der Predigtvorbereitung begleiten das Vertrautwerden mit dem Text. Helfen sie zu Entdeckungen? Welche vorläufigen Antworten auf die Fragen finden sich? Einfälle sollten auch dann notiert werden, wenn sie vielleicht als abseitig erscheinen und in der Predigt nicht verwendet werden können.

Weitere Fragen zum Text:

Läßt sich eine traditionelle Auslegung und Anwendung entdecken? Dazu ist etwa zu fragen: Warum wurde die Perikope für den betreffenden Sonntag ausgewählt? (Kirchenjahr). Ist die Perikope durch eine geläufige Kernstelle (fett bzw. kursiv gedruckt) bestimmt? Ist sie der Gemeinde, oder mindestens dem Prediger, vertraut? Welche Beziehungen zum Text, oder zu einzelnen Redewendungen, Ausdrücken, Bildern des Textes liegen beim Prediger bzw. der Gemeinde vor? Woher könnten sie kommen? Bestehen Beziehungen zu geläufigen Stücken der Liturgie, zu Gesangbuchliedern etc.? Fallen aktuelle Möglichkeiten einer Auslegung und Anwendung ins Auge? Welche Fragen, Probleme, Hoffnungen, Ängste der gegenwärtigen Situation finden im Text ein Echo? Wo betrifft der Text den Prediger selbst unmittelbar?

1.2 *Die Gemeinde:* Sie braucht das Evangelium, das der Text bezeugt. Weil die Gemeinde durch die Wirksamkeit Gottes konstituiert ist, ist sie nicht einfach eine bekannte Größe. Auch die Gemeinde, nicht nur das Evangelium, gilt es darum im Text aufzufinden. Wie der Text auf die Gemeinde hin bedacht wird, so die Gemeinde auf den Text hin. Wie ist im Text von dieser Gemeinde, wie ist von ihren einzelnen Gliedern die Rede? In welcher Situation werden sie angetroffen? Das zeigt sich dort, wo der Text die Gemeinde zur Sprache bringt.

Dabei fragen wir nach dem Leben der Gemeinde und ihrer Glieder. Der Prediger gehört mit zu dieser Gemeinde. Er kann sich überlegen, was er mit der Gemeinde erlebt hat (etwa indem er sich den Terminkalender der letzten Woche noch einmal vornimmt). Dabei sollte er sich aber nicht selbst vordrängen, sondern sein besonderes Erleben wieder in die hörende Gemeinde hineingeben. Diese Gemeinde lebt nicht isoliert, sondern gehört zur Welt. Wie ist die Situation der Gemeinde und ihrer Glieder in der Welt durch den Text beschrieben? Wie sieht ihr Leben aus? Wo ist es kenntlich als durch Gott bestimmtes Leben? Auch die Negativität dieses Lebens, Dunkel, Gebundenheit, Zwänge und Mächte, die mit Gott anscheinend gar nichts zu tun haben, können hier notiert werden; also das, was im Text gar nicht oder nur unter negativem Vorzeichen vorkommt, aber mit das Leben ausmacht, das wir führen. Leben ist ja keineswegs nur das Leben der Gemeinde in ihren religiösen Vollzügen. Und auch diese religiösen Vollzüge sind nicht selbstverständlich positiv zu bewerten.

1.3 *Die Gemeinde im Text:* Was kann jetzt schon zu den grundlegenden Fragen der Predigtvorbereitung gesagt werden? Die Entdeckungen, in denen sich Text und Gemeinde (das Leben, wie wir es führen) gegenseitig erhellen, sind aufzunehmen und zusammenzustellen.

In welcher Perspektive gehören Gemeinde und Text zusammen? Können wir uns mit dem Sprecher des Textes identifizieren, oder mit den im Text Angeredeten? Kommen wir in einer erzählten Geschichte vor, und in welcher Rolle?

Wo bleiben offene Fragen, die weiter zu bearbeiten sind, etwa weil nur die Differenz von Text und Gemeinde wahrzunehmen ist? Kommt die Gemeinde mit dem Text so zusammen, daß er ihr als Forderung gegenübersteht? Oder als Zuspruch, als Erhellung der Gegenwart Gottes, als Eröffnung von Zukunft?

Welche weiteren Zusammenhänge des Lebens wie der Bibel lassen sich aus dem Miteinander von Text und Gemeinde erschließen? Führt der Text die Gemeinde zur Feier des Gottesdienstes, verweist er auf die Sakramente Taufe und Abendmahl? Weist er ein in Situationen, die ausstehen (Anfechtung, Sterben)? Ist eine eschatologische Perspektive wahrzunehmen?

2. Beurteilen

2.1 *Einordnung:* Wird die Glaubensüberzeugung in ihrem Wirklichkeitsbezug ausgearbeitet, ergibt sich eine Gesamtorientierung (Daseins- und Handlungsorientierung), die möglichst umfassend und zugleich in sich konsistent sein soll. Wie ordnet sich das im Text entdeckte Evangelium in diese Gesamtorientierung ein?

Wie bestimmt der Text das Dasein der Gemeinde und ihrer Glieder in der Welt? Trifft diese Bestimmung mit deren üblicher Selbstinterpretation zusammen? Verlangt sie Veränderung (Lernen)? Gerät die im Text vorgegebene Orientierung in Gegensatz zu religiös oder gesellschaftlich üblichen Orientierungen? Ist hier eine Vermittlung möglich, oder verlangt der Text, dem Üblichen zu widersprechen?

Welche Wertungen liegen vor? Deuten sich Konflikte mit gängigen religiösen bzw. allgemein geläufigen Wertungen an? Welche Wertungen werden verstärkt? Treten neue Wertungen auf, die vom Text her angeeignet werden sollen?

Welche Handlungen bzw. Verhaltensweisen lassen sich vom Text her als geboten erkennen? Wie fügt sich solches Handeln und Verhalten mit dem üblichen Handeln und Verhalten der Gemeinde und ihrer Glieder zusammen? Kann dieses bestätigt, muß es verändert werden? Ist die Veränderung, die sich vom Text her nahelegt, zumutbar?

2.2 *Auslegung:* Die Arbeit am Text im Entdecken, Beurteilen und Bestimmen verlangt die exegetische Kontrolle. Die historische Auslegung nötigt den Prediger zur Distanzierung von dem unmittelbaren Verhältnis zum Text und seiner Anwendung. Darum kann sie das Verstehen kontrollieren, korrigieren, erweitern und vertiefen. Wann es im Zusammenhang der Predigtvorbereitung Zeit ist zur historischen Auslegung, läßt sich kaum allgemein festlegen. Schon beim ersten Vertrautwerden mit dem Text können Übersetzungs- oder Verstehensschwierigkeiten dazu nötigen, einen Kommentar zu befragen. Auch bei weiteren Entdeckungen kann die historische Auslegung des Textes wichtig sein. Die vor allem kritisch-kontrollierende Funktion der historischen Auslegung legt es aber nahe, ihren Ort im Zusammenhang des Beurteilens zu sehen.

a) Die Übersetzung des Urtextes kontrolliert noch einmal den Wortlaut, der der Predigt zugrundegelegt werden soll. Textvarianten können dabei Hinweise auf Verstehensschwierigkeiten geben.

b) Der Kontext einer biblischen Schrift mit ihrer eigentümlichen Absicht in ihrer eigenen Zeit kann vor einer vorschnellen Aneignung des Textes bewahren, zeigt andererseits u. U. ganz neue Aspekte dessen, was zu sagen ist. Auch die oft nicht unproblematische Abgrenzung der Perikope sollte in diesem Zusammenhang überprüft werden.

c) Welche Sprachformen (»Gattung«) liegen im Text vor? Lassen sie sich unmittelbar übernehmen (etwa eine Erzählung), oder sperren sie sich gegen ein Nachsprechen (etwa ein Gebet, eine Doxologie)? Beides kann für die Sprache der Predigt wichtig werden.

d) Was will der Text erreichen? An wen richtete er sich? Lassen sich dialogische Elemente auffinden, die zur dialogischen Gestaltung der eigenen Predigt weiterführen? Läßt sich die zentrale Aussage des Textes (»Skopus«) in einem Satz formulieren? Mindestens diese Fragen sind zu stellen, damit nicht das, was einer schon vorher weiß, und was ihm während der Predigtvorbereitung einfällt, den Text zudeckt, statt ihn für die Predigt zu erschließen.

2.3 *Das Evangelium:* Dieses Evangelium läßt sich nicht in eine Formel einfangen und so weitersagen. Aber es kann dort vernommen werden, wo durch den Text das gegenwärtige Leben der Gemeinde und ihrer Glieder als durch die Wirksamkeit des dreieinigen Gottes bestimmt angesprochen wird. Solches Vernehmen des Evangeliums bleibt im Einverständnis mit der hörenden Kirche, wenn es auf die Grundentscheidungen des kirchlichen Bekenntnisses achtet. Darum sollte der Prediger seine Entdeckungen der Beurteilung durch das Bekenntnis aussetzen und sich durch dieses Bekenntnis zu neuen Entdeckungen anleiten lassen (zu den Fragen vgl. meine Theologie der lutherischen Bekenntnisschriften, bes. S. 40–45 u. 47–52).

a) Ist die Einheit Gottes als des Schöpfers und Erlösers so erfaßt, daß Welt und Heil nicht auseinanderfallen? Wie unterscheidet Gottes Wirksamkeit zwischen dem kreatürlichen Leben und dessen sündhafter Verkehrung? Ist bedacht, daß Gottes Heilswille sich dem leibhaften Menschen zuwendet?

b) Ist die Alleinwirksamkeit Gottes zum Heil des Menschen klar genug erfaßt? Wird dem menschlichen Wollen und Können eine selbständige Rolle zugewiesen, die dann mit dem Verweis auf Gottes Willen begründet wird, so verdrängt dieses (womöglich selbstgemachte) Gesetz das Evangelium, das zu Gehör kommen will. Dagegen ist auf die Ermöglichung gottgemäßen Lebens in dem hinzuweisen, was dem Menschen von außen zukommt: Dem Evangelium in Wort und Sakrament als dem Anhalt des Glaubens, und dem Nächsten wie dem Naheliegenden als dem, das Liebe empfangen und erweisen läßt.

c) Ist die Begründung des Evangeliums allein in Jesus Christus, den die Schrift bezeugt, klar genug erfaßt? Oder wollen andere Ansprüche, Nötigungen, Verheißungen und Hoffnungen mitbestimmen bei dem, was die Predigt als Evangelium sagen will? Dagegen hat sich die Barmer Theologische Erklärung von 1934 gewandt, und wir tun gut daran, auch auf dieses Bekenntnis zu hören.

3. Bestimmen

3.1 *Die Sprache:* Wie kann das, was ich entdeckt habe, und was sich meinem Beurteilen als richtig erwiesen hat, der Gemeinde zugesprochen werden? Dazu muß nun die Sprache mit ihren Möglichkeiten ausdrücklich reflektiert werden. Das Evangelium will in meiner Predigt ja seine ganz bestimmte, einmalige Gestalt finden. Sicher ging das Entdecken und Beurteilen selbst schon im Medium der Sprache vor sich. Doch wie kann nun das im Text entdeckte Evangelium zutreffend weitergesagt werden? Das ist nicht nur die Frage danach, wie möglichst verständlich und behältlich formuliert wird. Sondern hier sind noch einmal die grundlegenden Fragen der Predigtvorbereitung zu bedenken. Der Prediger wird sich dabei selbst einsetzen müssen. Darum darf sein Ich in der Sprache der Predigt auftauchen. Doch muß er wissen, daß nicht sein religiöses Erleben, sondern das Evangelium der Anhalt für den Glauben der Predigthörer ist.
Die Sprache der Predigt ist konkret und anschaulich. Sie zeigt hin auf das, was da ist, und heißt es als ein Werk des dreieinigen Gottes verstehen. Sie beurteilt das, worauf sie hinweist, und ist darum stark affektiv besetzt. Sie sollte möglichst auch erzählende Abschnitte enthalten.
Es kann sein, daß die Predigt lehrhaft werden muß; ob und warum das geschehen muß,

danach sollte freilich ausdrücklich gefragt werden. Wenn das geschieht, dann hat sie die ihrem Gegenstand entsprechende Begrifflichkeit einzusetzen: Gott und sein Wirken läßt sich nicht direkt in abstrahierten Begriffen aussagen (»Deus non est in genere«), sondern verlangt nach Analogie, Metapher und Gleichnis.

Gar zu leicht sind wir als Prediger versucht, eine Konkretion, die Anwendung des Textes auf den Hörer, über den Imperativ zu erreichen. Allgemeine Imperative, Normen, sind aber abstrakt! In der Regel schiebt der Prediger mit solchen Imperativen das Problem einer Anwendung des Textes, mit dem er nicht fertig geworden ist, seinen Hörern zu. Geht es in der Predigt um Handeln und Verhalten, dann ist ein Beispiel besser als ein Dutzend Imperative. Gerade hier muß erzählt werden. Und dabei ist dann zu bedenken: Wir sind nie nur die Täter, sondern zuerst einmal die Empfänger, gerade dort, wo es um das Tun der Liebe geht. Danach wähle der Prediger seine Beispiele aus.

3.2 *Der Gehalt:* Die Predigt wird in der Regel nicht den ganzen Text ausschöpfen bzw. alles sagen können, was dem Prediger zum Text eingefallen ist. Nicht nur die zeitliche Begrenzung, sondern die Rücksicht auf die Fassungskraft der Hörer verlangt die Konzentration auf einen bestimmten Gehalt. Hinweise zur Gewichtung können auch hier die grundlegenden Fragen der Predigtvorbereitung geben. Darüber hinaus ist zu fragen:

Wie ist die Zusammensetzung der hörenden Gemeinde? Was will sie hören, was erwartet sie zu hören? Welchen Erwartungen muß entsprochen werden, welchen muß widersprochen werden? Wo ist mit Zustimmung, wo ist mit affektiven oder rationalen Widerständen zu rechnen? Was bewegt die Gemeinde gerade besonders?

Wie fügt sich die Predigt mit ihrer Bezeugung des Evangeliums in den Gang des Gottesdienstes ein? Nimmt sie bestimmte Stücke der Liturgie auf? Wie wird sie durch den Gottesdienst weitergeführt, wie beantwortet das Lied nach der Predigt das gehörte Evangelium?

Wie kann die Predigt dem entgegenkommen, was die Gemeinde nach dem Urteil des Predigers jetzt in besonderer Weise braucht? Diese Frage muß nicht nur im Zusammenhang dessen gestellt werden, was als das Zeugnis des Textes entdeckt und beurteilt wurde; sie kann schon eine bestimmte Textwahl durch den Prediger nach sich ziehen. Doch wird bei dieser Frage immer davon auszugehen sein, daß es das Evangelium ist, das die Gemeinde braucht.

3.3 *Die Gestalt:* Eine Predigt darf auch schön sein im Sinne einer ausgewogenen und abgerundeten Sprachgestalt. Sie sollte auf jeden Fall gut durchdacht sein. Dazu muß vor allem das Ziel bestimmt werden, auf das die Predigt hinauslaufen soll: Was will ich in Ausführung und Anwendung des Textes erreichen? Dieses Ziel braucht keineswegs ausschließlich im kognitiven Bereich zu liegen. Affektive Bestimmung und die Einweisung in ein bestimmtes Verhalten und Tun liegen durchaus mit im Bereich dieser Frage nach dem Ziel.

Wie soll dieses Ziel im Verlauf der Predigt erreicht werden? Insbesondere kognitive Zielsetzungen verlangen eine klare und behältliche Gedankenführung. In diesem Fall sollte eine Gliederung nicht nur ausgearbeitet sein, sondern der Gemeinde auch in einer einprägsamen Weise vorgetragen werden. Auf jeden Fall sind Teilziele zu notieren, die andeuten, in welcher Weise der Prediger sich den Weg zum Predigtziel, den er mit der Gemeinde gehen will, vorstellt.

Dabei ist auf die dialogische Struktur zu achten, die der Predigt eigen ist: Gerade weil hier das Evangelium zu Wort kommen soll, das sich in der Lebens- bzw. Glaubenserfahrung bewährt, kann sich der Prediger nicht als religiöser Experte aufspielen, der sein besonderes Wissen weiterzugeben hat. So gewiß er seine Lebens- und Glaubenserfahrung in die Predigt einbringt, so gewiß ist er zugleich auch Suchender und Fragender, und soll darum in der Predigt auch die offenen Fragen, die Einwände und Widerstände aussprechen, die ihn mit seiner Gemeinde betreffen.

Wie kommt der Text in der Predigt vor? Auch diese Frage bestimmt die Gestalt der Predigt mit. Genügt die Textverlesung am Anfang, um den Wortlaut des Textes einzuprägen? Welche Sätze des Textes werden insbesondere aufgenommen? Soll eine Auslegung, die am Text entlanggeht, gegeben werden? Braucht es eine eigene Übersetzung oder eine durchgeführte Paraphrase, um die Begründung dessen, was die Predigt sagt, im Text zu verdeutlichen?